Le monde en français, livre du professeur

Pour une utilisation dans le cadre du Français B pour le Baccalauréat International

CAMBRIDGE
UNIVERSITY PRESS

University Printing House, Cambridge CB2 8BS, United Kingdom

One Liberty Plaza, 20th Floor, New York, NY 10006, USA

477 Williamstown Road, Port Melbourne, VIC 3207, Australia

4843/24, 2nd Floor, Ansari Road, Daryaganj, Delhi – 110002, India

79 Anson Road, #06–04/06, Singapore 079906

Cambridge University Press is part of the University of Cambridge.

It furthers the University's mission by disseminating knowledge in the pursuit of
education, learning and research at the highest international levels of excellence.

Information on this title: education.cambridge.org

First published by Advance Materials, 41 East Hatley, Sandy, Bedfordshire, SG19 3JA UK 2011
Reprinted and published by Cambridge University Press 2015

20 19 18 17 16 15 14 13 12 11 10 9 8 7 6 5

Printed in Great Britain by CPI Group (UK) Ltd, Croydon CR0 4YY

A catalogue record for this publication is available from the British Library

ISBN 978-1-107-56479-4 Paperback

Additional resources for this publication at education.cambridge.org

This work has been developed independently from and is not endorsed by the International
Baccalaureate (IB).

....

Le monde en français, livre du professeur

Pour une utilisation dans le cadre du Français B pour
le Baccalauréat International

Ann Abrioux, Pascale Chrétien et Nathalie Fayaud
Coordination pédagogique : Jenny Ollerenshaw

Table des matières

Grammaire et listes de vérification

Index des points grammaticaux étudiés dans la rubrique « Grammaire en contexte » dans le livre de l'élève

L'impératif	p16
Les temps du passé	p20
Le conditionnel présent (et passé)	p31
La négation	p63
Le discours indirect	p72
La forme passive	p92
L'accord du participe passé	p114
L'expression de l'opposition et de la concession	p126
Le comparatif	p143
Le présent de l'indicatif	p172
Le futur simple	p186
L'accord des adjectifs qualificatifs	p218
Les pronoms personnels compléments	p251
Le passé simple	p284
Le pronom démonstratif	p304
L'expression du but	p318
Les pronoms relatifs	p325
L'interrogation	p352
Les connecteurs temporels	p366
L'expression de la cause et de la conséquence	p371 et 378
Le subjonctif	p397

Index des listes de vérification dans le livre de l'élève

Le passage de journal intime	p27 et p239
Le rapport	p48
La brochure	p54
La lettre officielle	p105 et p149
Le guide de recommandations	p119
L'article	p121
Le courriel	p146
Le texte argumentatif	p155
Le courrier des lecteurs	p167
Un article de journal	p201
La critique de film	p227
Le discours	p337
L'interview	p362
Le tract	p393
La dissertation	p415

Avant-propos

À qui s'adresse ce livre ?

Le monde en français est un manuel conçu spécifiquement pour le programme de français B du Baccalauréat International. Il couvre les deux années du cours et se conforme aux exigences du programme. Le manuel propose des textes et des activités tant pour les élèves du niveau moyen que pour ceux du niveau supérieur. Il peut être utilisé dans tous les contextes d'enseignement et dans tout type d'établissement scolaire national ou international.

Le professeur qui enseigne le français B pour la première fois y trouvera un manuel de base pour structurer son programme et préparer ses élèves aux épreuves du Baccalauréat International. De son côté, le professeur expérimenté en quête de nouveau matériel y puisera une foule d'activités pour renouveler et enrichir son enseignement.

Comment ce livre reflète-t-il l'esprit du programme du Baccalauréat International ?

En plus de préparer les élèves aux études supérieures, le Baccalauréat International cherche à former des citoyens actifs, responsables et ouverts sur le monde.

Tel que son nom l'indique, *Le monde en français* est un manuel axé sur une approche résolument internationale. Il propose des textes authentiques issus d'une variété de pays francophones. Les thèmes abordés ont été choisis non seulement à cause de l'intérêt qu'ils peuvent susciter chez les jeunes, mais aussi pour permettre à ceux-ci de développer une véritable compréhension interculturelle.

Les activités sont conçues pour développer les compétences linguistiques des élèves tout en favorisant la réflexion personnelle, le développement de la pensée critique (notamment par les liens avec le programme de Théorie de la connaissance) et l'implication de l'élève dans son apprentissage.

Comment est organisé ce livre ?

Le programme de Langue B du Baccalauréat International est organisé de manière thématique. Il consiste en :

a) un tronc commun composé de trois sujets
    • Communications et médias
    • Questions mondiales
    • Relations sociales

b) cinq sujets proposés comme options
    • Diversité culturelle
    • Coutumes et traditions
    • Santé
    • Loisirs
    • Sciences et technologie

(L'enseignant doit choisir **deux** de ces cinq options.)

c) l'étude obligatoire de deux œuvres littéraires au niveau supérieur.

Le livre reflète cette structure et est organisé de la façon suivante :

18 chapitres, soit :
    • 2 chapitres pour chaque sujet du programme
    • 1 chapitre sur les types de textes
    • 1 chapitre sur le travail écrit pour le niveau moyen

Chaque chapitre traitant d'un sujet comprend :
    • des textes authentiques
    • un texte littéraire
    • des activités de compréhension
    • des activités écrites
    • des activités orales
    • des exercices de grammaire en contexte
    • des activités de découverte et de production exploitant les différents types de textes au programme
    • des éléments propres au Baccalauréat International (telles que des références aux programmes de Théorie de la connaissance et de Créativité, Action, Service)
    • des activités de préparation aux épreuves écrites et orales

Le chapitre sur les types de textes propose des textes modèles (exemples de types de textes au programme). Ces textes sont accompagnés d'une fiche pratique pour que les élèves s'approprient les caractéristiques de chaque type de texte.

Le chapitre sur le travail écrit pour le niveau moyen comporte deux séquences d'enseignement pour préparer les élèves à cette partie du programme.

Icônes utilisées dans ce livre

Les icônes placées en marge de certaines activités attirent l'attention sur différents aspects spécifiques au programme du Baccalauréat International.

 Cette icône signalée dans le livre du professeur indique des activités plus particulièrement destinées aux élèves du niveau supérieur

 Cette icône indique des activités en lien avec la Théorie de la connaissance

 Cette icône indique des activités en lien avec le programme CAS

 Cette icône indique la provenance de chacun des textes

Comment utiliser ce livre ?

Il n'y a pas d'ordre prescrit pour aborder les sujets. Le professeur est libre de concevoir et d'organiser son programme selon le niveau de la classe et les intérêts de ses élèves.

Il n'est pas nécessaire d'étudier chaque chapitre dans son intégralité. Chaque chapitre est conçu autour du même sujet et les enseignants pourront y naviguer à leur gré tout en sachant que la difficulté de la langue et des idées est progressive au sein de chaque chapitre. Certains professeurs, par exemple, selon le niveau de leur classe, préféreront n'étudier que les premières unités de chaque chapitre. D'autres préféreront ne pas étudier les textes littéraires, généralement destinés aux élèves du niveau supérieur.

Les exercices de grammaire en contexte ont pour but de renforcer des connaissances grammaticales préalablement acquises par les élèves.

Que trouve-t-on dans le livre du professeur ?

Le livre du professeur contient :
* les corrigés de tous les exercices
* des conseils d'exploitation
* des suggestions d'activités supplémentaires
* des feuilles de travail photocopiables et utilisables en classe.

Nous souhaitons qu'au cours de leur apprentissage, les élèves prennent plaisir à utiliser la langue française. Nous souhaitons également que ce manuel leur ouvre une fenêtre sur le monde francophone dans toute sa diversité et qu'il leur permette de mener à bien leurs études pour le Baccalauréat International.

Ann Abrioux

Pascale Chrétien

Nathalie Fayaud

Exemples de parcours

Parcours 1.

1ère année	2e année
Tronc commun : Relations sociales Moi et mes proches	**Tronc commun : Questions mondiales** Planète bleue, planète verte
Tronc commun : Relations sociales Moi et les autres	**Tronc commun : Questions mondiales** Égalité, Fraternité
Tronc commun : Communications et médias Derrière le petit écran	**Préparation à la rédaction du travail écrit** Les sans domicile fixe
Tronc commun : Communications et médias Le monde vu par les médias	**Préparation à la rédaction du travail écrit** Les enfants soldats
Option : Diversité culturelle Quelles langues parlez-vous ?	**Option : Sciences et technologie** Science et société
Option : Diversité culturelle Émigration : à la recherche d'une vie meilleure	**Option : Sciences et technologie** La science en débat

Parcours 2.

1ère année	2e année
Option : Coutumes et traditions Voyage en francophonie	**Tronc commun : Relations sociales** Moi et les autres
Tronc commun : Relations sociales Moi et mes proches	**Option : Santé** Santé et société
Tronc commun : Questions mondiales Planète bleue, planète verte	**Préparation à la rédaction du travail écrit** Les sans domicile fixe
Option : Santé Santé et bien-être	**Préparation à la rédaction du travail écrit** Les enfants soldats
Tronc commun : Communications et médias Derrière le petit écran	**Tronc commun : Communications et médias** Le monde vu par les médias
Tronc commun : Questions mondiales Égalité, Fraternité	**Option : Coutumes et traditions** Pour un monde meilleur ?

1. Moi et mes proches

TRONC COMMUN – Relations sociales

			Livre du professeur	Livre de l'élève
Unités		Comment se saluer en France : gestes et paroles	p9	p10
		Vive la famille !	p11	p14
		Amitié : accord et désaccord	p15	p23
		L'amour ?	p17	p28
Thèmes		Les salutations Les rapports familiaux Les rapports amicaux L'amour et le mariage		
Objectifs	**Types de textes**	La lettre officielle Le passage d'un journal intime		
	Langue	Les registres de langue L'impératif Les temps du passé Le conditionnel et la phrase hypothétique		
	Le coin du BI	Théorie de la connaissance Préparation à l'oral interactif Préparation à l'oral individuel		

PAGE 10

Comment se saluer en France : gestes et paroles

Mise en route

Quand on rencontre quelqu'un on commence par se saluer. Savoir que dire, que faire n'est pas toujours évident et varie selon le contexte et les personnes concernées.

Se saluer : gestes

Compréhension

1. Émilie **C.** La bise doit être réservée aux proches.

2. Omar **B.** On peut aussi exprimer ses sentiments en se serrant la main.

3. Laurent **D.** La bise peut exprimer différents types de rapports.

4. Jean-Luc **E.** Les mots sont plus importants que les gestes.

5. Agnès **A.** On ne fait pas la bise dans tous les pays.

PAGE 11

Activité orale

Dans une classe où se trouvent plusieurs nationalités les élèves auront beaucoup de choses à dire sur comment saluer les gens. Dans le cas d'une classe plutôt homogène vous pouvez demander comment on saluait quand leurs grands-parents étaient jeunes. Est-ce que les mœurs ont changé ? Vous pouvez également demander s'ils ont voyagé à l'étranger et s'ils ont donc vu d'autres façons de se saluer.

Se saluer : paroles

L'usage du tutoiement et du vouvoiement est en évolution et dépend des circonstances nationales, culturelles voire même personnelles. À l'intérieur d'un établissement scolaire, par exemple, on retrouve souvent les deux. Les Québécois ont tendance à tutoyer plus facilement que les Français. Ainsi, il n'est pas rare au Québec de se faire tutoyer par un vendeur ou un serveur (même si cet usage n'est pas forcément bien accepté de tous !)

PAGE 12

> **Tutoiement ou vouvoiement**

Compréhension

1. *plutôt tendance*
2. ils sont collègues / ils travaillent ensemble sur un pied d'égalité.
3. à leurs yeux elle est devenue adulte / elle n'est plus une enfant / elle a des responsabilités
4.

	Tutoiement	Vouvoiement
A. Quand elle rencontre quelqu'un pour la première fois.		✓
B. Quand elle ne sait pas comment s'adresser à quelqu'un.		✓
C. Quand elle a le même âge que son interlocuteur.	✓	
D. Quand elle travaille en équipe.	✓	
E. Quand elle s'adresse à ses amis.	✓	
F. Quand elle veut montrer du respect.		✓
G. Quand elle s'adresse à son chef de bureau.	✓	✓
H. Quand elle s'adresse à quelqu'un de plus âgé.		✓

PAGE 13

5.

Vous parlez avec...	Tutoiement	Vouvoiement
A. le directeur / la directrice de l'institut de langues		✓
B. un(e) camarade de classe	✓	
C. votre professeur de français	✓ (possible mais peu probable)	✓
D. un(e) inconnu(e) à l'arrêt d'autobus		✓
E. les enfants de votre famille d'accueil	✓	
F. le voisin / la voisine de la famille d'accueil		✓
G. un(e) employé(e) de banque		✓
H. un vendeur / une vendeuse dans un magasin		✓

6. **Le registre familier** : il est utilisé à l'oral et ne convient que lorsqu'on s'adresse à des camarades, à des personnes avec qui on a des relations de familiarité. Il est caractérisé par l'emploi de termes familiers signalés comme tels dans le dictionnaire et par des incorrections syntaxiques.

   Le registre courant : il est utilisé à l'écrit et à l'oral et convient à toutes les situations. Il est caractérisé par l'emploi de termes habituels, d'une syntaxe claire et par le respect des règles grammaticales.

   Le registre soutenu : il est utilisé surtout à l'écrit. Il est caractérisé par l'emploi de termes recherchés, de phrases complexes et par le respect des règles grammaticales.

Registre familier	Registre courant	Vocabulaire	Syntaxe
A. Bah, fallait le dire	il fallait le dire	Bah (familier) : interjection (onomatopée) dans la langue parlée	Suppression du sujet : le pronom sujet (il) manque
B. comme si on était tous potes	comme si on était tous **amis**	pote (familier) : ami	
C. trop coincé	trop formel	coincé (familier) : formel	

PAGE 14

Vive la famille !

Activité orale

Avant de demander aux élèves de lire le texte *Tanguy, mode d'emploi* vous pouvez leur montrer le film ou un extrait du film *Tanguy*.

Tanguy est une comédie française réalisée en 2001 par Étienne Chatiliez. Tanguy, à 28 ans, vit toujours chez ses parents Paul et Edith Guetz dans un appartement luxueux à Paris. Brillant (il a une agrégation de philosophie, de japonais et termine une thèse de chinois) et charmant, Tanguy gagne bien sa vie. Pourtant il se trouve parfaitement bien chez ses parents et refuse de quitter le nid familial. Ses parents ne supportent plus la situation et décident de faire de sa vie un enfer.

Ce phénomène de société est si bien présenté dans le film *Tanguy* que depuis 2001, on appelle « Tanguy » les adultes qui continuent à vivre chez leurs parents.

Avant de demander aux élèves de lire le texte *Tanguy, mode d'emploi* vous pouvez aussi faire une séance de remue-méninges. Demandez aux élèves de partager les raisons pour lesquelles ils aimeraient quitter leur foyer familial et les raisons qui les pousseraient à y rester pendant encore longtemps.

1 à 5   Réponses personnelles

6.   Réponses possibles :

- la santé
- l'argent
- du temps libre
- l'indépendance / l'autonomie
- un travail intéressant
- l'environnement / l'habitat

7 à 8   Réponses personnelles

Tanguy, mode d'emploi

Il serait utile pour les élèves de travailler seuls dans un premier temps et sans dictionnaire pour dégager les idées principales du texte *Tanguy, mode d'emploi*. Expliquez-leur qu'ils vont devoir faire la même chose le jour de l'examen. Même s'ils ne comprennent pas tous les mots ils vont comprendre l'essentiel du texte.

Vous pouvez par la suite expliquer certains mots clés ou laisser les élèves chercher les mots qu'ils ne connaissent pas dans un dictionnaire. Les élèves pourraient avoir besoin d'explication, par exemple, pour clarifier le début du texte : « Habitez-vous chez vos parents ? Pour draguer ; c'est un peu dépassé comme formule. » La question, banale en elle-même, permet de lancer une conversation et donc de faire connaissance. Demandez aux élèves le registre du verbe « draguer » et s'ils connaissent un synonyme du mot. Autrefois on ne « draguait » pas la personne à qui on s'intéressait, on lui « faisait la cour ». Demandez-leur comment draguer quelqu'un – ils ne seront pas à court d'idées.

PAGE 15

Compréhension

1. **C.** L'article est au sujet de jeunes adultes qui vivent toujours chez leurs parents.

2. De plus en plus de jeunes continuent à vivre chez leurs parents / La proportion de jeunes qui vivent chez leurs parents a doublé en 20 ans.

3. (aux) 25-34 ans / (aux) jeunes adultes (qui vivent encore chez leurs parents)

4. vivre indépendamment / ne pas vivre chez leurs parents

5. **exemple de réponse :** parce qu'ils n'ont pas assez d'argent

6. géniteurs

7. d'un film d'Etienne Chatiliez dont le héros s'appelle Tanguy. Tanguy vit chez ses parents dans leur bel appartement.

8. rester longtemps / ne pas vouloir partir

9. s'éterniser

10.   (à des) oiseaux

11.   ils gagnent leur vie / ils sont financièrement indépendants mais ils préfèrent habiter chez leurs parents.

12.   étudier sans s'endetter ; mettre de l'argent de côté ; s'offrir de petits luxes

13.   payer le loyer ; acheter à manger (« le paiement du loyer et de l'épicerie »)

14. **C.** enfant unique, deux parents

15.   quitter le foyer familial

16.   maison, famille

PAGE 16

17.   Les Tanguy vivent moins bien que leurs parents à leur âge.
        FAUX. *Justification* : les Tanguy jouissent de conditions de vie dont leurs parents n'auraient jamais osé rêver.

18.   Les parents aiment passer du temps seuls.
        VRAI. *Justification* : ils apprécient de pouvoir passer du temps en tête-à-tête.

19.   Il n'y a que le chat qui soit logé et nourri gratuitement.
        VRAI. *Justification* : c'est le seul être à qui on trouve normal d'offrir le gîte et le couvert.

20. **D.** Le titre de l'article *Tanguy, mode d'emploi* signifie que les Tanguy devraient suivre les conseils proposés dans l'article.

Grammaire en contexte : l'impératif

1.   a) **Dites-moi** si je vous dérange !

       b) **Faites** comme si je n'étais pas là.

       c) **Excusez-moi** de mon retard ; je n'ai pas vu l'heure.

       d) Coucou ! **Dites** bonjour à mes amis.

       e) **Soyez** sympa et **prêtez-moi** la bagnole ce soir.

       f) **Ne vous énervez pas**, je ferai la vaisselle tout à l'heure !

       g) **Ne vous comportez pas** comme des parents vieux jeu !

       h) **Ayez** confiance ! Je trouverai bientôt un appart !

       i) **Soyez** optimistes ! Je finirai bien par partir un jour !

PAGE 17

2.   a) **Lâche-moi** les baskets ! Je réviserai pour mes examens tout à l'heure !

       b) **Ne t'en fais pas**, je vais me lever ; il n'est pas encore midi !

       c) **Ne me regarde pas** comme ça ! Je ne suis pas un extraterrestre !

       d) **Sois** gentille ! Tu peux me repasser cette chemise ?

       e) **Ne range pas** ma chambre, s'il te plaît ; je ne trouve plus rien !

3.   a) **Partageons** les tâches ménageres ! Désormais, je ferai mon lit !

       b) **Apprécions-nous** les uns les autres !

       c) **Mangeons** ensemble ! Maman, tu fais la cuisine et je te regarde faire !

       d) **Ne nous disputons plus jamais** !

       e) **Invitons** mes amis à dîner. Je sais que vous allez les aimer.

4.   Conseils aux Tanguy (à titre d'exemple)

       a) **Ne rentrez pas** à 5 heures du matin.

       b) Après 22 heures **baissez** votre musique.

       c) **Faites** les courses une fois par semaine.

       d) **Ne passez pas** une heure dans la salle de bain.

5. Conseils aux parents d'un Tanguy (à titre d'exemple)

   a) **Soyez** très patients.

   b) **Ne critiquez pas** ses amis.

   c) **Partez** souvent en vacances.

   d) **Ayez** toujours plein de nourriture dans le frigo.

La famille : souvenirs

Activité orale

Dans cette partie de l'unité la famille est encore au cœur du sujet. Cependant il s'agit du passé, de nos ancêtres et de l'importance qu'ils peuvent avoir pour nous.

Vous pouvez aborder ce thème en posant des questions sur les racines de vos élèves. D'où viennent leurs familles, de quels ancêtres sont-ils les plus fiers ? Pourquoi ? De quel ancêtre aimeraient-ils lire le journal intime ?

PAGE 18

Sans tourner la page   NS

PAGE 19

Compréhension

1. Le vol / la perte du sac à dos qui contenait le carnet de l'arrière-grand-père de Marie.

2. La discussion était animée / ils s'engueulaient / il y avait beaucoup de bruit / ils ont changé de table

3. (la jeune) fille ; enfant

4. Certains objets dans le sac de Marie sont d'ordre pratique et d'autres font partie de sa vie sentimentale / affective.

5. Porter un objet encombrant / lourd avec soi

6. « *Fam.* Mener, porter partout avec soi (souvent avec l'idée de difficulté, d'obligation fastidieuse). » *Le Robert méthodique*

7. Quand elle était enfant, elle avait tout perdu dans un incendie : depuis elle a peur de perdre les choses qui lui sont chères.

8. le jour après demain / deux jours plus tard

9. • L'emploi du présent de l'indicatif pour parler du passé. L'action (la disparition du journal) est donc plus dramatique.
   • Phrases courtes, saccadées
   • Suspense – le point culminant c'est la perte du journal
   • Absence de verbe dans la 3e phrase

10. Un limier

11. Il n'accepte pas de travailler pour elle.

12. Marie s'obstine

13. 14/15 jours / une quinzaine de jours : du 11 au 25 août 1944

14. « Tout ça se mélange avec sa vie à lui. »

15. « Comment il s'est débrouillé pour trouver des pommes de terre. »

16. Les coordonnées du propriétaire manquaient.

17. Elles les avait jetées / elle ne les voulait pas.

18. L'histoire de la montre retrouvée 4 ans après sa perte.

19. a) Tourner la page : oublier le passé / vivre sans être préoccupé par le passé / passer à autre chose.

  b) Sans tourner la page : Marie ne peut pas oublier le journal de son arrière-grand-père. Marie n'a plus la possibilité de tourner les pages / de lire le journal...

20. **D.** Le but du texte est de raconter un épisode dans la vie de Marie.

PAGE 20

Activité orale

1. *les femmes tondues* : Les femmes qui ont eu la tête rasée (parce qu'on les accusait d'avoir collaboré avec les Allemands)

  les fusillades : Les exécutions par balle : des otages, des villages entiers, des résistants...

2. Maurice aurait pu penser à ses héritiers / aux générations futures

3. Réponse personnelle

Grammaire en contexte : les temps du passé

Selon le niveau de la classe, révisez les temps du passé avant de faire les exercices proposés.

Temps du passé	Fonction
L'imparfait	décrit le contexte au passé exprime une action continue, sans début ou fin précis, dans le passé
Le passé composé	exprime une action ponctuelle et terminée
Le plus-que-parfait	exprime un fait passé, antérieur à un autre fait passé.

1. *C'était un dimanche soir.*

  a) l'imparfait

  b) description / situation temporelle

  c) Les autres verbes à l'imparfait dans le 1ᵉʳ paragraphe : **dînait / était** (x2) / on **s'engueulait**.

2. *On a changé de table.*

  a) le passé composé

  b) une action ponctuelle au passé

  c) Les autres verbes au passé composé dans le 1ᵉʳ paragraphe : Son sac à dos **a disparu** / l'immeuble de Marie **a pris** feu / les flammes **sont montées**

3. *Evidemment, ses amis lui avaient dit mille fois d'arrêter de trimballer tout ça.*

  a) le plus-que-parfait

  b) une action au passé antérieure à une autre action au passé

  c) il **avait trouvé** mon sac et son contenu

4. On [***Exemple : a volé***] le sac de Marie au cours d'une soirée dans un restaurant. Dans ce sac **[A]** se trouvaient ses affaires personnelles et le journal de son arrière-grand-père. Il **[B]** l'avait écrit à la fin de la Seconde guerre. Marie **[C]** s'est sentie bouleversée. L'appartement de ses voisins **[D]** avait brûlé quand elle **[E]** était enfant et depuis elle **[F]** avait sauvegardé précieusement tout ce à quoi elle **[G]** tenait. Quelqu'un **[H]** a retrouvé le sac volé mais le journal **[I]** manquait. Marie **[J]** a entamé plusieurs démarches pour retrouver le journal. Elle **[K]** a essayé d'embaucher un détective privé mais celui-ci **[L]** n'a pas accepté parce que le vol **[M]** s'était passé dans un lieu public et le voleur **[N]** n'avait laissé aucun indice. Désemparée, Marie **[O]** a fini par s'adresser à un journal. L'histoire de quelqu'un qui **[P]** avait retrouvé une montre perdue quatre ans auparavant, **[Q]** l'a encouragée à poursuivre ses recherches.

Activité écrite

1. Cette activité a pour but de sensibiliser les élèves au format d'une interview ainsi que de leur faire employer les temps du passé. Selon le niveau des élèves, il pourrait s'avérer également utile de réviser avec eux les formes interrogatives essentielles pour mener une interview.

Exemples de questions :

a) **Journaliste :** Dans quelles circonstances avez-vous perdu le sac ? / Comment se fait-il que vous avez perdu le sac à dos ?

   Marie : La discussion était animée, on s'engueulait un peu. À un moment, on a changé de table.

b) **Journaliste :** Qu'est-ce qu'il y avait dans votre sac ?

   Marie : Toutes les choses auxquelles je tiens le plus : des lettres de mon père décédé, des photos de famille, des lettres d'amour, et le journal de Maurice, mon arrière-grand-père.

c) **Journaliste :** Qu'est-ce qui vous a poussé à porter tout cela avec vous ?

   Marie : La peur de perdre les choses qui me sont chères.

d) **Journaliste :** Qu'est-ce que vous avez fait pour retrouver votre sac à dos ?

   Marie : J'ai fait tous les commissariats, toutes les antennes de police, tous les commerçants du quartier.

PAGE 21

e) **Journaliste :** Qui a trouvé le sac ? / Qui vous a contacté ?

   Marie : Un certain Marco. Il travaillait à la propreté de Paris. Il avait trouvé mon sac et son contenu.

f) **Journaliste :** De quoi parle Maurice dans son journal ? / Qu'est-ce que Maurice décrit dans son journal ?

   Marie : Maurice raconte les bruits qui courent sur le débarquement et l'avancée des alliés. Les femmes tondues, les fusillades. Tout ça se mélange avec sa vie à lui. Ses trajets jusqu'au dépôt SNCF où il travaille. Comment il s'est débrouillé pour trouver des pommes de terre. Il parle aussi de son fils, mon grand-père.

g) **Journaliste :** Qu'est-ce qui vous a le plus touchée quand vous avez découvert le journal ?

   Marie : Ce qui m'a touchée, c'est qu'il ait eu ce réflexe d'écrire ce qu'il vivait. Car on n'écrit forcément pas que pour soi. Il a pensé à ceux qui suivaient.

2. Le but de cette activité est d'entraîner les élèves à rédiger une lettre officielle. Le message dans cette activité est moins important que le format de la lettre (c'est-à-dire les caractéristiques propres à une lettre) et le développement logique des idées.

PAGE 22

Activité orale   TdC

Il s'agit d'une discussion sur le rôle de la mémoire. Selon le niveau de la classe vous pouvez insister plus sur des exemples personnels ou aborder une thématique plus générale.

PAGE 23

Amitié : accord et désaccord

Activité orale et écrite

1. Le but de cette activité est de fournir un vocabulaire qui a un rapport avec le caractère de façon à faciliter la discussion sur l'amitié qui va suivre.

Les familles de mots : l'ensemble des mots construits à partir d'un mot de base, c'est-à-dire à partir d'un même radical. Travailler les familles de mots est utile pour les élèves qui ne se rendent parfois pas compte que les racines des mots leur permettent de comprendre un mot qu'ils rencontrent pour la première fois.

Mots de la même famille		
Nom	**Adjectif masculin singulier**	**Adjectif féminin singulier**
la franchise	franc	franche
la fiabilité	fiable	fiable
la paresse	paresseux	paresseuse
l'entêtement	têtu	têtue
l'intégrité	intègre	intègre
la générosité	généreux	généreuse
l'insensibilité	insensible	insensible
la malhonnêteté	malhonnête	malhonnête
la jalousie	jaloux	jalouse
l'hypocrisie	hypocrite	hypocrite
l'altruisme	altruiste	altruiste
la compréhension	compréhensif	compréhensive

2.   Dans cette discussion sur l'amitié les élèves vont être amenés à réutiliser les mots de l'activité précédente.

PAGE 24

Conflits

PAGE 25

Compréhension

1.   **B.** Il est préférable de ne pas impliquer d'autres personnes dans le conflit parce que **le conflit risque de dégénérer.**

2.   **A.** Il est préférable de réfléchir avant d'agir parce que **votre colère se sera dissipée.**

3.   **B.** Il est préférable de faire un effort pour comprendre l'autre parce que **votre ami(e) a des qualités que vous appréciez.**

4.   **A.** Il est préférable de dire la vérité tout en restant poli(e) parce que **votre ami(e) sera mieux disposé(e) à vous écouter.**

5.   **A.** Il est préférable d'exprimer ce que vous avez ressenti parce que **votre ami(e) comprendra mieux votre point de vue.**

6.   **B.** Il est préférable d'accepter que vos opinions divergent parce que **votre amitié ne va pas en souffrir.**

7.   **A.** Il est préférable de vous excuser et de pardonner en premier parce que **vous pouvez ainsi vous sentir soulagé(e).**

Activité orale   TdC

1.   Réponses personnelles. À titre d'exemple : l'éducation ; la langue ; la culture et les traditions

2.   Réponses personnelles

PAGE 26

3.   **Jeux de rôles** [étapes **A** à **D**] : savoir négocier et nuancer ses propos sont des activités difficiles pour un apprenant de la langue. Il faut donc donner assez de temps aux élèves pour préparer l'étape **B**.

Vous pouvez demander aux élèves de choisir le scénario qui leur plaît ou leur demander de faire plusieurs jeux de rôle soit avec le même partenaire soit en changeant de partenaire.

PAGE 27

Activité écrite

Le passage d'un journal intime est un des types de textes au programme de langue B. Si vos élèves connaissent déjà les caractéristiques propres à ce type de texte, vous pouvez passer directement à la rédaction d'un passage d'un journal intime. Si vos élèves ne maîtrisent pas encore les caractéristiques de ce type de texte, vous pouvez commencer par faire lire et analyser le passage d'un journal intime à la page 448 du livre de l'élève. Demandez aux élèves de l'analyser en se servant de « la fiche d'analyse » aux pages 437 et 438 du livre de l'élève et de la fiche d'analyse à remplir (page 182, livre du professeur).

PAGE 28

L'amour ?

Activité orale

Cette discussion sert d'introduction au thème de la dernière partie de l'unité : l'amour.

Premier baiser

Après avoir demandé aux élèves de lire le texte et avant qu'ils ne répondent aux questions de compréhension, il pourrait s'avérer utile de leur demander de relever les traits caractéristiques de ce texte et d'indiquer de quel(s) type(s) de texte il pourrait s'agir.

Il s'agit d'un monologue intérieur qui ressemble à un passage d'un journal intime. Le texte est écrit à la 1ᵉ personne. La langue est souvent familière (incorrections grammaticales et choix d'un vocabulaire familier). La narratrice exprime ses sentiments.

PAGE 29

Compréhension

1.   a) il a parlé

      b) il a mangé des biscuits.

2.   **C.** «Nullard» veut dire quelqu'un qui n'y connaît rien.

À noter

nullard appartient à un registre de langue familier. Il est composé d'un adjectif et d'un suffixe *–ard*. Ce suffixe est péjoratif, c'est-à-dire qu'il comporte un sens défavorable. Demandez aux élèves de déduire la signification des mots ci-dessous :

chauffard – un mauvais conducteur

fêtard – quelqu'un qui fait trop la fête ; qui boit trop et se couche tard

pleurnichard – quelqu'un qui pleure pour un rien ; qui est toujours en train de se lamenter

3.   La stupidité

4.

l'animal	caractéristique	expression idiomatique
l'âne	l'entêtement	(être) têtu comme un âne
le renard	la ruse	(être) rusé comme un renard
le cheval	la force	(être) fort comme un cheval
le paon	la fierté	(être) fier comme un paon
l'agneau	la douceur	(être) doux comme un agneau
l'éléphant	la grosseur	(être) gros comme un éléphant
le loir	la paresse	(être) paresseux comme un loir
la vache espagnole	on parle mal français !	parler français comme une vache espagnole
la marmotte	très bien dormir	dormir comme une marmotte

5. Réponses personnelles

6. a) Elle est rouge comme **une tomate**.

    Si les élèves ne connaissent pas cette expression vous pouvez donner des indices : « C'est un fruit rond qu'on utilise souvent avec des pâtes... »

    b) Il / Elle est blanc / blanche comme **un linge / un cachet d'aspirine**.

    c) Réponses personnelles

7. **B.** Dégage !

    Justification : il s'agit d'un registre familier (vocabulaire familier)

8. a) Elle s'est lavé les dents.

    b) Elle a bu du sirop de menthe.

PAGE 30

9. Elle est devenue amnésique suite à une chute de bicyclette.

10. **D.** Le mot « Beurk » traduit le **dégoût**.

11. a) super type

    b) mec

Ces deux mots appartiennent au registre familier.

12 **A.** Elle n'est pas aussi fâchée avec Nabil qu'elle aurait dû l'être.

Il est important que les élèves sachent distinguer les différents registres ou niveaux de langue. Avant de faire faire l'exercice il serait utile de proposer plusieurs exemples.

Registre familier	Registre courant	Vocabulaire	Syntaxe
Exemple : Je croyais qu'ils allaient faire la semaine.	*Je croyais que les crackers allaient durer toute la semaine.*	*faire la semaine*	
13. Il bouffe tous mes crackers.	Il mange tous mes crackers.	bouffer	
14. Ça ressemble vraiment pas à ce que j'avais imaginé	Cela ne ressemble vraiment pas à ce que j'avais imaginé.		négation incomplète : ne... pas
15. Je lui en veux à Nabil de m'avoir volé mon premier baiser.	J'en veux à Nabil de m'avoir volé mon premier baiser. Ou Je lui en veux de m'avoir volé mon premier baiser.		construction incorrecte : il faut choisir entre « je lui en veux » ou « j'en veux à Nabil » mais non pas les deux ensemble. Ce renforcement souligne le sentiment qu'éprouve la narratrice à l'égard de Nabil dans cette situation. Les enfants utilisent le même principe quand ils déclarent « C'est le mien à moi ! »
16. [Il a] descendu mon paquet de biscuits salés.	Il a mangé le paquet entier de mes biscuits salés.	descendre	

PAGE 31

Grammaire en contexte : le conditionnel présent (et passé)

1. (un super type qui) ressemblerait ; il serait ; on irait ; on s'embrasserait

2. Les réponses suivantes sont proposées à titre d'exemple. Les élèves peuvent répondre en se servant des renseignements dans le texte ou en s'inspirant de leur imagination.

    a) Nabil ne serait jamais venu à la maison si **Doria n'avait pas eu besoin d'aide pour terminer ses devoirs.**

    b) Si Nabil n'avait pas mangé tous les biscuits, **Doria aurait eu des biscuits pour toute la semaine.**

    c) Doria aurait peut-être répondu « oui» à Nabil s'**il avait demandé son avis avant de l'embrasser.**

    d) Si Doria ne se brosse pas les dents, **le goût du baiser lui restera dans la bouche.**

    e) Si Doria raconte à tout le monde qu'elle est tombée de sa bicyclette, **ils ne la croiront pas.**

f) Nabil ne reconnaîtra pas Doria si **elle fait de la chirurgie esthétique.**

g) Si Doria rencontrait un super mec, **ils s'embrasseraient / ce serait dans un décor de rêve.**

h) Sa mère serait furieuse si **elle apprenait l'histoire du baiser.**

i) Si Nabil avait été plus beau, **Doria aurait pu l'aimer.**

j) Si Nabil recommence, **Doria se sentira encore plus fâchée / contente...**

Activité écrite

Le but de cette activité écrite est de faire pratiquer la forme et l'emploi du mode conditionnel tout en laissant libre cours à l'imagination de l'élève.

PAGE 32

Le mariage

Activité orale et écrite

Dans cette dernière partie de l'unité, il est question de mariage. Vous pouvez commencer par faire un remue-méninges avec les élèves à partir des mots « cérémonie de mariage » avant de passer au quizz « Testez vos connaissances ».

1. Le but de cet exercice est d'introduire le thème du mariage tout en amenant les élèves à faire le point sur leurs connaissances du thème. Il n'est donc pas nécessaire de leur faire faire des recherches afin de trouver les bonnes réponses.

Remue-méninges : réponses à titre d'exemple

* faire-part de mariage / liste de mariage / cadeaux / noces / robe de la mariée / tenue de mariage / fleurs / alliances / discours / voyage de noces / lune de miel...
* mairie / église / cérémonie civile et religieuse / pacsé...
* célibataire / maire / témoins / demoiselle d'honneur / prêtre / curé / pasteur / imam / rabbin / traiteur / photographe...
* apéritif / cocktail dînatoire / menu de fête / pièce montée / champagne / vin / musique...
* divorce / séparation / enfants...

Certaines réponses vont peut-être engendrer une discussion.

2. **A.** avant l'âge de 18 ans

3. **C.** devant le maire

4. **A.** un délit

5. **B.** en mairie

6. **C.** vers 30 ans

7. **B.** des alliances

8. **A.** la pièce montée

9. **C.** un contrat légal entre deux adultes non mariés pour organiser leur vie commune

10. **A.** deux personnes majeures quel que soit leur sexe

11. **C.** un mariage sur deux

Activité orale

Discussion : réponses personnelles

À *noter*

• Jusqu'à la Révolution française, seul **le mariage religieux** était reconnu. Les registres paroissiaux tenaient alors lieu d'état civil.

• La loi du 20 septembre 1792 instaure le mariage civil, enregistré en mairie, qui devient le seul valable aux yeux de la loi. Il doit précéder toute cérémonie religieuse. Le non-respect de cette règle est constitutif d'un délit.

• Dès lors, et quelle que soit sa religion d'appartenance, il faut passer devant le maire avant de pouvoir se marier religieusement.

• **Le pacs** est un contrat entre deux personnes majeures, de sexe différent ou du même sexe, pour organiser leur vie commune. Il est signé au greffe du tribunal d'instance.

PAGE 33

Activité orale

Préparation à l'oral individuel

Cette activé a pour but d'aider les élèves à présenter un stimulus visuel. Ils se préparent ainsi à l'oral individuel durant lequel ils devront faire une présentation de 3 à 4 minutes à partir d'une photo.

2. Moi et les autres

TRONC COMMUN – Relations sociales

		Livre du professeur	Livre de l'élève
Unités	Place aux jeunes : le bénévolat	p21	p35
	Place aux jeunes : le milieu scolaire	p23	p40
	Place aux jeunes : la société de demain	p24	p44
	Ceux que je côtoie	p26	p49
	De nouvelles rencontres	p28	p55
Thèmes	Les jeunes et la société Le voisinage Les autres		
Objectifs	**Types de textes**	Le rapport La lettre de protestation La brochure	
	Langue	L'expression de l'obligation Améliorer son style : les connecteurs logiques Les synonymes Les champs lexicaux La négation	
	Le coin du BI	Le programme CAS Préparation à l'oral interactif	

PAGE 35

Place aux jeunes : le bénévolat

Mise en route   **CAS**

Le programme CAS : Créativité, Action, Service – une composante obligatoire pour l'obtention du diplôme du Baccalauréat International.

Cette discussion porte sur un élément clé du programme du baccalauréat et il serait donc préférable de laisser discuter toute la classe ensemble. Les élèves doivent être encouragés à exprimer leurs opinions sur l'importance de soutenir la communauté locale et aussi à exprimer leurs opinions sur les points forts et les points faibles du programme de bénévolat tel qu'il est organisé par l'école.

> **Un camp de jeunes, c'est quoi ?**

PAGE 36

Compréhension

1. **C.** visite de la région

   D. discussions

   F. collectes

   H. sélection d'objets à vendre

   J. recyclage

   K. réparation d'objets

   L. travail dans un centre de distribution

M. cuisine

N. tâches ménagères

PAGE 37

2. le quotidien **G.** la vie de tous les jours

3. en fonction de **L.** selon

4. au tri **E.** à la sélection

5. les particuliers **C.** les individus

6. aménagés **M.** arrangés

7. mettre en état **A.** réparer

8. les recettes de vente **K.** les bénéfices

9. Il faut payer les repas.

    FAUX. *Justification* : tu es nourri

10. Il faut aider à entretenir la communauté.

    VRAI. *Justification* : « respecter... les tâches et les gestes quotidiens (travaux, repas...) »

11. Si le / la participant(e) tombe malade, il / elle ne paie pas les médicaments.

    FAUX. *Justification* : « En cas de maladie, les frais médicaux ne sont pas couverts. »

12. Il est possible de s'inscrire par Internet.

    VRAI. *Justification* : « Tu peux t'inscrire directement en ligne... »

13. Il faut rester au moins huit jours dans un camp de jeunes.

    VRAI. *Justification* : « La durée minimum d'inscription est de 1 semaine. »

PAGE 38

Activité écrite

Le rapport est l'un des types de textes au programme de la langue B. Dans cette unité, les élèves auront la possibilité de rédiger trois rapports. Le but de cette première activité écrite est de pratiquer la rédaction d'un rapport à partir d'un texte que les élèves ont déjà lu et analysé. L'accent est ainsi mis sur les caractéristiques et la structure du rapport plutôt que sur le contenu.

Si vos élèves ne savent pas encore rédiger un rapport, commencez par l'étude du rapport à la page 38.

PAGE 39

Emmaüs et l'abbé Pierre : pour en savoir plus

1. Henri Groués dit l'abbé Pierre est né en 1912 à Lyon. Il est mort en 2007. Résistant, prêtre catholique, député, fondateur de l'association Emmaüs, militant pour les pauvres. Première place dans le cœur des Français selon les sondages de popularité.

2. C'était son nom de résistant.

3. 1949.

4. C'est le nom d'un village en Palestine (Évangile selon Saint Luc).

5. C'était un hiver rigoureux. Les logements manquaient et des sans-abri mouraient de froid dans la rue. La conséquence de l'appel fut « l'insurrection de la bonté » : réaction du gouvernement en faveur des démunis et dons des citoyens.

6. Les pauvres, les exclus, les réfugiés.

7. Elles se financent en récupérant des objets dont d'autres ne veulent plus. Elles les remettent en état et les revendent.

PAGE 40

Place aux jeunes : le milieu scolaire

Activité orale

> ### Notre programme électoral

Discussion pour toute la classe, ensemble ou par petits groupes (selon le nombre de vos élèves). Il s'agit d'un travail préparatoire pour faire acquérir un vocabulaire lié au thème des relations sociales. Vos élèves seront menés à réfléchir aux défis rencontrés dans notre société par les personnes handicapées.

> ### Un ordinaire encore trop rare

PAGE 42

Compréhension

1. Titre [-1-]   **A.**   Les portes du lycée s'ouvrent à Océanie
2. Titre [-2-]   **B.**   Des défis à relever
3. Titre [-3-]   **E.**   Pour faire taire la différence, quelques moyens matériels suffisent
4. Titre [-4-]   **F.**   Le soutien des professeurs
5. Titre [-5-]   **D.**   Des aides humaines et animalières
6. **E.**   poser problème au sein d'un lycée.
7. **B.**   est inscrite dans le lycée de son choix.
8. **H.**   aux autres adolescents handicapés.
9. **F.**   Océanie va pouvoir s'épanouir.
10. **C.**   être aménagé.
11. **D.**   changer de salle de classe.
12. **A.**   une influence positive sur les autres élèves.
13. L'intégration de personnes handicapées à l'école, bien que régie par la loi, reste difficile et donc rare.

PAGE 43

Activité écrite

Les objectifs de cette activité sont doubles :

- tester la compréhension du texte *Un ordinaire encore trop rare*. L'élève doit choisir uniquement les renseignements pertinents fournis dans le texte.
- apprendre à l'élève comment rédiger un rapport. Le schéma du rapport lui est fourni.

Les détails suivants doivent être mentionnés dans le rapport :

Introduction

- se présenter ; préciser son rôle ; présenter le sujet du rapport

Exemple d'introduction :

En tant que professeur responsable de la classe de seconde dans laquelle se trouve Océanie, on m'a chargé(e) d'évaluer l'impact de l'intégration de jeunes en situation de handicap sur le fonctionnement de l'établissement / sur le milieu scolaire et plus particulièrement sur l'intégration d'Océanie.

Rappel des faits

- la loi
- l'intégration d'Océanie au lycée il y a 1 an

Analyse de la situation

Moyens matériels mis en place
- clavier d'ordinateur portable adapté
- local (fermant à clé ; à proximité de la salle de classe)
- 2 imprimantes
- supports pédagogiques en braille grâce aux transcripteurs

Moyens matériels encore à prévoir
- certains mentionnés ci-dessus
- supports pédagogiques en braille...

Soutien dans la vie quotidienne

- de la part des professeurs
  - revoir les habitudes de langage
  - les professeurs se déplaceront et non pas les élèves
- de la part des AVS
  - Chléo pour les actes de la vie ordinaire
- aides animalières
  - un chien-guide pour que le / la jeune puisse s'intégrer plus facilement

Avantages de cette intégration

- pour le / la jeune en situation de handicap
  - être en contact avec les autres
  - se mesurer aux autres dans les mêmes disciplines
  - donner une chance aux capacités de se développer
  - se frotter aux autres / ne pas être orienté(e) vers des filières spécialisées
- pour les camarades
  - ouverture à la différence
  - grâce à la présence du chien : moins dissipés, plus respectueux

Recommandations

À conclure à sa guise

PAGE 44

Place aux jeunes : la société de demain

Activité orale **NS**

Réponses possibles

1. On est un jeune lorsqu'on entre au collège (11 ans) / lorsqu'on devient adolescent.
   - On devient adulte à l'âge de 18 ans, lorsqu'on quitte le lycée, qu'on a le droit de voter, de se marier...
   - On devient adulte quand on entre dans la vie active ou professionnelle ou quand on gagne sa vie.

2. Qu'entendez-vous par « les devoirs que la société a envers vous » ?
   - éducation
   - soins de santé
   - sécurité
   - accès à la culture et aux loisirs
   - logement

3. Quels sont les devoirs que vous avez à l'égard de la société / de l'État ?
   - respecter la loi
   - s'instruire / suivre une formation / faire un stage
   - aider sa famille / rendre service à autrui
   - protéger l'environnement
   - voter
   - payer des impôts
   - participer à la défense nationale (selon sa nationalité)

PAGE 45

Les valeurs des jeunes Français

PAGE 46

Compréhension   NS

Ce portrait descriptif est basé sur des données établies par L'INSEE (Institut national de la statistique et des études économiques), L'INED (Institut national études démographiques) et l'Observatoire français des conjonctures économiques.

Basez vos réponses sur le 1ᵉʳ paragraphe	Les jeunes Français
1. Les liens d'amitié et les liens familiaux : sont-ils importants pour les jeunes Français ? Et pour vous ?	*Exemple : Ils sont très importants pour eux. Ils y accordent encore plus d'importance que les adultes*
2. Comment les jeunes Français définissent-ils la réussite ? Et vous ?	Réussite professionnelle
3. Les jeunes Français sont-ils membres d'organisations politiques ? Et vous ?	Non
Basez vos réponses sur le 2ᵉ paragraphe	**Les jeunes Français**
4. À quelles valeurs les jeunes Français accordent-ils de l'importance ? [Indiquez-en quatre.] Et vous ? [Indiquez-en quatre.]	Religion Famille Engagement pour une cause commune Respect des règles de vie Réussite professionnelle Ouverture d'esprit
5. Quels sont les écarts de comportement que les jeunes Français ont plus tendance à tolérer que les adultes ? Et vous ?	Le travail au noir Ne pas payer dans les transports en commun
Basez vos réponses sur le 3ᵉ paragraphe	**Les jeunes Français**
6. Pour quoi les jeunes Français descendent-ils dans la rue ? 7. Et pour quoi descendriez-vous dans la rue ?	Pour défendre une conception de l'enseignement Pour protester contre une intervention militaire Lors des élections présidentielles

Activité orale   NS

1 et 2   Réponses personnelles

3.   Acte de désobéissance

4.   Travail non déclaré / illégal

5.   **Exemple de réponse :** Télécharger un film ou de la musique sans payer les droits d'auteur

6 à 8   Réponses personnelles

PAGE 47

Activité écrite

1. **A.** de plus
2. **D.** d'un autre côté
3. **B.** mais
4. **C.** en d'autres termes
5. **E.** après
6. **A.** ajout / on donne d'autres précisions sur le sujet
7. **C.** opposition / on propose un exemple qui s'oppose à ce qui a été dit jusqu'ici
8. **F.** objection / on rejette l'argumentation précédente
9. **D.** explication / on propose un exemple pour clarifier
10. **B.** chronologie / on met l'accent sur l'ordre ou la séquence des événements

Expression du texte	Expressions contraires
11. Ils sont très <u>nombreux à</u> (+ infinitif)	Ils sont peu à (+ infinitif) Ils sont (très) peu nombreux à (+ infinitif) Ils sont un ou deux à (+ infinitif) Ils sont quelques-uns à (+ infinitif)
12. Ils sont pour les trois quarts <u>favorables à</u> (+ nom)	Ils sont pour les trois quarts contre (+ nom) Ils sont pour les trois quarts défavorables à (+ nom) Ils sont pour les trois quarts opposés à (+ nom)
13. <u>Plus de la moitié</u> d'entre eux (+ verbe)	Moins de la moitié d'entre eux (+ nom) Une minorité d'entre eux (+ nom) Quelques-uns d'entre eux (+ nom)

PAGE 48

Activité écrite

Le rapport est l'un des types de textes au programme du cours de langue B. Cette activité permet aux élèves de réutiliser les éléments de la langue qu'ils viennent de travailler (utilisation de statistiques et de connecteurs logiques) pour rendre leur texte plus convaincant.

Si les élèves maîtrisent déjà les caractéristiques propres à ce type de texte, vous pouvez passer directement à la rédaction d'un rapport.

Si les élèves ne maîtrisent pas encore les caractéristiques du rapport, vous pouvez commencer par faire lire celui qui se trouve à la page 452. Demandez aux élèves de l'analyser en se servant de la fiche d'analyse aux pages 437 et 438 de leur manuel ainsi que de la fiche d'analyse à remplir (page 182, livre du professeur). Suite à cette analyse, vous pourrez passer à la rédaction du rapport.

PAGE 49

Ceux que je côtoie

Mise en route

Dans cette section, les élèves vont parler de leurs rapports avec ceux qui les entourent mais qu'ils ne connaissent peut-être pas. Il s'agit d'un travail préparatoire pour la lecture de deux textes sur le thème des voisins. Il sert donc à faire acquérir un vocabulaire lié au thème des relations sociales.

1 à 4   réponses personnelles

Par essence, je déteste les voisins !

PAGE 50

Compréhension

1. **D.** L'auteur de ce blog se plaint du bruit qu'ont fait ses voisins

2. **B.** exagération

3. **B.** était très forte

4. **D.** a souffert de la situation

5.   a) kitsch (de mauvais goût)

        b) pas à son goût (leur choix de musique ne lui a pas plu)

        c) trop forte / le volume l'a dérangé

6.   dans la maison des voisins

7. **D.** les voisins n'ont pas pensé à d'autres moyens d'écouter leur musique sans déranger les voisins

8.   une rallonge

9.   il a souffert d'une migraine

10.   il a commencé à pleuvoir / il a fait mauvais / le temps a changé

11. **A.** à la musique

12.   c'est la fête nationale en France : c'est un jour férié et on fait souvent la fête ce jour-là

13.   réponses possibles : sortir / téléphoner à la police / les rejoindre / jouer de la musique encore plus fort…

PAGE 51

Activité écrite

Le but de cette activité est de pratiquer la rédaction d'une lettre de protestation. La lecture du texte *Par essence, je déteste les voisins !* a facilité l'acquisition d'un lexique approprié au thème. L'accent est mis ici sur les caractéristiques et la structure d'une lettre officielle.

Selon le niveau de la classe, il peut s'agir d'une révision des caractéristiques et de la structure d'une lettre officielle ou de l'apprentissage de celles-ci. Si les élèves maîtrisent déjà les caractéristiques propres à ce type de texte, vous pouvez passer directement à la rédaction d'une lettre officielle.

Si les élèves ne maîtrisent pas encore les caractéristiques de la lettre officielle, vous pouvez commencer par faire lire celle qui se trouve à la page 449. Demandez aux élèves de l'analyser en se servant de la « fiche d'analyse » aux pages 437 et 438 et de la fiche d'analyse à remplir (page 182, livre du professeur).

PAGE 52

Activité orale

Les élèves vont pouvoir réutiliser le vocabulaire et les tournures acquis dans les activités précédentes. Cette activité peut compter comme l'un des oraux interactifs et être évaluée selon les critères propres à ce type d'activité (dans le Guide de langue B).

PAGE 53

> ## Voisins solidaires

PAGE 54

Activité écrite

La liste de vérification pour la réalisation d'une brochure pourra être utilisée pour l'auto-évaluation ou pour l'évaluation par des camarades. La brochure informative est l'un des types de textes au programme de langue B. Si vos élèves connaissent déjà les caractéristiques propres à ce type de texte, vous pouvez passer directement à la rédaction d'une brochure informative. Si les élèves ne maîtrisent pas encore les caractéristiques de ce type de texte, vous pouvez commencer par faire lire et analyser la brochure aux pages 440 et 441 du livre de l'élève. Demandez aux élèves de l'analyser en se servant de la fiche d'analyse aux pages 437 et 438 de leur manuel ainsi que de la fiche d'analyse à remplir (page 182, livre du professeur).

PAGE 55

De nouvelles rencontres

Activité orale

Réponses possibles :

1. Je pourrais entamer plus facilement la conversation avec quelqu'un de mon âge...

2. Peur de l'inconnu ; on m'a toujours dit de ne pas parler aux étrangers ; différence d'âge, de nationalité...

3. Cela dépend de la situation qui fait qu'on se trouve ensemble ; présence d'enfants ou de chiens ; sourire ; regard franc ; choses en commun ; tâche à faire ensemble...

4. Quelque chose qui vous empêche d'agir, de manifester vos opinions, votre personnalité

5. Expérience ; éducation ; personnalité (timidité)...

6. Une inhibition peut être positive dans la mesure où elle peut nous empêcher d'agir sans réfléchir aux conséquences éventuelles de nos actes. Elle est négative quand elle nous empêche de profiter de la vie ou de nouvelles expériences.

7. Oui, j'éprouve parfois des inhibitions, telles que l'embarras, la crainte, la confusion... Par exemple, quand le professeur m'interroge en classe, j'ai peur de me tromper ou que les autres se moquent de moi. Lorsqu'on me présente à quelqu'un d'important, je me sens tout à coup intimidé(e). Quand je suis invité(e) chez quelqu'un mais que je préférerais rentrer chez moi, je ne sais pas trop comment le dire sans vexer mon hôte et j'éprouve alors un sentiment de gêne...

8. À travers des expériences positives ; en parlant avec autrui ; sous l'influence de drogues ou de l'alcool...

> **Soudain, des inconnus vous offrent un câlin**

PAGE 56

Compréhension

1. **D.** une manifestation

2. à Lille / sur la place centrale / sur les marches du théâtre

3. une trentaine de *free huggers*

4. « On se sent si bien après. Comme quand on a bu. On se désinhibe, on ose tout faire »

5. **C.** les émotions s'intensifient

6. a) à la communauté / au groupe

    b) à un système d'échange / à la pratique de l'échange entre particuliers / à une consommation plus raisonnable, en évitant les achats inutiles

7. le câlin par un inconnu / l'embrassade

8. gentil ; rafraîchissant ; bon enfant ; comment refuser ?

9. a) trentaine (un nombre qui veut dire environ trente)

    b) trentenaire (quelqu'un qui a environ trente ans)

10.   qu'on lui a fait un câlin / qu'on l'a embrassé

11. **D.** ils ont un franc succès

12.   l'attentat (au bisou) ; mêlées ; sauter dessus ; lutter

13.   un bisou

14. **B.** elle comprend ce qui est en train de se passer

15.   le mouvement s'est répandu partout dans le monde

16.   a) utopique : idéal mais irréalisable

       b) intense : de forte émotion

       c) éphémère : de courte durée ; passager ; temporaire

17.   a) Les croyances : religieuses ; politiques...

       b) Les couches sociales (divers milieux sociaux) : la classe ouvrière ; bourgeoise ; les nantis ; les sans-emplois ; les employés...

       c) Les âges : les jeunes ; les adolescents ; les aînés ; les seniors...

18.   baisser la tête dans le métro

19. **A, C, D, E**

À noter

Une fois que les élèves ont lu le texte, vous pouvez faire visionner le clip des *Sick Puppies* sur Internet. La chanson est en anglais. Il est possible d'exploiter le clip en demandant aux élèves de décrire :

a)   où se trouvent les gens qui se font des câlins

b)   qui fait et qui reçoit des câlins (âge ; sexe ; profession...)

c)   les différentes façons de se faire un câlin (sauter dans les bras ; sauter au cou ; mime d'arts martiaux...)

d)   l'histoire du mouvement : l'interdiction, la police, la pétition de 10 000 signatures et la suite du mouvement

PAGE 58

Activité écrite

1.   accolade

2.   étreinte ; embrassade(s)

3.   enlacer

4.   écriteau

5. **A.** i

    B. ii

    C. ii

    D. i

    E. ii

PAGE 59

Les champs lexicaux

1.   a) température

      b) thermomètre

2.   ivresse

3.   gueule de bois

4.   adeptes

5.   croyances; prosélytes

Activité orale

Il s'agit d'une activité qui permet de contrôler la compréhension du texte et de réutiliser le vocabulaire que les élèves ont acquis.

1 à 3   réponses personnelles

PAGE 60

4. **E.** « Tiens ! Regarde les gens là-bas. On dirait qu'ils sont en train de s'embrasser. »

5. **D.** « Que ça fait du bien de voir des jeunes qui osent s'ouvrir aux autres ! »

6. **B.** « Je me demande ce que ces jeunes veulent vraiment. »

7. **F.** « Comment ces jeunes osent-ils m'embrasser ? C'est un manque de respect ! »

8. **C.** « Si on faisait tous pareil, le monde tournerait mieux. »

Activité orale

L'étranger : mon semblable, mon frère ?

Extrait de la Mission du Baccalauréat International :

« *Ces programmes encouragent les élèves de tous pays à apprendre activement tout au long de leur vie, à être empreints de compassion et **à comprendre que les autres, en étant différents, peuvent aussi être dans le vrai**.* »

1. nationalité ; langue ; religion ; couleur de peau ; race / ethnie ; culture / habitudes ; couleur de cheveux ; éducation ; classe sociale ; valeurs / comportement ; âge...

2. réponse personnelle

3. fraternité ; solidarité ; certaines valeurs (famille, travail...) ; croyance religieuse ; émotions / sentiments...

4. réponses personnelles : curiosité ; indifférence ; fraternité ; hostilité ; crainte ; étonnement ; méfiance ; inquiétude...

5. réponses personnelles : avec réticence ; à bras ouverts ; difficilement ; pas du tout...

6. sans aucun problème ; avec difficulté ; avec méfiance...

7. nationaliste **C.** partisan de l'indépendance de son pays ; personne qui a un attachement passionné à la nation

8. patriote **E.** personne qui aime son pays

9. fanatique **D.** personne qui démontre un zèle excessif, un attachement aveugle à une idée

10. raciste **F.** personne qui croit qu'une race doit être développée au détriment des autres

11. xénophobe **A.** personne qui déteste les étrangers

12. chauvin **B.** personne qui a une admiration exagérée pour son pays

PAGE 61

L'autre

PAGE 62

Compréhension

1. (Les autorités vont doubler leurs effectifs et) elle ne va pas pouvoir franchir le cordon sanitaire.

2. Il s'agit d'une mesure de précaution pour empêcher les maladies contagieuses de se répandre / par souci de contagion.

3. Il propose de le dessiner / de dessiner chaque trait de son visage.

4. Elle la compare à une passoire. Une passoire sert à égoutter des aliments. Simm ne retient rien de ce qu'on lui dit.

5. Pas du tout.

6. Les êtres humains peuvent aussi communiquer à travers les gestes, le regard.

7. (Il venait d'ouvrir la fenêtre de sa chambre.) Il regardait le paysage et le village.

8. (à la) vie

9. L'humanité tout entière partage le don qu'est la vie / l'humanité partage le même destin.

10. Celui de la fraternité / tous les hommes partagent le même destin.

Caractéristiques d'un étranger	
11. âge	✓
13. pays d'origine	✓
15. couleur de peau	✓
17. couleur de cheveux	✓
19. classe sociale	✓
20. mépris de l'autre	✓
21. comportement menaçant	✓
22. méconnaissance	✓

23. hostilité, crainte, méfiance...

24. Non. Elle dit : « je tremble pour nos filles » mais elle a seulement des garçons.

25. fraternité ; émerveillement...

26. Il est le seul à savoir que l'étranger est sous les décombres.

27. **Exemple de réponse possible :** « Je ne peux pas le quitter. Ce serait comme si *j'abandonnais mon frère / mon fils.* »

PAGE 63

Grammaire en contexte : la négation

Selon le niveau de la classe, vous pouvez soit faire appel aux connaissances que les élèves ont déjà acquises, soit leur faire un cours sur la négation avant de passer à l'activité ci-dessous.

1. a) *Ce n'est pas ça !*

    Ce ne sont pas toujours les mots qui parlent !

    Tu ne vas jamais au bout de tes phrases...

À un temps simple, la négation encadre le verbe.

    b) *Tu n'y arriveras jamais.*

    On n'y comprend rien !

À un temps simple, quand il y a un pronom personnel devant le verbe, la négation encadre le pronom et le verbe / la négation « ne » précède toujours les pronoms personnels placés avant le verbe.

c) *Je n'ai pas dit ça.*

On ne s'est (presque) rien dit.

Vous ne vous êtes (même) pas parlé !

   i. Aux temps composés, la négation encadre l'auxiliaire (être ou avoir).

   ii. Aux temps composés, quand il y a un pronom devant l'auxiliaire pour les verbes pronominaux, la négation encadre le pronom et l'auxiliaire.

d) *Personne ne pourra traverser (…).*

(…) personne d'autre ne le sait que moi.

Quand le pronom indéfini (*rien ; personne*) est sujet du verbe, il est suivi par « ne ».

e) *Je ne peux pas partir (…).*

Le deuxième verbe est à l'infinitif. Dans l'exemple tiré du texte, la négation encadre le premier verbe puisque l'accent est mis sur ce verbe.

Je ne peux pas partir = il m'est impossible de partir

Quand la négation porte sur le verbe à l'infinitif les deux éléments de la négation précèdent normalement le verbe à l'infinitif.

Je peux ne pas partir = j'ai la possibilité de partir ou de ne pas partir

f) *Rien (si tu veux !)*

Non; Personne; Jamais; Plus jamais

2.   a) Simm **n'avait jamais ressenti** auparavant ce qu'il a ressenti en voyant l'autre.

   b) Jaïs **ne pouvait pas du tout** comprendre le comportement de son mari.

   c) Simm **n'a jamais / n'avait jamais quitté** son pays.

   d) La police **n'allait plus permettre** aux gens de traverser le cordon sanitaire.

   e) Si **personne ne venait** le chercher, le jeune homme mourrait.

   f) Simm et sa femme **ne s'étaient jamais parlé / ne se sont jamais parlé** ainsi avant le tremblement de terre.

   g) À part Simm, **personne ne savait** que l'autre était enseveli sous les décombres.

PAGE 64

Activité écrite

Vous pouvez faire travailler vos élèves individuellement ou par deux. Pour lancer l'activité, il pourrait s'avérer utile de faire un remue-méninges à partir du mot « étranger ». Écrivez le mot au tableau et demandez aux élèves de noter tous les mots qui leur viennent à l'esprit ayant rapport avec le mot « étranger ». Il est possible aussi de faire ce remue-méninges en trois étapes : vous demandez d'abord tous les noms communs qu'ils associent avec le mot « étranger », ensuite tous les adjectifs et, pour finir, tous les verbes. À partir de ce lexique, ils pourront créer leur poème.

3. Derrière le petit écran

TRONC COMMUN – Communications et médias

			Livre du professeur	Livre de l'élève
Unités		La télévision et vous	p33	p66
		La télé-réalité	p37	p74
		La publicité	p39	p78
Thèmes		La télévision : ses bienfaits, ses méfaits, son rôle Les émissions idéales La télé-poubelle La publicité		
Objectifs	**Types de textes**	L'article de journal Le blog La lettre au courrier des lecteurs La brochure publicitaire		
	Langue	Le discours indirect		
	Le coin du BI	Préparation à l'oral interactif Préparation à la rédaction du travail écrit (niveau supérieur)		

PAGE 66

La télévision et vous

Mise en route

1. Afin de se familiariser avec le vocabulaire de la télévision ou de se le remémorer, les élèves doivent répondre aux questions par groupes de deux. Ils pourront ensuite comparer leurs idées à celles des autres groupes de la classe.

Les réponses ci-dessous sont proposées à titre d'exemple.

a) dans sa chambre / dans le salon / chez des amis / à l'école

b) personne / son frère / sa sœur / ses parents / sa classe

c) une émission pour les enfants / les informations / un film d'horreur / des images violentes

Certains élèves ne se rappelleront peut-être pas le nom des différents types d'émissions de télévision. Afin de leur rafraîchir la mémoire, vous pourriez leur donner plusieurs titres d'émissions pour qu'ils retrouvent plus facilement tous les genres d'émissions correspondants.

Par exemple : *Sesame Street* – une émission pour enfants

- les documentaires
- les feuilletons
- les séries télévisées
- les jeux télévisés
- les informations / les actualités
- les films
- les émissions culturelles
- les débats
- les émissions pour enfants
- les émissions de télé-réalité
- les émissions musicales
- les dessins animés
- les pièces de théâtre télévisées

d) Elle est fascinée / intriguée / apeurée / intéressée / amusée / elle a peur / elle n'en croit pas ses yeux / elle en oublie ce qui se passe autour d'elle.

e) Que regardent vos enfants ? / Elle n'a d'yeux que pour la télévision. / Un autre regard sur le monde.

f) Les dangers de la télévision. / Ne laissez-pas vos enfants seuls devant la télévision. / La télévision, amie ou ennemie ?

g) dans le salon / dans ma chambre / chez des amis / à l'école
Ça me détend / ça me change les idées / ça me déconnecte de la réalité / ça m'intrigue / ça me fascine.

2. Les élèves doivent répondre aux questions par groupes de deux. Ils pourront ensuite comparer leurs idées à celles des autres groupes de la classe. Selon le niveau de la classe, vous pourrez juger utile de leur rappeler certaines expressions.

Les réponses ci-dessous sont proposées à titre d'exemple.

a) oui, tous les jours / de temps en temps / rarement / jamais

b) le matin, en me levant / le matin, en prenant mon petit déjeuner / à l'heure du déjeuner / le soir, après les cours / le soir, avant de me coucher / le week-end seulement

c) en famille / avec des copains / seul(e)

On commente ensemble ce qu'on regarde / je peux demander des explications sur ce que je regarde / je n'aime pas regarder la télé tout(e) seul(e).

d) Les élèves doivent répondre avec des faits qui leur sont personnels.

e) pour me détendre / pour passer le temps / pour me divertir / pour me cultiver / pour m'informer / pour en discuter avec les copains / c'est relaxant après une journée de travail / ça change les idées / c'est divertissant / c'est une source de divertissement et de culture / la télé joue un rôle éducatif / la télé joue un rôle informatif / c'est une ouverture sur le monde extérieur.

C'est une perte de temps / c'est du lavage de cerveau / c'est nuisible à l'éducation des jeunes / je préfère lire / faire du sport / faire de la musique / discuter avec mes amis / écouter la radio / surfer sur Internet / la télévision nous manipule / la télévision nous empêche de penser par nous-mêmes / on nous impose des images et des idées.

f) toujours / de temps en temps / jamais / je suis toujours occupé(e) quand mon émission préférée passe à la télévision / je peux regarder mes émissions préférées quand j'en ai envie / je préfère regarder les émissions en famille plutôt que tout(e) seul(e) devant mon ordinateur.

g) Non, jamais. Je ne me laisse pas influencer par la télévision / quelquefois, tout dépend du produit / toujours, j'ai conscience de me laisser tenter par ce que je vois / libres à nous de nous faire nos propres opinions / rien ne nous oblige à être d'accord avec ce qu'on nous montre ou ce qu'on nous dit / même en regardant la télévision, nous devons nous servir de notre esprit critique.

h) L'émission phare du moment est... / l'émission la plus regardée en ce moment est...

i) Je ne suis jamais allé(e) en France ou dans un pays francophone. / Je n'ai jamais eu l'occasion de regarder une émission française ou francophone.

J'ai surtout regardé...

Ce qui m'a frappé(e), c'est... / ce qui m'a le plus plus choqué(e) / surpris(e) / étonné(e) / amusé(e), c'est...

C'était différent / étonnant / intéressant / je n'ai pas vraiment constaté de différence / les présentateurs parlaient vite / ils attachent plus d'importance à...

Ils diffusent plus / moins d'émissions au sujet de... .

j) La télévision fait partie intégrante de ma vie / je perds trop de temps devant la télévision / je préférerais lire plus et passer plus de temps avec mes amis / le monde serait moins violent et moins superficiel / sans la télé, je ne saurais pas quoi faire de mes soirées / sans la télé, je ne saurais pas de quoi parler avec mes amis puisqu'on parle souvent de ce qu'on a regardé / J'ai mieux à faire.

k) Pas quand de jeunes enfants regardent la télévision / non, certains sujets ne doivent pas être montrés à la télévision / ce serait enfreindre la liberté d'expression que de censurer certaines images ou certaines émissions / la télévision est l'un des meilleurs moyens de s'informer de ce qui se passe autour de nous / il y a des limites à ce qu'on peut montrer à la télévision / tout dépend de l'heure à laquelle ces émissions sont diffusées.

les parents / les professeurs / les directeurs de chaîne / le gouvernement

PAGE 67

Quelle serait votre émission de télévision idéale ?

PAGE 68

Compréhension

1. **A.** ce qui a du succès

2. **D.** on a trop souvent utilisé cette idée

3. **A.** les origines et les conséquences

4. **B.** plus détaillés

5. **B.** font partie de notre vie quotidienne

6. Étienne   **E.** Le journal télévisé est déprimant.

                 H. Les réussites médicales devraient être mises en valeur à la télévision.

7. Noémie   **B.** La télé-réalité n'est plus aussi intéressante qu'avant.

                 J. Les réponses aux problèmes mondiaux devraient être expliquées plus clairement.

8. Guillaume   **A.** La télévision, c'est fait pour se changer les idées en regardant des émissions sportives.

                 D. On devrait faire appel à des spécialistes pour les commentaires sportifs.

9. Marc   **C.** Il devrait y avoir plus de documentaires liés à l'environnement.

                 G. Les animateurs de télévision devraient présenter leur émission avec enthousiasme.

                 I. J'aimerais voir des reportages qui nous permettraient de découvrir notre pays.

10. Annie   **F.** Une émission traitant spécifiquement de technologie serait la bienvenue.

PAGE 69

Télé-poubelle   NS

Il s'agit ici d'un texte un peu plus difficile, ironique et avec de nombreuses expressions idiomatiques familières.
Vous pourrez rappeler aux élèves le nom des principales chaînes de télévision française auxquelles fait
référence ici l'auteur de ce texte :

TF1 – chaîne nationale privée

France 2 – chaîne nationale publique

France 3 – chaîne nationale publique

France 5 – chaîne nationale publique

M6 – chaîne nationale privée

Julien Lepers est le présentateur du jeu télévisé *Questions pour un champion*, émission diffusée sur France 3
depuis 1988.

Stargate SG1 est une série télévisée américaine et canadienne de science-fiction.

PAGE 70

Compréhension   NS

1. **G.** une faiblesse

2. **K.** la télécommande

3. **Q.** une grande paresse

4. **S.** de mauvais chanteurs

5. **I.** nulles

6. **A.** la bonne astuce

7. **R.** je crie

8. **L.** les bêtises

9. **F.** m'abêtir

10. **B.** un blog

11. **C.** ironique

12. Elle rentre du lycée / du collège / de l'école.

13. Elle s'affale sur le canapé. Elle regarde la télévision.

14. Elle a observé ses professeurs, principalement leur tenue vestimentaire.

15. **B.** Acceptons de ne plus utiliser notre intelligence.

16.

Chaîne	Quelle sorte de programme ?	Elle a aimé ou pas ? (Oui / Non)	Pourquoi ?
Exemple: TF1	Une émission de variétés	Non	Les chanteurs étaient mauvais
France 2	Une émission humoristique	Non	Les présentateurs étaient nuls. Ce n'était pas drôle.
France 3	Un jeu télévisé	Non	Les questions étaient trop difficiles.
M6	Une série de science-fiction	Non	C'était trop ennuyeux. Elle n'a pas envie de réfléchir.
France 5	Une émission d'actualités	Oui	C'est en direct. C'est plus intellectuel que le reste.

17. **B.** Champ lexical du sport (*slalomer, bondir*).

18. **D.** Regarder la télévision n'est pas de tout repos.

19. **D.** Cette chaîne est moins regardée que les autres.

20. À la télévision.

PAGE 72

Comment rédiger un blog

Affirmations correctes :

2. Un blog paraît sur Internet.

4. Un blog peut être lu par tous les internautes.

6. Un blog permet de partager librement ses idées et ses expériences.

8. Les autres internautes peuvent afficher leurs commentaires.

9. Le registre de langue peut varier et peut être familier, courant ou soutenu.

11. Sur un blog, on peut ajouter des liens Internet, des images ou des vidéos.

12. Tout le monde peut créer son propre blog.

14. La date et l'heure apparaissent chaque fois qu'on y affiche quelque chose.

15. Chaque message apparaît de manière chronologique.

Grammaire en contexte : le discours indirect

Lors de la rédaction d'un blog, il est souvent nécessaire d'utiliser le discours indirect. Un bref résumé au sujet de la concordance des temps liée à l'utilisation du discours indirect pourra aider les élèves à faire l'exercice de grammaire.

Vous pourrez aussi rappeler aux élèves les règles concernant le changement des pronoms personnels et des adjectifs possessifs lors de l'utilisation du discours indirect.

PAGE 73

Le témoignage de Mathilde

Mathilde nous a dit qu'elle **était** une des rares personnes qui ne **(1) possédait** pas de télévision. Elle nous a raconté que ses amis ne la **(2) comprenaient** pas quand elle **(3) expliquait** pourquoi elle ne **(4) voulait** plus regarder la télévision. Elle a expliqué qu'elle **(5) s'était rendu compte** qu'elle **(6) avait perdu** trop de temps à regarder de mauvaises émissions. Elle a ajouté que, depuis, elle **(7) avait lu** énormément et qu'elle **(8) s'était instruite**. Elle a conseillé que nous nous **(9) débarrassions** de notre télévision. Elle a prétendu que notre vie **(10) serait** plus agréable.

Activité écrite

Le blog est un des types de textes au programme du cours de langue B.

Le blog est un passage de journal intime en ligne. L'auteur s'adresse au grand public ou à un public ciblé. Cette activité écrite sert à rappeler ou à apprendre aux élèves les caractéristiques d'un blog et leur permet de mettre en valeur leurs connaissances sur la télé-poubelle.

PAGE 74

La télé-réalité

J'aurais voulu être une Popstar	NS

PAGE 75

Compréhension

1. Ces personnes prennent part au casting de l'émission *Popstar* sur M6.

    Elles attendent de passer une audition pour l'émission *Popstar*.

2. jeunes ; tendus

3. **C.** les plus beaux vêtements

4. **B.** Laurent a du mal à chanter.

5. **D.** un refus

6. **B.** continuer à participer au jeu.

7. **D.** Sa manière de s'habiller le distingue des autres.

8. Elle a été éliminée.

    Elle n'est restée que 10 secondes devant le jury et elle pense que ce n'est pas assez.

9. Elle sait d'avance qu'elle n'a presque aucune chance de réussir l'audition de Popstar, mais elle ne peut toutefois s'empêcher de garder un petit espoir.

10. **A.** Les groupes recommencent à se faire auditionner par le jury.

PAGE 76

11. **Faux** – « La caravane *Popstar* achève quasiment sa tournée de 17 villes. »

12. **Faux** – « Je vais vous chanter *Ma Liberté de penser.* Un classique. »

13.   **Vrai** – « Rougissements, toussotements et reprise. »

14.   **Faux** – « La jeune fille de vingt ans [...] bousille méthodiquement *Titanic*. »

15.   **Vrai** – « Michel empoche le sésame. »

16.   **Faux** – « On est juste venues passer une bonne journée. »

Activité orale

Pour cet oral interactif au sujet de la télé-réalité, les élèves doivent travailler par groupes et choisir l'un des rôles proposés.

Le dernier rôle (l'animateur / animatrice d'émission littéraire) étant plus difficile que les autres, il pourra soit être attribué à un élève d'un niveau plus avancé, soit omis.

Les élèves pourront préparer leur rôle à l'avance soit en classe, soit à la maison.

Afin de mieux les préparer à leur examen final oral pour le Baccalauréat International, il leur est fortement conseillé de ne pas lire ni d'apprendre par cœur leurs notes.

Les élèves pourront aussi préparer des questions qu'ils pourront poser aux autres participants pendant la discussion.

Afin de simuler encore plus une conversation, ils ne devront pas hésiter à se couper la parole, à se contredire et à exprimer leurs opinions et leurs sentiments.

Une liste de vocabulaire relative à cette discussion vous est fournie afin d'aider les élèves à répondre de manière plus **précise et plus détaillée.**

Vocabulaire et expressions utiles :

- La télé-réalité est basée sur le mensonge et la trahison.
- La télé-réalité donne de mauvais exemples aux jeunes qui la regardent.
- Les paillettes de la télé-réalité me font rêver.
- La télé-réalité incite les jeunes à être plus indépendants et à faire face aux problèmes de la vie.
- Les jeunes pensent que c'est la réalité et ils se méprennent.
- Qui a envie d'imiter ces gens ?
- Les jeunes sont trop naïfs pour ce genre d'émission.

La discussion doit durer un maximum de 15 minutes.

PAGE 77

Activité écrite

Les élèves doivent rédiger une lettre au courrier des lecteurs au sujet de la télé-réalité. Il serait bon de leur rappeler qu'une lettre au courrier des lecteurs a pour but de faire réfléchir et de convaincre les lecteurs.

La lettre au courrier des lecteurs est un des types de textes au programme de langue B. Si vos élèves connaissent déjà les caractéristiques propres à ce type de texte, vous pouvez passer directement à la rédaction d'une lettre au courrier des lecteurs.

Si les élèves ne maîtrisent pas encore les caractéristiques de ce type de texte, vous pouvez commencer par faire lire et analyser la lettre au courrier des lecteurs à la page 451. Demandez aux élèves de l'analyser en se servant de « la fiche d'analyse » aux pages 437 et 438 et de la fiche d'analyse à remplir (page 182, livre du professeur).

Les élèves qu'ils soient pour ou contre la télé-réalité doivent avancer des arguments forts et pertinents.

PAGE 78

La publicité

Pour ou contre la publicité à la télévision ?

À noter : L'illustration au bas de la page 79 fait référence à une citation de Patrick Le Lay, ancien président-directeur général de TF1, une chaîne de télévision française. En 2004, il donne sa propre définition du rôle de la publicité à la télévision. Cette citation peut facilement se trouver sur Internet (taper *Patrick Le Lay + Coca-Cola*).

PAGE 80

Compréhension

Pour	Contre
Gaspard	Henri
Esther	Louisa
Lucien	Catherine
Caroline	Édouard
	Ariane
	Marc

1. **Gaspard** **I.** Pendant la publicité, je peux faire autre chose.

2. **Henri** **D.** Les publicités sont néfastes aux jeunes et leur inculquent de mauvaises idées.

3. **Louisa** **H.** On nous incite à acheter des produits dont on n'a pas besoin.

4. **Esther** **B.** J'apprends à connaître les nouveaux produits grâce à la publicité.

    F. La publicité donne des idées quand on doit faire des cadeaux.

5. **Catherine** **C.** Les jeunes mangent mal à cause de la publicité.

6. **Lucien** **K.** Pendant la publicité, je regarde les émissions des autres chaînes.

7. **Édouard** **L.** J'aimerais tellement pouvoir regarder une émission sans qu'elle soit coupée par de la publicité !

8. **Caroline** **A.** J'aime le côté esthétique des publicités.

    J. Certaines publicités sont humoristiques.

9. **Ariane** **G.** Les femmes y sont mal représentées.

10. **Marc** **E.** La publicité n'est que consommation et manipulation.

PAGE 81

11. **B.** manger

12. **A.** prendre

13. **B.** téléphoner

14. **B.** rester à la mode

15. **D.** j'ai du mal à suivre l'histoire

PAGE 82

---

99 Francs **NS**

Frédéric Beigbeder est un écrivain français né en 1965. Ancien publicitaire, il publie en 2000 *99 Francs*, un roman qui décrit le monde de la publicité.

APC est une marque de vêtements française réputée pour son style classique et simple.

PAGE 83

Compréhension NS

1. Octave est le narrateur de ce texte. Il est publicitaire.

2. **B.** aux consommateurs

3. **Faux** – Je pollue l'univers / Je suis le type qui vous vend de la merde. (lignes 1–2)

4. **Vrai** – Ciel toujours bleu, nanas jamais moches, un bonheur parfait, retouché sur Photoshop. (ligne 3)

5. **Vrai** – Je vous drogue à la nouveauté. (ligne 6)

6. **Faux** – Dans ma profession, personne ne souhaite votre bonheur. (ligne 8)

7. **D.** L'homme se sent exister parce qu'il consomme.

8. la jalousie, la douleur, l'inassouvissement (lignes 12–13)

9. Au champ lexical de la guerre / militaire. Il fait preuve de violence envers les consommateurs.

10. J'**interromps** vos films à la télé. Je **rabâche** mes slogans.

11. **A.** Il veut insister sur son omniprésence tel un dieu.

12. **C.** Les consommateurs se sentent forcés à posséder de nouveaux produits.

13. **C.** Pour manipuler les consommateurs

14. **D.** cynique

PAGE 84

Activité orale

1. Adjectifs pouvant décrire la personnalité d'Octave :

manipulateur	arrogant
pessimiste	optimiste
amusant	réaliste
tentateur	malin

Chaque élève doit choisir les adjectifs qui, selon lui / elle, décrivent le mieux la personnalité d'Octave et doit justifier ses réponses en donnant des exemples du texte. Les élèves devront ensuite comparer leurs réponses et en discuter avec le reste de la classe. Les élèves pourront aussi ajouter leurs propres adjectifs.

Travail écrit NS

Il s'agit d'un exercice d'entraînement à la rédaction du préambule à partir d'un texte littéraire.

Activité orale

Cette activité est une préparation à l'examen oral où un support visuel devra être commenté et analysé. Chaque élève devra auparavant choisir une publicité imprimée dans un magazine ou sur Internet. Il serait préférable que ce soit une publicité francophone. En se référant au questionnaire du livre de l'élève, chaque élève devra ensuite faire une présentation orale de la publicité choisie. Le reste de la classe pourra poser des questions au sujet de cette publicité.

PAGE 85

Comment rédiger une brochure publicitaire

1. **C.** Un petit coup de pompe ?

   D. Arriverez-vous à franchir le dernier kilomètre qui vous mène à la victoire ?

   F. Serez-vous sur la ligne de départ du prochain marathon ?

2. **A.** Où peut-on se procurer K42 ?

   C. Les effets sur l'organisme

   E. Quand faut-il boire du K42 ?

   F. Qui peut boire du K42 ?

3. **A.** « Je ne sens plus la fatigue quand je fais du sport », dit Mélanie, élève au lycée Victor Hugo

   B. Achetez-en dès aujourd'hui !

   C. Manque d'énergie ? Fatigué ? Au bout du rouleau ? Avez-vous pensé à K42 ?

   E. La meilleure des boissons pour votre organisme.

4. **A.** Si vous lisez cette brochure, c'est que vous êtes encore une des rares personnes à ne pas boire nos produits.

   C. Vous pouvez vous procurer cette boisson dans tous les supermarchés et dans tous les distributeurs automatiques des clubs de sport.

   D. Grâce à cette boisson, vous ne ressentirez pas de fatigue pendant l'effort physique.

   F. Savez-vous que tout bon sportif se doit d'avoir une bouteille de boisson énergisante dans son sac de sport ?

5. **B.** Déconseillé aux femmes enceintes. Contient de la caféine.

   C. Pour plus de renseignements, veuillez contacter le numéro vert : 0800 123 456

   D. Courez tous jusqu'à votre supermarché le plus proche et achetez K42 dès maintenant !

   E. Attention ! L'abus de sucre nuit à la santé.

PAGE 86

Activité écrite

Les élèves doivent rédiger une brochure publicitaire de 250 mots minimum. Ils devront choisir l'une des trois photos qui leur servira de support visuel pour cette publicité. Ils devront imaginer le produit pour lequel ils voudront faire de la publicité.

4. Le monde vu par les médias

TRONC COMMUN – Communications et médias

Unités		Les médias et moi	Livre du professeur	Livre de l'élève
			professeur	
Unités		Les médias et moi	p42	p88
		En direct du monde	p45	p94
		Que voit-on quand on regarde les autres toujours de la même manière ?	p47	p100
		La France vue de loin	p49	p107
Thèmes		Les habitudes médiatiques L'influence des médias Le journal télévisé et la presse écrite Les clichés colportés par les médias		
Objectifs	**Types de textes**	La lettre de protestation		
	Langue	Les registres de langue La forme passive		
	Le coin du BI	Préparation à l'oral interactif Théorie de la connaissance Préparation à la rédaction du travail écrit (niveau supérieur)		

PAGE 88

Les médias et moi

Mise en route

Cette activité de mise en route permet l'acquisition du vocabulaire lié au thème des médias de même qu'une sensibilisation à l'importance de s'informer et de rester au fait de l'actualité.

PAGE 89

Faites-vous confiance aux médias ?

PAGE 90

Activité orale

Après avoir laissé les élèves discuter avec leur partenaire, vous pouvez faire un retour sur l'activité avec l'ensemble de la classe afin de dégager des tendances (Les élèves s'identifient-ils plus à Yasmina, Damien ou Sophie ? Se servent-ils régulièrement de certains médias plus que d'autres ?) et revenir sur le vocabulaire thématique.

	Yasmina	Damien	Sophie	Vous	Votre partenaire
Exemple: Je m'informe dès le début de la journée.	✓	✓	✓		
1. J'écoute régulièrement la radio.	✓		✓		
2. Pour être bien informé(e), je privilégie la presse écrite.	✓				
3. J'ai tendance à faire confiance aux médias.	✓				
4. Pour moi, la meilleure source d'information, c'est Internet.		✓			

	Yasmina	Damien	Sophie	Vous	Votre partenaire
5. Je m'informe essentiellement en regardant la télé.					
6. Ce que je reproche aux journalistes, c'est leur manque d'objectivité.		✓	✓		
7. Les médias traditionnels nous fournissent à peu très tous les mêmes informations.		✓			

Compréhension

Yasmina, 18 ans, Luxembourg

« En général, je fais confiance aux médias, mais pour moi, la meilleure façon de m'informer demeure la presse écrite : il y a plus de recherche, plus d'analyse et plus de recul dans un article que dans un petit reportage de deux minutes à la télé. C'est important si je veux pouvoir me faire une opinion. »

Damien, 17 ans, Dudelange

« C'est vrai qu'on trouve de tout sur Internet (le pire comme le meilleur), mais si on sait choisir ses sites, je pense qu'on peut être beaucoup mieux informé que si on lit le même journal tous les jours. Je pense que les médias traditionnels se ressemblent tous et surtout qu'ils sont trop influencés par le pouvoir en place. »

Sophie, 17 ans, Reckange-sur-Mess

« Je trouve qu'il y a beaucoup de commentaires et très peu d'informations et que finalement, on y perd beaucoup de temps. Quant à la télé, je la regarde simplement pour me divertir, jamais pour m'informer. Les journaux télévisés sont de plus en plus en quête de sensationnel et je ne crois pas du tout en leur objectivité. »

	Journalistes	Public
1. avoir un peu de recul par rapport aux informations présentées		✓
2. comprendre le monde qui nous entoure	✓	✓
3. déterminer ce qui fait l'actualité	✓	
4. donner la parole aux experts	✓	
5. faire preuve de neutralité	✓	
6. multiplier les sources d'information	✓	✓
7. poser un regard critique sur les informations	✓	✓
8. recueillir des témoignages	✓	
9. refléter fidèlement la réalité	✓	
10. représenter une diversité d'opinions	✓	
11. se forger une opinion		✓
12. se méfier des sources peu fiables comme les blogs ou les sites personnels	✓	✓
13. situer les faits dans leur contexte	✓	

PAGE 91

Activité écrite

Les élèves peuvent s'inspirer des réponses de Yasmina, Damien et Sophie pour rédiger leur propre réponse.

Activité lexicale : les registres de langue

1. a) le petit-déj' – le petit-déjeuner

    b) Les infos – les informations

    c) la télé – la télévision

    d) l'ordi – l'ordinateur

2. a) ados – adolescents
   b) appart – appartement
   c) c't aprèm – cet après-midi
   d) bac – baccalauréat
   e) ciné – cinéma
   f) clim – climatisation
   g) dico – dictionnaire
   h) fac – faculté
   i) labo – laboratoire
   j) manif – manifestation

   k) pro – professionnel
   l) profs – professeurs
   m) pub – publicité
   n) resto – restaurant
   o) accro – accroché
   p) bio – biologiques
   q) dégueu – dégueulasses
   r) écolo – écologique
   s) perso – personnel
   t) sympa – sympathique

PAGE 92

Grammaire en contexte : la forme passive

Si nécessaire, révisez ce point de grammaire avant de faire les exercices proposés. Vous pouvez aussi utiliser ces exercices comme test diagnostique avant de réviser la leçon et de faire faire des exercices supplémentaires.

1. a) Le débat sur l'euthanasie est relancé en Italie.

   b) Le trafic aérien a été interrompu à Paris en raison d'une forte tempête.

   c) Des rafales de 150 km / h ont été enregistrées cette nuit dans le Jura.

   d) 350 000 hectares de végétation ont été détruits par les flammes dans le sud-est de l'Australie.

   e) Faute d'argent, les travaux de rénovation du Centre des congrès ont été interrompus.

   f) Les transports publics ne seront pas affectés par la grève de mardi prochain.

   g) Le dernier otage politique a été libéré hier en Colombie.

   h) Au Proche-Orient, un accord de paix fragile a été signé.

   i) Une autre starlette a été arrêtée à Hollywood pour conduite en état d'ébriété.

   j) Deux millions de Canadiens sont touchés par le chômage.

2. a) Renault développera des véhicules plus propres.

   b) On n'admet aucun journaliste dans la zone rebelle.

   c) Un groupe terroriste inconnu des autorités a revendiqué l'attentat.

   d) La crise économique mondiale touche durement l'industrie de l'automobile.

   e) La police a tué quatre manifestants.

   f) On a découvert trente momies vieilles de 4 300 ans près du Caire.

   g) Une jeune recrue de 17 ans a pulvérisé le record du monde.

   h) Une voiture a renversé une femme de 75 ans.

   i) Le Français Christophe Meziani a battu le Suisse Alex Müller en deux sets: 6-4, 6-3.

   j) On installera des panneaux solaires sur le toit de la mairie.

PAGE 93

Piégée par Internet

Activité écrite

1. • a été retrouvée
   • n'a pas été violentée
   • a été prise en charge
   • n'a pas été révélée
   • a été interrogé
   • (a été) relâché
   • a été arrêté

2. L'emploi de la forme passive met en valeur les personnes qui ne font pas l'action. Cela accentue l'idée que la jeune fille ne contrôle pas du tout la situation, qu'elle est la victime de cette histoire.

3. Réponse personnelle

PAGE 94

En direct du monde

Faites faire le travail suivant à la maison afin que les élèves soient sensibilisés aux enjeux soulevés par les activités ultérieures (autour du texte de Dany Laferrière).

1. Divisez la classe en 3 ou 4 groupes.

2. Demandez à chaque groupe de regarder le journal télévisé sur une chaîne particulière (une chaîne différente par groupe) le soir à la maison. Si certains élèves ont accès à une chaîne de télévision en français (par exemple TV5 Monde), cela pourrait donner lieu à des comparaisons intéressantes.

3. Demandez aux élèves de remplir la fiche des pages 94–95 pendant le visionnage.

4. Le lendemain, après une brève mise en commun parmi les membres de l'équipe, chaque groupe présente le journal télévisé qu'il a regardé. Les points communs et les différences pourront faire l'objet d'une discussion.

Pistes de discussion

• Les journaux télévisés ont-ils tous présenté le même gros titre ?

• Y a-t-il une information qui n'ait été traitée que dans un seul journal télévisé ? Si c'est le cas, comment expliquez-vous cela ?

• La proportion d'informations internationales / nationales / régionales est-elle similaire d'une chaîne à l'autre ?

• Ces différents journaux télévisés cherchent-ils à toucher le même public ?

• Quelle influence peut avoir le choix du présentateur / de la présentatrice sur le style ou le contenu du journal télévisé ?

PAGE 96

Activité orale

Faites discuter les élèves à partir des questions proposées à la page 96.

Vous pouvez en profiter pour expliquer qu'en France, le journal télévisé (JT) est diffusé à 20 heures, heure à laquelle beaucoup de Français prennent le repas (38 % selon une étude récente de l'Insee) tout en regardant la télévision.

Activité orale

Cette activité peut compter comme l'un des oraux interactifs et être évaluée selon les critères propres à ce type d'activité (dans le Guide de langue B).

La taille des équipes peut varier selon la taille de la classe. Cependant, chaque élève devrait participer à la présentation orale du journal télévisé. Si la technologie est disponible, on peut aussi demander aux élèves de filmer leur travail (entièrement ou partiellement).

PAGE 99

Des mots pour le dire

Il serait profitable d'assigner cette activité comme travail à la maison et en préparation à l'activité orale qui suit. Les élèves sont encouragés à chercher la signification des mots et expressions qu'ils ne connaissent pas dans un dictionnaire monolingue ou bilingue et à les noter dans un cahier de vocabulaire.

Activité orale

Après avoir fait discuter les élèves en petits groupes, vous pouvez faire une mise en commun afin de dégager des tendances au sein de la classe. Vous pouvez aussi encourager les élèves à donner des réponses qui ne sont pas mentionnées dans la liste proposée.

Activité écrite

Proposition de corrigé (d'autres
réponses sont possibles) :

Une belle journée / pour la fête des seniors

Un dimanche en or / pour nos basketteuses

Marche blanche en mémoire / des victimes de l'explosion

Caché dans la roue de l'avion / il échappe à la mort

Tensions vives au Burundi / à la veille des élections

Se coucher tard favoriserait / la dépression chez les ados

La France sous le choc / après l'attentat

La grève des poids-lourds /perturbe la circulation en région parisienne

1. Baisse du chômage : on n'y est pas encore...
2. Alerte pollution : circulation alternée mise en place
3. Un patch pour contrôler votre niveau de sucre
4. Neige-verglas dans le sud : un skieur tué par une avalanche
5. Où sont les plages les moins polluées ?
6. La Danse de la joie : le tube de l'été
7. Une nouvelle main bionique dévoilée demain à l'hôpital de Genève
8. Harcèlement au collège : profs et élèves s'engagent
9. Top Gun de retour sur nos écrans !
10. Alerte orange: la canicule arrive sur la Belgique

Météo	Santé	Société	Loisirs	Environnement
4	3	1	6	2
10	7	8	9	5

Activité lexicale

acheter	l'achat (m), l'acheteur (m)	ouvrir	l'ouverture (f)
adopter	l'adoption (f)	polluer	la pollution
augmenter	l'augmentation (f)	réagir	la réaction
créer	la création	réduire	la réduction
décider	la décision	rompre	la rupture
démolir	la démolition	s'évader	l'évasion (f), l'évadé (m)
échouer	l'échec (m)	se marier	le mariage, le marié
fermer	la fermeture	se noyer	la noyade, le noyé
manifester	la manifestation	terroriser	la terreur, le terrorisme, le terroriste

Activité écrite

Vous pouvez référer les élèves au modèle d'article qui se trouve à la page 439.

Les élèves peuvent corriger le paragraphe rédigé par l'un de leurs pairs et vérifier si les informations requises (quoi ? quand ? où ? qui ?) s'y retrouvent.

Activité orale

Cette activité peut être faite individuellement ou par groupes. Il est conseillé de faire choisir les premières pages de journaux avant le cours comme travail à la maison. Les élèves peuvent aussi commencer à réfléchir aux questions à la maison.

Le site http://fr.kiosko.net/fr/ permet de consulter les unes des journaux français.

Le site www.newseum.org donne accès à la une de plus de 2000 journaux (sous « Today's front pages » et sous « Archives »). Bien que la plupart soient en anglais, de nombreux quotidiens de langue française (et pas seulement de la France) sont également accessibles.

Le site des Nations Unies dresse une liste de périodiques francophones. Ceux-ci sont directement accessibles grâce aux liens fournis : http://www.un.org/depts/OHRM/sds/lcp/French/pressefranco.html

Activité orale

Cette activité peut compter comme l'un des oraux interactifs et être évaluée selon les critères propres à ce genre d'activité (dans le Guide de langue B).

Les élèves doivent créer l'identité de leur personnage et préparer leur intervention. Les élèves sont incités à prendre des notes mais ne doivent pas écrire la totalité de leur participation à la discussion.

Selon le temps disponible, le nombre d'élèves et le niveau de français de ceux-ci, vous pouvez fixer à l'avance la longueur approximative de la discussion (par exemple une quinzaine de minutes).

Pour encourager une meilleure écoute et impliquer le reste de la classe, vous pouvez demander aux élèves d'évaluer leurs camarades à l'aide des critères d'évaluation de l'oral interactif.

PAGE 100

Que voit-on quand on regarde les autres toujours de la même manière ?

Le regard

Mise en route

1. Demandez aux élèves de faire individuellement une liste de trois ou quatre images qui leur viennent **spontanément** à l'esprit lorsqu'on évoque :

   a) Haïti

   b) la France

   c) l'Afrique

   d) la Chine

   e) les États-Unis

   Vous pouvez bien entendu modifier les points **b)-c)-d)-e)** de cette liste. Si les élèves ont du mal à trouver des images pour un pays en particulier, les faire réfléchir sur les raisons qui pourraient expliquer cela.

2. Demandez aux élèves de comparer leurs réponses à celles de leurs camarades (en petits groupes). Y a-t-il des images qui reviennent sur plusieurs listes ? Si oui, répertoriez-les au tableau. Gardez les listes, qui serviront de nouveau après la lecture du texte « Le regard ».

PAGE 101

Compréhension

1. **B.** à propos d'un futur reportage sur Haïti

2. Aux gens de la télé / à une équipe de télévision / à un journaliste de la télé / à la télé

3. La télé veut / les gens de la télé veulent se servir de lui comme prétexte à un reportage sur Haïti

4. Il n'y aura pas d'interview avec Aristide

5. Cette femme en détresse qui sourit malgré tout

6. En s'infiltrant dans les moindres interstices de la vie quotidienne

7. « Que voit-on quand on regarde les autres toujours de la même manière ? »

8. **B.** les gens de la télévision sont sceptiques

9. Deux des réponses suivantes :
   • une librairie
   • un étudiant en train de faire ses devoirs sous un lampadaire
   • une conférence sur autre chose que la politique
   • une petite ville de province calme
   • un homme qui retrousse son pantalon avant de traverser un ruisseau

10. **C.** Parce qu'elles suscitent de l'émotion par leur beauté et leur délicatesse

11. **A.** la véritable intention a été dévoilée

12. **D.** sent qu'il dérange les gens de la télévision avec ses idées

13. **C.** aurait fait ce qu'on lui demandait

14. Deux des réponses suivantes :
   • des politiciens en sueur
   • une vieille femme hurlant sa douleur en gros plan
   • un président rassurant
   • des étudiants en colère
   • des pneus en train de brûler
   • une cérémonie de vaudou qui se termine par un sacrifice d'animaux

PAGE 102

Activité orale TdC

Exemples de réponses à la question 4 :

a) « C'est difficile pour la télé de filmer le non-événement. »

   Pour : Le spectateur risque de se désintéresser du reportage s'il ne s'y passe rien.

   Contre : Il est tout à fait possible de filmer la vie de tous les jours sans que ce soit ennuyeux.

b) « C'est que la classe moyenne passe mal à la télé. »

   Pour : Parler des situations extrêmes (extrême pauvreté, violence, richesse...), c'est parler des problèmes les plus graves et c'est à ces problèmes que la télévision doit s'intéresser.

   Contre : Filmer la classe moyenne, ce n'est peut-être pas spectaculaire, mais c'est sans doute plus représentatif de la vie d'un pays.

c) « Vous savez que la télé, c'est d'abord des images. »

   Pour : La caméra permet de montrer ce qu'un reportage à la radio ou dans la presse écrite ne peut pas faire. Il faut donc en profiter.

   Contre : La télé, c'est parfois du voyeurisme.

d) « On veut du folklore, du différent, de l'exotique. Mais le différent à répétition devient le même. »

   Pour : À force d'être confronté aux mêmes clichés, on finit par croire que la réalité se réduit à ces clichés.

   Contre : Pour comprendre un pays étranger, on ne doit pas ignorer que des différences existent.

Pour aller plus loin TdC

Enregistrer quelques informations internationales d'un journal télévisé (comportant si possible un reportage sur Haïti, la France, l'Afrique ou l'un des pays choisis pour l'activité de mise en route). Faire visionner les informations sans le son. Demander aux élèves de relever :

- les images qui se trouvaient sur la liste dressée lors de l'activité de mise en route
- les images qui représentent selon eux des clichés de ces pays
- les images « poétiques » (au sens où l'entend Dany Laferrière)

Variante : La même activité peut se faire en demandant aux élèves de visionner un extrait vidéo d'un journal télévisé sur Internet (au laboratoire de langues ou à la maison) ou le journal télévisé de la journée.

Activité écrite

1. **D.** Reportage sur Haïti diffusé le 20 septembre

2. **A.** Madame la Directrice,

3. **D.** Le 20 septembre dernier, dans le cadre de l'émission « Le monde à la une » diffusée à votre antenne, j'ai eu l'occasion de voir le reportage « Haïti, terre de misère ». Ce reportage m'a profondément choqué(e).

PAGE 103

4. **A.** J'espère que vous prendrez les mesures nécessaires pour que les reportages diffusés à votre antenne évitent ce genre de clichés à l'avenir.

5. **B.** Je vous prie d'agréer, Madame la Directrice, l'expression de mes sentiments les meilleurs,

PAGE 105

Activité lexicale : les registres de langue

Phrases appropriées

2, 3, 5, 8.

Phrases inappropriées

1. Comment <u>peux-tu</u> permettre la diffusion de tels reportages ? (tutoiement inapproprié)

4. <u>Qu'est-ce que j'en ai marre</u> qu'on nous serve les mêmes clichés ! (vocabulaire / syntaxe familiers)

6. <u>Il faudrait pas</u> laisser ce journaliste traiter de questions internationales. (suppression de *ne* dans la négation)

7. Si vous pouviez montrer Haïti d'une manière plus positive, <u>ça</u> serait <u>hyper</u>-apprécié. (vocabulaire familier)

9. <u>Non mais, a-t-on idée de diffuser de telles stupidités ?</u> (ton manquant de courtoisie)

10. Hier soir, j'ai vu le reportage « Haïti, terre de misère » et franchement, <u>j'ai pas du tout aimé.</u> (suppression de *ne* dans la négation)

PAGE 107

La France vue de loin

Le village du bout du monde

Pour préparer la classe à la lecture du texte d'Erik Orsenna, faites un remue-méninges au tableau :
« Que savez-vous du Mali ? », suivi (si les connaissances des élèves se sont avérées plutôt minimales) d'un autre remue-méninges en petits groupes : « Que voulez-vous (ou devriez-vous) savoir sur le Mali ? » Suivra une mise en commun des dix questions les plus intéressantes, qui seront écrites au tableau et notées par les élèves.

Selon le niveau de difficulté des questions et / ou le temps disponible, vous pourrez décider d'assigner le travail de recherche (c'est-à-dire trouver les réponses à ces dix questions) à un ou plusieurs élèves. Celui-ci / ceux-ci devra / devront présenter les résultats de ses / leurs recherches à la classe (par exemple à l'aide d'une **brève** présentation intitulée : « Dix choses que nous aimerions savoir sur le Mali » ou « Dix choses que vous devriez savoir sur le Mali »).

Un autre élève (ou une autre équipe) pourra présenter un court diaporama (environ 10 images) incluant par exemple : une carte du Mali, une photo de la capitale, une photo d'un village, un site du patrimoine mondial de l'UNESCO, un arbre à palabres, une scène de marché, etc., le tout pouvant être accompagné de musique malienne (par exemple les chansons d'Amadou et Mariam, facilement disponibles).

PAGE 108

Compréhension   NS

1. Une lueur bleue / la lueur d'un poste de télévision

2. Aucune troupe gesticulante n'est là pour les accueillir

3. À un gros insecte (enfermé quelque part dans une boîte)

4. Trois réponses parmi les suivantes, dans n'importe quel ordre :
   - (un) phare (timide)
   - (la) lampe d'une chambre d'enfant (dans la maison déserte)
   - reflet bleu
   - glace à lécher
   - fruit dont la couleur est bleue

5. Pour fournir l'électricité permettant de faire fonctionner le poste de télévision

6. **D.** un concours de beauté

PAGE 109

7. **M.** tremblait

8. **G.** léger tremblement

9. **B.** cherchai

10. **I.** passées

11. **A.** apparut

12. **E.** dégagé

13.   Une boussole

14.   Parce qu'ils fabriquent tous les deux de l'exil / parce qu'ils vous forcent tous les deux à regarder loin de vos racines / parce qu'ils incitent les Maliens à frapper aux portes de la France

15.   Elle sous-entend que beaucoup de Maliens sont attirés par la France à cause des images (faussées) dont ils ont été abreuvés en regardant la télévision.

À noter

Si possible, dressez un parallèle entre le texte de Dany Laferrière (page 100 – un pays en voie de développement vu par un pays riche) et celui d'Erik Orsenna (un pays riche vu par un pays en voie de développement) et attirez l'attention des élèves sur le rôle joué par les médias dans les deux cas.

La question lancée par Madame Bâ à la fin du texte trouve un écho dans le chapitre Émigration (page 341), où les enjeux entourant l'émigration et l'idée d'Eldorado sont explorés plus à fond à travers différents textes et activités. Il pourrait donc s'avérer intéressant de poursuivre la réflexion amorcée ici avec l'étude de ce chapitre.

PAGE 110

Comment rédiger le travail écrit   NS

À noter

Le travail écrit qui sera soumis à l'évaluation dans le cadre du Baccalauréat International doit porter sur une œuvre étudiée en classe et non pas sur un extrait littéraire.

5. Planète bleue, planète verte

TRONC COMMUN – Questions mondiales

Unités		Livre du professeur	Livre de l'élève
Unités	Planète en danger	p51	p112
	Quels gestes faites-vous pour la planète ?	p56	p118
	Les écoguerriers	p58	p128
	Des images pour parler	p59	p130
	Un peu de poésie	p59	p131
Thèmes	Les principaux enjeux environnementaux Les causes et les conséquences des problèmes environnementaux Les solutions potentielles aux problèmes environnementaux		
Objectifs	**Types de textes** — La lettre officielle Le guide de recommandations L'article La présentation dans le cadre d'un débat		
	Langue — L'accord du participe passé L'expression de l'opposition et de la concession		
	Le coin du BI — L'oral interactif Le programme CAS Préparation à l'oral individuel		

PAGE 112

Planète en danger

Mise en route

Expliquez aux élèves qu'ils vont visionner le vidéoclip d'une chanson. Il s'agit de « Respire » du groupe Mickey 3D (disponible sur le site officiel du groupe). Les exercices suivants portant sur la compréhension et l'interprétation du document visuel, il n'est pas nécessaire de les accompagner d'une analyse de la chanson elle-même. Si vous désirez exploiter les paroles de la chanson, il vaut mieux le faire après les activités de visionnage, sinon ces dernières perdront leur raison d'être.

1. Demandez aux élèves de noter pendant le visionnage toutes les actions de la petite fille.

2. Présentez le début de la vidéo de la chanson. Interrompez le visionnage à 2':12 (juste avant que la biche ne soit retirée du décor).

Actions de la petite fille :
- elle court dans la prairie
- elle admire le paysage
- elle traverse un ruisseau
- elle tourne sur elle-même
- elle cueille une fleur
- elle essaie d'attraper un papillon
- elle grimpe à un arbre
- elle nage
- elle court
- elle aperçoit une biche, s'en approche et se repose sur son flanc
- elle se promène dans la forêt

3. Après le visionnage de cette partie, demandez aux élèves de trouver des adjectifs qui pourraient décrire :

   a) le décor (par exemple : paisible, vert, paradisiaque, enchanteur, naturel, idyllique, apaisant…)

   b) les sentiments de la petite fille (par exemple : libre, émerveillée, enchantée, insouciante, joyeuse…)

4. Le visionnage de la 2ᵉ partie du vidéoclip comporte un élément de surprise et donne un sens nouveau aux images de la 1ᵉʳᵉ partie. Laissez les élèves regarder la 2ᵉ partie, puis posez-leur les questions suivantes :

   • Que comprend-on en visionnant la 2ᵉ partie du vidéoclip ?

   La nature enchanteresse n'existe pas vraiment. C'est un décor dont les enfants ne peuvent profiter que pendant un temps limité.

   • Quelle hypothèse peut-on formuler quant à la situation décrite ?

   Ce décor artificiel est probablement le seul moyen d'être en contact avec la nature. La vraie nature n'existe plus car elle a sans doute été détruite.

   • Quel pourrait être le message de ce vidéoclip ?

   C'est une sorte de mise en garde : voilà ce qui risque d'arriver si on ne prend pas soin de l'environnement.

   • Pensez-vous que ce vidéoclip soit pessimiste ou optimiste ? Pourquoi ? Êtes-vous d'accord avec cette vision du futur ? Avez-vous une vision positive ou négative du futur ? Pourquoi ?

5. Facultatif : visionner le vidéoclip une nouvelle fois après avoir lu et expliqué les paroles de la chanson.

PAGE 113

Compréhension

1. **D.** D'une lettre officielle
2. À tous les habitants de la Terre / à Monsieur et Madame Tout-le-monde
3. De la Terre elle-même / d'un dieu ou d'un être suprême / de Dame Nature
4. a) Objet : Résiliation du contrat de location

   b) Je ne souhaite pas renouveler le contrat de location
5. a) Jouir paisiblement des lieux loués

   b) Les maintenir en bon état
6. a) Les innombrables et irréversibles dégâts qui ont été causés

   b) Les nombreux avertissements qui ont été ignorés
7. **A.** les changements climatiques – 10

   B. les nappes de pétrole qui arrivent sur les rivages – 2

   C. la déforestation – 4

   D. le traitement des déchets – 9

   E. les risques posés par le nucléaire – 5

   F. les émissions de gaz polluants – 1

   G. le déclin de la biodiversité – 6 et 8

   H. l'accès à l'eau – 3

   I. l'agriculture industrielle – 7 et 8
8. Libérer le logement et rendre les clés
9. La Terre ne sera bientôt plus habitable

Après la lecture du texte, demandez aux élèves de faire un lien entre le vidéoclip de la chanson « Respire » et la lettre « Résiliation du contrat de location ».

Quel est le point commun entre les deux ? *Ils présentent tous les deux un monde gâché par les humains.*

Activité orale

Cette discussion peut être suivie d'une mise en commun et d'une récapitulation du vocabulaire (soit du vocabulaire thématique, soit de certains mots ou expressions pour lesquels les élèves ont demandé votre aide pendant la discussion).

PAGE 114

Grammaire en contexte : l'accord du participe passé

Si nécessaire, révisez ce point de grammaire avant de passer aux exercices proposés. Vous pouvez aussi utiliser ces exercices comme test diagnostique avant de réviser la leçon et de faire faire des exercices supplémentaires.

Si ce point de grammaire est trop difficile pour le niveau de la classe à ce stade-ci du programme, la réponse à la lettre de résiliation de bail (exercice 2) pourrait toujours être exploitée autrement (par exemple en mettant l'accent sur le vocabulaire ou sur les caractéristiques de la lettre officielle).

a) des lieux <u>loués</u>

Justification : participe passé employé seul, s'accorde avec le nom (des lieux : masculin pluriel) auquel il se rapporte, car il est employé comme adjectif

b) j'ai <u>remarqué</u> que vous avez <u>violé</u> cette obligation

Justification : participes passés employés avec avoir, pas de COD avant le verbe, donc pas d'accord

c) j'ai <u>mis</u> à votre disposition

Justification : participe passé employé avec avoir, pas de COD avant le verbe, donc pas d'accord

d) les dégâts que vous avez <u>causés</u>

Justification : participe passé employé avec avoir, s'accorde avec le COD (*que*, remplaçant les dégâts : masculin pluriel) placé avant le verbe

e) l'air, vous l'avez <u>pollué</u>

Justification : participe passé employé avec avoir, s'accorde avec le COD (*l'*, remplaçant l'air : masculin singulier) placé avant le verbe

f) les océans, vous les avez <u>vidés</u>

Justification : participe passé employé avec avoir, s'accorde avec le COD (*les*, remplaçant les océans : masculin pluriel) placé avant le verbe

g) les forêts, vous les avez <u>rasées</u>

Justification : participe passé employé avec avoir, s'accorde avec le COD (*les*, remplaçant les forêts : féminin pluriel) placé avant le verbe

h) la terre, vous l'avez <u>contaminée</u>

Justification : participe passé employé avec avoir, s'accorde avec le COD (*l'*, remplaçant la terre : féminin singulier) placé avant le verbe

i) les nombreux avertissements que je vous ai <u>adressés</u>

Justification : participe passé employé avec avoir, s'accorde avec le COD (*que*, remplaçant les avertissements : masculin pluriel) placé avant le verbe

j) les nombreux avertissements sont <u>restés</u> sans réponse

Justification : participe passé employé avec être, s'accorde avec le sujet (les avertissements : masculin pluriel)

k) les délais <u>prescrits</u>

Justification : participe passé employé seul, s'accorde avec le nom (les délais : masculin pluriel) auquel il se rapporte, car il est employé comme adjectif

l) vous devrez m'avoir <u>rendu</u> les clés

Justification : participe passé employé avec avoir, pas de COD avant le verbe, donc pas d'accord

PAGE 115

2.

(Adresse du destinataire)

....

....

....

Objet : Votre lettre du 1ᵉʳ juillet

(Date)................................

(Formule d'appel).......................,

Dans votre lettre du 1ᵉʳ juillet dernier, vous annonciez votre volonté de mettre fin à notre contrat de location, car selon vous, nous n'aurions pas **respecté** les conditions **prescrites** par ce contrat. Non seulement vous nous accusez d'avoir **causé** la détérioration de notre habitat, mais vous insinuez de plus que nous n'avons jamais **essayé** de régler ce problème.

Il est vrai que nous n'avons pas toujours **été** des locataires exemplaires. Je peux toutefois vous assurer que nous nous sommes **mobilisés** et que nous avons **multiplié** les initiatives pour protéger notre environnement et réparer les dommages **causés**. En voici quelques exemples :

- Nous avons **lutté** contre le réchauffement de la planète en modifiant nos habitudes de vie.

- Les procédés industriels ont été **améliorés** afin de réduire les émissions toxiques des usines.

- Nous avons **décontaminé** les sols **pollués**.

- Nous avons **planté** des arbres.

- Les déchets, nous les avons **recyclés** ou **compostés**.

- Quant aux déchets radioactifs, ils ont été **traités**, puis **entreposés**.

- La voiture, nous l'avons **délaissée** pour les transports en commun.

- Nous avons **privilégié** les produits biologiques dans notre alimentation.

- L'eau, nous l'avons **économisée**.

- Nous avons **cessé** de manger certaines espèces de poissons en voie d'extinction.

- Des parcs nationaux ont été **créés** pour préserver les habitats naturels.

- Le trafic d'animaux sauvages, nous l'avons **interdit**.

- Grâce aux recherches **menées** pour développer de nouvelles technologies environnementales, les énergies polluantes comme le pétrole sont peu à peu **remplacées** par des énergies renouvelables comme l'énergie solaire ou éolienne.

Comme vous pouvez le constater, les accusations que vous avez **formulées** sont loin d'être **justifiées**. Nous espérons donc que vous reviendrez sur votre décision et que vous renouvellerez notre contrat de location.

(Formule de politesse)..................................

(Signature).....................

PAGE 116

Activité lexicale

1.

	est une cause	est une conséquence	
La fonte accélérée des glaces		✓	du réchauffement climatique
L'utilisation de l'automobile	✓		de la pollution de l'air
L'épuisement des stocks de poissons		✓	de la surpêche
La demande pour des terres de culture ou des pâturages	✓		de la déforestation
La volonté d'obtenir de meilleures récoltes	✓		de l'utilisation des pesticides et des herbicides
La chasse	✓		de l'extinction de certaines espèces
L'accumulation des déchets		✓	de la surconsommation
Le réchauffement climatique	✓		du bouleversement des écosystèmes
Le manque de pluie	✓		de la désertification
La mort d'environ 15 000 personnes par jour		✓	du manque d'accès à de l'eau potable
L'augmentation des gaz à effet de serre dans l'atmosphère		✓	de la combustion d'énergies fossiles (charbon, pétrole, gaz naturel…)

2.

NOM	VERBE
l'accumulation (f)	**(s')accumuler**
l'amélioration (f)	(s')améliorer
l'augmentation (f)	**augmenter**
la dégradation	(se) dégrader
la destruction	**détruire**
la disparition	**disparaître**
le dommage / les dommages Note : dans ce contexte, ce nom s'emploie le plus souvent au pluriel Note: le nom *endommagement* est peu employé dans le contexte de l'environnement	endommager
le gaspillage	gaspiller
la pollution	**polluer**
la préservation	préserver
la protection	**protéger**
le réchauffement	(se) réchauffer
la récupération	récupérer
le recyclage	recycler
la réduction	**réduire**

Suggestion d'exercice supplémentaire

Faites composer des phrases avec les mots de la liste et / ou révisez les conjugaisons des verbes de la colonne de droite.

PAGE 117

Conférence « Sauvons la planète ! »

Activité orale

Le déroulement de l'activité est expliqué dans le livre de l'élève.

Cette activité peut compter comme l'un des oraux interactifs et être évaluée selon les critères propres à ce type d'activité (dans le Guide de langue B).

Selon le nombre d'élèves de la classe, vous pouvez décider s'il est essentiel que chaque équipe traite d'un thème différent afin d'éviter les répétitions.

Vous pouvez aussi suggérer aux élèves d'élaborer un petit questionnaire sur leur présentation (par exemple dix énoncés vrai-faux) qu'ils distribueront à la classe pour stimuler la qualité d'écoute pendant la présentation.

PAGE 118

Quels gestes faites-vous pour la planète ?

Mise en route

Cette activité peut mener à une discussion de classe sur les habitudes de chacun.

La discussion peut être suivie d'une mise en commun et d'une récapitulation du vocabulaire (soit du vocabulaire thématique, soit de certains mots ou expressions pour lesquels les élèves ont demandé votre aide pendant la discussion).

PAGE 119

Activité écrite   CAS

Avant de faire cette activité, il pourrait être bénéfique de réviser les caractéristiques du guide de recommandations en faisant observer le texte modèle (page 446) et remplir la « fiche d'analyse » fournie à la page 182 du livre professeur.

La liste de vérification pourra être utilisée pour l'auto-évaluation ou pour l'évaluation par les pairs.

PAGE 120

Activité écrite   CAS

Avant de faire cette activité, il pourrait être bénéfique de réviser les caractéristiques d'un article en faisant observer le texte modèle (page 439) et remplir la « fiche d'analyse » fournie à la page 182 du livre du professeur.

La liste de vérification pourra être utilisée pour l'auto-évaluation ou pour l'évaluation par les pairs.

Les élèves pourraient avoir besoin d'aide pour le point 2 de la liste de vérification. Dans ce cas, vous pouvez les aider en leur soulignant les problèmes de vocabulaire et les erreurs de registre à corriger avant qu'ils ne soumettent leur version finale.

PAGE 122

Agir pour l'environnement

Activité orale

Avant de faire discuter les élèves, assurez-vous qu'ils comprennent et savent utiliser les énoncés fournis dans le tableau « Des mots pour le dire ».

Cette activité peut compter comme l'un des oraux interactifs et être évaluée selon les critères propres à ce type d'activité (dans le Guide de langue B).

La discussion peut être suivie d'une mise en commun et d'une récapitulation du vocabulaire (soit du vocabulaire thématique, soit de certains mots ou expressions pour lesquels les élèves ont demandé votre aide pendant la discussion).

Après la lecture du texte «Éveiller les consciences environnementales » à la page 123 du livre de l'élève, vous pouvez revenir sur cette discussion et comparer les choix des élèves avec l'opinion de Louis-Gilles Francœur. Avaient-ils choisi de « faire pression sur les politiciens » comme l'un des moyens les plus efficaces pour agir sur l'environnement ? Sinon, ont-ils changé d'avis après avoir lu le texte ?

PAGE 123

Éveiller les consciences environnementales

Note : l'expression « peser sur l'accélérateur » (dans la 5ᵉ partie du texte) s'emploie au Québec pour dire
« appuyer sur l'accélérateur ».

PAGE 124

Compréhension

1. Il est journaliste en environnement.

2. **B.** Expérimenté

3. **B.** Les préoccupations environnementales sont passées des questions locales aux questions globales.

4. **D.** On était très surpris d'entendre parler de cela.

5. a) La couche d'ozone (menacée) / le trou dans la couche d'ozone

    b) Les changements climatiques

6. **A.** Nous comprenons bien ces problèmes.

7. Deux réponses parmi les suivantes :
    • recycler
    • mieux isoler les maisons
    • acheter des électroménagers moins énergivores
    • acheter des automobiles plus vertes

8. Il déplore qu'on renvoie le problème au consommateur et qu'on le culpabilise (alors que la part
    polluante des industries et de l'agriculture est nettement plus significative).

9. **C.** Changer les comportements des consommateurs ne suffit pas : il faut également faire pression sur les
    politiciens.

10. (à la) protection de la biodiversité

PAGE 125

11. **B.** parlent seulement des changements climatiques.

12. **A.** sont une des causes du déclin de la biodiversité.

13. (à) nos besoins

14. **D.** L'image d'une automobile qui fonce sur un mur.

15. Deux réponses parmi les suivantes :
    • permettre la culture d'OGM
    • favoriser la production d'éthanol à partir du maïs
    • ne pas instaurer de programme d'inspection obligatoire des véhicules

16. Une vision à long terme

17. **B.** Il est naïf de croire que les problèmes environnementaux seront résolus grâce à la technologie.

    D. Il est encore temps d'agir pour protéger l'environnement.

PAGE 126

Grammaire en contexte : l'expression de l'opposition et de la concession NS

Si nécessaire, révisez ce point de grammaire avec les élèves avant de faire les exercices proposés. Vous pouvez
aussi utiliser ces exercices comme test diagnostique avant de réviser la leçon et de faire faire des exercices
supplémentaires.

1. Aujourd'hui, nous pouvons juger de la valeur des gestes qui sont faits à l'échelle de la planète.
    Cependant, il y a 30 ans, nous n'avions pas les connaissances nécessaires pour le faire.

2. **En réalité**, les consommateurs font déjà énormément d'efforts au quotidien pour préserver l'environnement.

3. On culpabilise le consommateur **bien que** les industries et l'agriculture soient beaucoup plus polluantes que lui !

4. **Au lieu de** renvoyer le problème au consommateur, on devrait s'attaquer aux problèmes causés par les industries et l'agriculture.

5. Le consommateur doit continuer à changer ses comportements. **Néanmoins**, cela n'est pas suffisant : il doit aussi faire pression sur les politiciens.

6. Notre survie dépend de la protection de la biodiversité. **Or**, les médias abordent rarement ce sujet.

7. Les médias parlent peu de la biodiversité. **En revanche**, ils publient beaucoup d'articles sur les changements climatiques.

8. **Même si** nous savons que les ressources de la planète seront bientôt épuisées, nous continuons à consommer au-delà de nos besoins réels.

9. Nous sommes face à un mur et nous ne ralentissons pas. **Au contraire**, nous fonçons droit devant nous !

10. **En dépit de** tous les problèmes environnementaux auxquels nous faisons face, je crois qu'il est encore possible de trouver des solutions.

PAGE 127

Activité écrite

Avant de faire faire cette activité, il pourrait être bénéfique de réviser les caractéristiques de la lettre officielle en faisant observer le texte modèle (page 449) et remplir la « fiche d'analyse » fournie à la page 182 du livre du professeur.

PAGE 128

Les écoguerriers

Selon le temps disponible et l'intérêt des élèves, vous pouvez vous limiter aux exercices ci-dessous ou encore demander aux élèves de rédiger leur propre production une fois qu'ils auront complété les exercices.

Comment rédiger une présentation convaincante

Pour cet exercice, vous pouvez procéder de différentes manières :

- laisser les élèves choisir « intuitivement » la meilleure des deux propositions, puis en grand groupe, dégager les raisons qui ont motivé leurs choix.
- guider les élèves à l'aide d'un court questionnaire (par exemple : « Le sujet du débat est-il indiqué ? La prise de position est-elle claire ? », etc.)
- présenter les caractéristiques d'une bonne introduction, d'un bon développement et d'une bonne conclusion avant de demander aux élèves de faire l'exercice. Vous trouverez des informations appropriées à ce sujet dans la section « Comment rédiger un plan ? » du chapitre « Quelles langues parlez-vous ? », page 329 du livre de l'élève.

1. La meilleure introduction est l'introduction n° 1 :
   - La question à débattre est clairement énoncée
   - La prise de position est claire
   - Les conventions du type de texte (salutations au début d'une présentation orale) sont respectées

L'introduction n° 2 est trop vague : elle ne mentionne pas du tout la problématique et la prise de position n'est pas claire.

2. Le paragraphe le plus convaincant est le développement n° 2 :
   - L'idée essentielle du paragraphe est clairement annoncée dès le début
   - Elle est illustrée par un exemple
   - Une conclusion partielle est tirée
   - Une alternative est proposée

Le développement n° 1 fournit certes des arguments, mais ils sont simplement juxtaposés sans progression logique. De plus, ces arguments s'appliquent plus à défendre la justesse de la cause que les méthodes employées.

PAGE 129

3. La meilleure conclusion est la conclusion n° 2 :
   - Elle comporte une synthèse du développement
   - Elle ouvre sur une réflexion en interpellant directement le public

Quant à la conclusion n° 1, elle ne répond pas à la question du débat.

4.

	Pour	Contre
1. Nous sommes prêts à tout pour sauver la planète.	✓	
2. Si on utilise la violence, on ne résoudra rien !		✓
3. Les méthodes utilisées par les écoguerriers découragent les gens ordinaires de changer leurs comportements.		✓
4. Allons-nous rester les bras croisés à attendre poliment que les politiciens décident de notre sort ? Non, il faut agir !	✓	
5. Les actes de vandalisme ne font rien pour faire avancer notre cause, bien au contraire.		✓
6. Aux grands maux, les grands remèdes !	✓	
7. Lorsqu'il est question de la survie des humains sur Terre, la fin justifie les moyens.	✓	
8. Certains actes commis par les écoguerriers sont absolument contraires aux idéaux de la plupart des écologistes.		✓
9. À mon avis, l'activisme traditionnel est très efficace.		✓

PAGE 130

Des images pour parler

Attention ! L'oral individuel doit absolument porter sur une des options (et non sur un sujet du tronc commun comme l'environnement). Cette activité étant conçue comme un travail préparatoire, les photos proposées ne devraient être utilisées pour le véritable oral individuel puisqu'elles ne se rapportent pas à l'une des options du programme. La démarche d'analyse des documents visuels demeure bien entendu valable et pourrait aussi être utilisée avec des photos se rapportant à l'une des options étudiées en classe.

Selon les intérêts des élèves, les sujets environnementaux traités en classe ou les événements de l'actualité récente, vous pouvez bien sûr faire faire le même exercice à partir d'autres photos que celles que nous proposons ici.

PAGE 131

Un peu de poésie

L'arbre de Tchernobyl

Avant la lecture, divisez la classe en deux. Donnez au premier groupe une feuille sur laquelle est écrit le mot « arbre » et au second groupe une feuille sur laquelle est écrit le mot « Tchernobyl ». (À ce stade, il est préférable que chaque groupe ignore le mot de l'autre groupe.)

Demandez aux élèves de faire un remue-méninges afin de dresser la liste de tous les mots qui leur viennent à l'esprit à partir du mot donné. (Donnez un exemple à partir d'un autre mot si nécessaire.) Les élèves peuvent se servir d'un dictionnaire bilingue, au besoin. Dans chaque groupe, un(e) secrétaire prendra note des mots trouvés. Cette étape devrait durer un maximum de 3-4 minutes.

Exemples de mots :

Arbre : vert, feuille, forêt, racine, vie, solide, majestueux, ombre, centenaire, oxygène, grimper, nid …

Tchernobyl : destruction, explosion, contamination, mort, victime, radiation, catastrophe, abandon, fuir, maladie, radioactif, incendie …

En grand groupe, faites la liste de tous les mots au tableau et expliquez-les, au besoin. Comparez les deux listes. (Il est fort probable que les mots générés par le mot « arbre » évoquent la vie tandis que les mots générés par le mot « Tchernobyl » évoquent la destruction et la mort.)

Expliquez aux élèves qu'ils vont lire un poème intitulé « L'arbre de Tchernobyl ». À partir du seul titre (et après l'exercice qu'ils viennent de faire), peuvent-ils deviner ce que l'arbre de Tchernobyl symbolise ?

1ère lecture – vocabulaire

Demandez aux élèves de lire le poème et de relever les mots qu'ils ne comprennent pas. Faites-en la liste au tableau. S'il y en a qu'aucun élève ne connaît, expliquez-les.

Pour les autres mots, demandez aux élèves de se les expliquer réciproquement, d'abord par groupes de deux, puis de quatre, puis de huit si nécessaire. Ils pourront ainsi acquérir le vocabulaire sans intervention du professeur.

2ᵉ lecture – champs lexicaux

Demandez aux élèves de relever les mots du poème qui sont associés à la vie et ceux qui sont associés à la mort / à la destruction.

Vie : nid tiède, arbre, enfants, œufs, oiseaux, air, naturelles, pétales, fleur, (allées des) jardins

Mort / destruction : renversent, brisent, exploser, mortel poison

PAGE 132

Compréhension

1. **B.** la destruction de l'environnement.
2. **C.** la fragilité de la vie.
3. **D.** à une catastrophe nucléaire.
4. **C.** ils contaminent toute la planète.
5. **A.** la planète Terre.
6. **C.** que les problèmes écologiques ne s'arrêtent pas aux frontières.

Place à l'imagination

Le travail peut se faire individuellement ou en petits groupes.

Le modèle du poème est fourni à titre indicatif seulement. Les élèves pourront s'en écarter (par exemple en étalant une idée ou une image sur deux vers plutôt que sur un seul) si cela est nécessaire.

À la fin de l'activité, demandez aux élèves de lire leur poème à l'ensemble de la classe.

6. Égalité, Fraternité

TRONC COMMUN – Questions mondiales

		Livre du professeur	Livre de l'élève
Unités	Notre nourriture, d'où vient-elle ?	p61	p134
	Le commerce équitable, qu'est-ce que c'est ?	p62	p136
	Commerce équitable : un bilan uniquement positif ?	p66	p150
Thèmes	La provenance de notre alimentation Les principes du commerce équitable Les objections au commerce équitable		
Objectifs	**Types de textes** Le courriel La lettre officielle L'éditorial		
	Langue Le comparatif		
	Le coin du BI Préparation à l'oral interactif		

PAGE 134

Notre nourriture, d'où vient-elle ?

Mise en route

Ces activités servent d'introduction au thème du commerce équitable. Le but est de faire réfléchir les élèves sur le commerce mondial et de faire partager leurs connaissances de ce thème avec leurs camarades.

L'image : Vous pouvez choisir de faire cette activité avec l'ensemble de la classe ou en la divisant en petits groupes.

1.   a) un chariot ; un caddie

   b) la terre ; un globe terrestre

2 et 3   Réponses personnelles. Le commerce à l'échelle mondiale a bien entendu des aspects positifs et négatifs : les réponses des élèves devraient provoquer une discussion sur le sujet.

Cette discussion peut être suivie d'une mise en commun et d'une récapitulation du vocabulaire (soit sur le thème du commerce équitable, soit sur certains mots ou expressions pour lesquels les élèves ont demandé votre aide pendant la discussion).

PAGE 135

Candide ou l'optimisme

Activité orale

Vous pouvez choisir de faire cette activité avec l'ensemble de la classe ou en petits groupes. Cette activité favorise la compréhension globale : elle permet de découvrir le thème et provoque une réaction personnelle au texte. Il y a sans doute des mots que les élèves ne connaissent pas dans cet extrait et des phrases dont ils auront peut-être du mal à comprendre le sens. Il serait préférable, pourtant, de revenir sur le texte et de poser des questions sur le vocabulaire une fois que les élèves auront répondu aux questions dans leur livre.

1.   **D.** l'on abuse de ceux qui travaillent dans la canne à sucre.

2.   Réponses possibles :

   Non

   • Les pays industrialisés exploitent toujours les matières premières dans les pays en voie de développement.

- Les pays riches ne paient pas forcément un prix juste pour ces produits.
- Certains travailleurs continuent à être exploités et à travailler dans des conditions difficiles / inacceptables / inhumaines.

Oui

- De nos jours, le commerce a un visage plus humain / on exploite moins l'autre.
- Le public est mieux informé, plus avisé.
- L'esclavage a été officiellement interdit.

3. Réponses possibles :

Oui, toujours / parfois

Je n'ai pas trop confiance en certains produits pharmaceutiques ou en certains jouets pour enfants. Les contrôles dans certains pays sont moins stricts que chez nous.

Non, jamais

Je fais confiance au magasin. Il y a des lois et des contrôles dans notre pays qui réglementent ce qu'un produit peut contenir.

4. ballons de foot ; tapis ; textile ; chaussures ; jouets ..

5. réponses personnelles

Vous pouvez élargir et prolonger la discussion en demandant aux élèves de comparer ce qui se passe dans leur pays avec ce qui se passe ailleurs. Ceci permet de renforcer l'aspect interculturel du programme de langue B.

Vous pouvez aussi demander aux élèves :

- d'où ils détiennent leurs renseignements. La source est-elle fiable ? Comment le savoir ?
- ce qu'ils savent des conditions de travail dans leur propre pays.
- quels métiers ils considèrent comme durs dans leur pays et pourquoi.
- quel(s) métier(s) ils détesteraient faire.
- s'il y a un salaire minimum dans le pays où ils étudient ou dans leur pays d'origine. Sinon, faut-il en garantir un ? Si oui, quel est le salaire minimum dans le pays où ils étudient et / ou dans leur pays d'origine ?
- si, à leur avis, il y a eu une amélioration des conditions de travail depuis la génération de leurs grands-parents ou celle de leurs parents. Si oui, à quel niveau ? S'attendent-ils à travailler dans des conditions plus difficiles ou plus faciles que celles de leurs parents ? Lesquelles ? Leur demander de s'appuyer sur des exemples précis.

PAGE 136

Le commerce équitable, qu'est-ce que c'est ?

Dans cette partie de l'unité, les élèves vont apprendre ce qu'est le commerce équitable. Vous commencerez par leur faire compléter une grille de mots croisés pour rendre plus facile l'acquisition de certains mots clés liés au thème.

Activité écrite

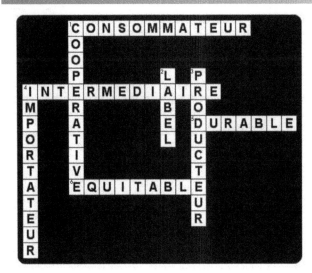

PAGE 137

Les principes du commerce équitable

Ce texte présente les éléments clés du commerce équitable. Il est important de vérifier que les élèves ont bien compris les données.

PAGE 138

Compréhension

1. café, huile, thé, cacao, fines herbes / plantes, fruits, bananes, sucre, cuir / sacs, ballons de foot, riz, fleurs, coton

2. **Vrai** – *Justification :* directement / sans intermédiaire

3. **Vrai** – *Justification :* deux à trois fois supérieur à celui du marché conventionnel

4. **Faux** – *Justification :* plus de deux fois

5. **Faux** – *Justification :* ont la possibilité d'emprunter à faible taux d'intérêt

6. **Faux** – *Justification :* les producteurs du Sud se regroupent en coopératives

7. **Vrai** – *Justification :* les produits équitables sont cultivés avec des méthodes agricoles durables et respectueuses de l'environnement

8. **Faux** – *Justification :* une partie des revenus est réinvestie dans la communauté

9. à un prix stable, un juste prix, crédit, (faible) taux d'intérêt, payer, revenus, réinvestie, commerce, marché, vente

Vous pouvez utiliser cette question pour rappeler aux élèves ce qu'est un champ lexical.

PAGE 139.

Entretien avec Victor Ferreira, directeur de Max Havelaar, France

PAGE 141

Compréhension

1. **A.** Le commerce équitable permet aux producteurs de prendre en main leurs conditions de vie.

   C. Le commerce éthique a pour but de combattre les mauvais traitements des travailleurs.

2. (au) développement durable

3. **A.** est utilisé avec excès

4. **C.** vivre dignement

5. **D.** Quelles sont les actions menées dans le monde par Max Havelaar France ?

6. **G.** Pourquoi la gamme de produits est-elle si restreinte ?

7. **H.** Comment participer quotidiennement au commerce équitable ?

8. **A.** Au niveau de la qualité, qu'est-ce qui me dit que les produits équitables sont aussi bons ?

9. **C.** Qui vérifie les conditions de production ?

PAGE 142

10. **J.** normalement

11. **G.** se fait sentir

12. **I.** insignifiante

13. **B.** salaire

14. **A.** quartiers pauvres et insalubres

Dans la phrase...	le mot...	se réfère à / aux...
Exemple : <u>ils</u> sont moins dépendants (ligne 77)	*« ils »*	*producteurs*
15. Qu'<u>ils</u> s'informent (ligne 83)	« ils »	détracteurs
16. qui <u>le</u> produisent (ligne 90)	« le »	(chaque) produit
17. mieux que <u>nous</u> (ligne 93)	« nous »	Max Havelaar

18.   a) la goutte d'eau ;

        b) le ruisseau ;

        c) une (véritable) rivière

19.   l'eau ; le commerce équitable est en pleine croissance

20.   producteur

21.   importateur

22.   consommateur

23.   intermédiaire

PAGE 143

Grammaire en contexte : le comparatif

Selon le niveau des élèves il pourrait s'avérer utile de faire une révision de ce point grammatical avant de passer aux activités qui suivent.

1.   Les producteurs qui ne sont pas organisés en coopératives sont <u>moins</u> forts que les autres.

2.   Les petits producteurs s'intéressent <u>de plus en plus</u> au commerce équitable.

3.   <u>Moins de</u> la moitié des demandes sont intégrées dans le système du commerce équitable.

4.   <u>Plus</u> il y aura de consommateurs qui achèteront des produits équitables, <u>plus</u> les producteurs pourront intégrer le système.

PAGE 144

Décomposition du prix d'un paquet de café

Les phrases ci-dessous sont proposées à titre d'exemple.

a)   L'intermédiaire gagne **autant que** la coopérative.

b)   Dans le système traditionnel, le petit producteur gagne **deux fois moins** que dans le système Max Havelaar.

c)   Dans le système traditionnel, le petit producteur **gagne la moitié** de ce qu'il gagne dans le système Max Havelaar.

d)   Le coût de l'exportation est **le même** dans les deux systèmes.

e)   Le coût de l'exportation est **aussi** élevé dans les deux systèmes.

f)   **Alors que** le système Max Havelaar ajoute une redevance de 2 %, le petit producteur reçoit quand même le double de ce que lui verse le système traditionnel.

PAGE 145

Comment rédiger un courriel (e-mail)

Le courriel est l'un des types de textes au programme du cours de langue B.

Si les élèves connaissent déjà les caractéristiques propres au courriel, vous pouvez passer directement à la rédaction d'un courriel. Les élèves peuvent, à un autre moment de l'année, lire et analyser le courriel à la page 450 au moyen de la « fiche d'analyse » pour renforcer leurs connaissances et se préparer à l'examen final.

Si vos élèves ne maîtrisent pas encore les caractéristiques du courriel, vous pouvez commencer par faire lire le courriel à la page 450. Demandez aux élèves de l'analyser en se servant de la « fiche d'analyse » (page 182, livre du professeur). Suite à cette analyse, vous pouvez passer à la rédaction du courriel.

Cette activité écrite sert donc à rappeler ou à apprendre aux élèves les caractéristiques d'un courriel (d'un e-mail, d'un mél) et leur permet de mettre en valeur leurs connaissances sur le commerce équitable. Il faut insister sur l'emploi de paragraphes, sur la rédaction d'un message structuré et cohérent grâce à l'emploi de connecteurs logiques simples (par exemple : *d'abord* ; *puis* ; *par contre* ; *finalement*).

Une formule d'appel (au choix) : Salut ; Ma chère Claire ; Bonjour

Raisons pour soutenir le commerce équitable (exemples) :

- On m'a assuré que grâce au commerce équitable, les fermiers gagnent plus d'argent et mangent mieux.
- Les petits producteurs de café se sont regroupés en coopérative. J'ai assisté à une de leurs réunions hier. Ils étaient en train de décider entre eux comment distribuer l'argent gagné par la vente de leurs produits équitables. Cet argent aide directement les individus et la collectivité.
- Ces petits producteurs ont déjà contribué à la construction d'une école primaire et d'un centre de santé. J'ai vu des enfants qui apprenaient à lire dans leur nouvelle école. Autrefois, ces enfants devaient travailler dans des conditions atroces / particulièrement pénibles pour tisser des tapis.
- Avec l'argent que les producteurs gagnent grâce au commerce équitable, ils ont aussi pu acheter de nouveaux outils – le travail est devenu moins pénible et plus rentable.

Une formule finale (au choix) : Salut ; Bises ; Bisous ; Je t'embrasse bien fort

La liste de vérification pourra être utilisée pour l'auto-évaluation ou pour l'évaluation par les pairs.

PAGE 147

Activité écrite

La lettre officielle est l'un des types de textes au programme de langue B. Si les élèves connaissent déjà les caractéristiques propres à la lettre officielle, vous pouvez passer directement à la rédaction d'une lettre officielle sur le thème du commerce équitable.

Si les élèves ne maîtrisent pas encore les caractéristiques de la lettre officielle, vous pouvez commencer par faire lire celle à la page 449. Demandez aux élèves de l'analyser en se servant de la « fiche d'analyse » (page 182, livre du professeur). Suite à cette analyse, vous pouvez passer à la rédaction de la lettre officielle.

Cette activité écrite sert donc à rappeler ou à apprendre aux élèves les caractéristiques d'une lettre officielle et leur permet de mettre en valeur leurs connaissances sur le commerce équitable. La lettre officielle est une tâche moins bien connue par les élèves que celle du courriel et, par conséquent, moins bien maîtrisée. Il faut insister sur l'importance du registre et des conventions relatives à ce type de texte.

PAGE 148

Compréhension

1. À Monsieur Pierre Dubois ; au gérant d'un magasin

2. Monsieur

3. Le client veut pouvoir acheter des produits de commerce équitable dans le magasin.

4. Dans la première phrase / au début

5. tels que…

6. Non seulement… mais (également), de plus

7. a) merci de contribuer à changer le monde par ce geste simple !

    b) Pourquoi choisir équitable ?

    c) consultez le www.equiterre.org/equitable

8. a) me procurer – acheter

    b) également – aussi

    c) bénéficiant – profitant

    d) équivalent – égal

    e) être accompagné dans votre démarche – être aidé

Activité écrite

La liste de vérification pour la lettre officielle pourra être utilisée pour l'auto-évaluation ou pour l'évaluation par les pairs.

PAGE 150

Commerce équitable : un bilan uniquement positif ?

Clarté NS

Cette activité se divise en trois étapes :

1. compréhension

2. analyse de la structure de l'éditorial

3. comment rédiger un éditorial

Après la première étape, vérifiez la compréhension de tous les mots clés de l'éditorial avant de passer à la deuxième étape.

Un travail en classe devrait permettre aux élèves de niveau moyen de répondre aux questions plutôt difficiles de la deuxième étape. Vous pouvez demander aux élèves de répondre tout d'abord par écrit et ensuite relever oralement les réponses.

La troisième étape, la rédaction d'un texte argumentatif (l'éditorial), convient mieux aux élèves de niveau supérieur.

PAGE 151

Compréhension NS

1. **Faux** – *Justification* : tee-shirts et même chaussures

2. **Vrai** – *Justification* : le marché croît d'année en année

3. **Vrai** – *Justification* : les engagements (souvent) flous

4. **Vrai** – *Justification* : 20 % des ménages ont acheté un article libellé comme tel

5. **D.** aux patrons des supermarchés

6. **B.** aux militants de la cause

7. **B.** arriver à un accord entre les parties impliquées

8. Le titre *Clarté* convient parce que l'éditorialiste exige qu'il y ait plus de transparence sur les étapes du commerce équitable.

    Autres titres possibles : *Le commerce équitable à l'âge adulte / Les dessous du commerce équitable*

PAGE 152

Activité écrite   NS

Après avoir répondu aux questions de compréhension, les élèves passent à la deuxième étape : l'analyse de la structure de l'éditorial. Pour ce faire, ils doivent répondre aux questions qui portent sur la structure interne du texte.

Texte : 1er paragraphe	Questions	Vos réponses
Phrase 1 Café, riz, tee-shirts et même chaussures… une vingtaine d'années après les premières tentatives, le commerce équitable a conquis sa place dans les vitrines et les linéaires	a) Quels mots clés indiquent le sujet de l'éditorial ? b) Le ton est-il positif ou négatif ? Le journaliste met-il l'accent d'abord sur le succès ou l'échec du commerce équitable ?	a) le commerce équitable b) positif ; sur le succès
Phrase 2 Plus de 80 % des Français savent ce que le terme veut dire, le marché croît d'année en année et, partout dans le monde, des milliers de petits producteurs peuvent enfin vivre à peu près décemment de leurs récoltes.	Combien d'exemples le journaliste donne-t-il du « commerce équitable [qui] a conquis sa place » ?	trois
Phrase 3 Pourtant, la route reste longue.	a) Que nous annonce le connecteur logique « pourtant » ? b) Que nous suggère l'image « la route reste longue » ?	a) Le journaliste va présenter un point de vue opposé b) Il reste beaucoup de choses à faire pour faire avancer le commerce équitable
Phrase 4 Le consommateur a du mal à faire le tri entre les étiquettes peu compréhensibles et les engagements souvent flous de tel ou tel label.	Le journaliste présente deux exemples de problèmes liés au commerce équitable. Lesquels ?	a) Les informations et les promesses ne sont pas claires b) Quand on achète un produit du commerce équitable, on ne sait pas trop ce qu'on achète.
Phrase 5 Les enquêtes montrent que seuls 20 % des ménages ont acheté « au moins une fois » un article libellé comme tel.	Quel est le résultat (implicite) de ces problèmes mentionnés dans la phrase précédente ?	Les consommateurs n'achètent pas beaucoup de produits équitables
Phrase 6 Le commerce équitable a une bonne image ; en fait, il est encore peu pratiqué.	*(Choisissez la lettre qui convient)* Cette phrase, conclusion partielle du paragraphe… **A.** résume les deux côtés de l'argumentation. **B.** ajoute deux exemples négatifs. **C.** conclut par deux idées positives. **D.** propose deux solutions.	**A.** résume les deux côtés de l'argumentation

PAGE 153

2.   Les élèves analysent le 2ᵉ paragraphe de la même façon.

Texte : 2ᵉ paragraphe	Questions	Vos réponses
Phrase 1 Le mouvement, il faut le dire, a souffert des divisions qui le traversent.	Quel mot-clé nous indique le problème fondamental que connaît le commerce équitable ?	divisions
Phrase 2 Les uns veulent changer le monde en changeant les consommateurs. Les autres cultivent avant tout une niche confortable qui leur assure bonne réputation et débouchés.	Le journaliste nous parle de deux points de vue différents. Quels mots le journaliste utilise-t-il pour mettre en évidence leur divergence ?	Les uns… Les autres

Phrase 3 Il est temps, pour ce commerce épris de justice, de passer à l'âge adulte.	Le journaliste utilise une image pour donner un conseil. Il préconise un « passage à l'âge adulte » pour le commerce équitable. Quelles qualités associe-t-on normalement à l'âge adulte ?	la sagesse, la maturité, le jugement, le bon sens
Phrases 4 à 6 Ce qui suppose clarté dans l'information des enseignes et visibilité dans le réseau de distribution. Une bonne occasion pour la grande distribution de préférer au profit à court terme le bénéfice d'une démarche collective. Elle se rapprocherait ainsi des militants de la cause, qui en furent les pionniers.	a) Le journaliste propose trois exemples pratiques d'un « passage à l'âge adulte » pour le commerce équitable. Expliquez-les. b) Les mots clés « clarté » et « visibilité » s'opposent à deux adjectifs dans la 4ᵉ phrase du premier paragraphe. Lesquels ?	a) i) des informations claires sur le produit ii) produits portés à la connaissance du grand public iii) aide à la collectivité b) i) flous ii) peu compréhensibles
Phrases 7 à 9 Une entente entre altermondialistes, patrons de grandes surfaces et producteurs de toutes tailles ? L'intérêt bien compris des acteurs dépasse les oppositions apparentes. C'est ce qu'on appelle une utopie concrète.	a) Quel est le mot clé qui résume la solution aux problèmes que connaît le commerce équitable? b) Quel est le mot dans la phrase suivante qui exprime le contraire ?	a) entente b) oppositions

PAGE 154

Activité écrite   NS

L'éditorial ne figure pas dans la liste des types de textes pour l'épreuve 2 mais l'étude de sa structure peut servir à comprendre les éditoriaux dans l'épreuve 1 et à rédiger d'autres textes argumentatifs comme la dissertation. Si vos élèves connaissent déjà les caractéristiques propres à l'éditorial, vous pouvez passer directement à la rédaction d'un éditorial sur le thème du commerce équitable. Si ce n'est pas le cas, vous pouvez commencer par faire lire l'éditorial à la page 445. Demandez aux élèves de se servir de la fiche d'analyse aux pages 437 et 438 du livre de l'élève ainsi que de la fiche l'analyse à remplir (page 182, livre du professeur). Suite à cette analyse, vous pouvez passer à la rédaction d'un éditorial.

Le sujet de l'éditorial porte sur les produits OGM. Les élèves doivent d'abord réfléchir aux enjeux que l'utilisation de tels produits implique et ensuite décider s'ils sont pour ou contre. Ce travail peut se faire individuellement ou en petits groupes. Il est probable que les réponses aux questions 1 à 11 engendreront une discussion.

La liste de vérification pour la réalisation d'un éditorial à la page 155 du livre de l'élève pourra être utilisée pour l'auto-évaluation ou pour l'évaluation par les pairs.

PAGE 156

Objections au commerce équitable

Cette activité, un oral interactif, fait la synthèse de tout ce qui précède. Pour que les élèves comprennent bien le rôle qu'ils vont jouer, ils doivent commencer par lire le texte et associer les titres et les paragraphes.

PAGE 157

Compréhension

1.   **D.** Le commerce équitable favorise la concurrence déloyale.

2.   **F.** Le commerce équitable ne tient pas compte des coûts écologiques.

3.   **E.** Le commerce équitable favorise l'appauvrissement de la biodiversité.

4.   **A.** Max Havelaar cautionne la grande distribution.

5.   **B.** Le commerce équitable nous éloigne de l'essentiel : relocaliser l'économie.

Activité orale

Oral interactif : cette activité peut compter comme l'un des oraux interactifs et être évaluée selon les critères propres à ce type d'activité (dans le Guide de langue B).

Il est possible d'ajouter aux six personnages un modérateur qui, à la manière d'un débat télévisé, présente brièvement les six invités, les invite à parler à tour de rôle et résume la discussion à la fin. Ce bilan des positions prises dans le groupe peut se faire devant toute la classe.

Il est important de donner assez de temps aux élèves pour bien lire et comprendre le rôle de leur personnage ainsi que pour rédiger les questions qu'ils vont poser aux autres.

Les questions qui suivent sont données à titre d'exemple.

Questions à	
Jacques Dumontier	Comment pouvez-vous agir de la sorte ? Vous rendez-vous compte que les travailleurs locaux ont eux aussi besoin de soutien et qu'ils ont même du mal à s'en sortir ? Pourquoi préférez-vous soutenir les producteurs du Sud plutôt que des producteurs bien de chez nous ?
Marie Janin	Que pensez-vous du commerce équitable ? Le commerce équitable a-t-il été équitable envers vous ? Pourquoi pensez-vous avoir fait faillite ? Comment expliquez-vous que les gens continuent à acheter des chapeaux, mais à l'étal de Jacques ? Les chapeaux qu'il vend sont-ils plus jolis / plus modernes / plus à la mode / de meilleure qualité que les vôtres ?
Patricia Ayoun	Vous prétendez être écologiste et vous vantez les mérites des produits équitables mais vous contribuez vous-même au problème. Comment pouvez-vous acheter en bonne conscience des bananes venues de l'autre bout du monde ? Pourquoi n'achetez-vous pas les fruits de la région ? Ils sont bien plus sucrés, ils ont plus de goût. Ils gardent leurs vitamines. Des fruits venus de loin et ayant été cueillis il y a des semaines sont fades. Ils sont traités avec des produits cancérigènes, des pesticides. Est-ce que c'est vraiment cela que vous voulez manger ? Pourquoi ne soutenez-vous pas le travail des producteurs locaux ? Il y en a de plus en plus qui doivent abandonner leurs fermes.
Alain Perret	Pourquoi affichez-vous dans les rayons si peu de produits issus du commerce équitable ? Si vous y croyez vraiment, il faut en proposer plus aux clients. Proposer si peu de produits issus du commerce équitable ressemble plus à une campagne de pub pour le supermarché.
Gabrielle Grandval	Vous rendez-vous compte que pour chaque produit de commerce équitable dans votre chariot, vous mettez une bonne vingtaine d'autres produits venant de loin et donc néfastes pour l'environnement ? Si vous achetez le café équitable, c'est que vous comprenez les bienfaits et vous y croyez. Alors si vous croyez à l'efficacité et aux bienfaits du commerce équitable, pourquoi n'achetez-vous pas tout le temps ces produits, quitte à en acheter moins et à en consommer moins aussi ? Qui profite quand le supermarché ne propose que quelques produits de commerce équitable – le petit producteur ou la grande surface ? Acheter un produit issu du commerce équitable par semaine, d'accord, c'est mieux que rien, mais vous n'allez jamais changer le monde comme ça ! Pourquoi ne pas essayer de le changer autrement ?
Loba Diallo	Que pensez-vous de votre situation actuelle ? S'est-elle améliorée depuis que vous cultivez les fèves de cacao ou non ? Comment dépensez-vous l'argent que vous gagnez grâce au commerce équitable ?

7. Voyage en francophonie

OPTION – Coutumes et traditions

		Livre du professeur	Livre de l'élève
Unités	Chaque pays a ses symboles	p70	p160
	Chaque pays a ses traditions	p73	p168
	Chaque pays a son identité	p76	p177
Thèmes	Les symboles des pays francophones : les drapeaux, les hymnes nationaux, les devises Les traditions des pays francophones La place des traditions dans la société L'identité d'un pays		
Objectifs	**Types de textes**	La lettre au courrier des lecteurs L'article	
	Langue	Le présent de l'indicatif	
	Le coin du BI	Préparation à l'oral individuel	

PAGE 160

Chaque pays a ses symboles

Mise en route

Les drapeaux

Par groupes de deux, les élèves doivent observer les six drapeaux proposés représentant quelques pays francophones. Vous pouvez leur faire remarquer les différentes couleurs, les différentes lignes et les emblèmes au centre de certains drapeaux.

Il est fréquent de voir des drapeaux comportant les couleurs bleu, blanc et rouge. Les pays africains ont plutôt tendance à utiliser les couleurs vert, jaune et rouge.

À noter

Contrairement aux autres drapeaux de forme rectangulaire, le drapeau suisse est de forme carrée.

Les élèves doivent aussi donner des exemples d'occasions ou de lieux où les drapeaux sont arborés : les fêtes nationales, les rassemblements de chefs d'État, les événements sportifs, les monuments, les bâtiments officiels…

Les élèves doivent ensuite inventer un drapeau pour leur pays et donner les raisons de leur choix. Chaque groupe pourra ensuite faire partager ses réponses au reste de la classe. Les élèves pourront aussi observer le drapeau de la francophonie. Il est composé de cinq couleurs qui sont les couleurs les plus représentatives des drapeaux de tous les pays francophones. Aucune couleur particulière n'est attribuée à un continent. Les élèves pourront décider entre eux quelle couleur représenterait le mieux chaque continent.

Les hymnes nationaux

Par groupe de deux, les élèves doivent lire les quatre hymnes nationaux de pays francophones proposés (l'hymne national du Cameroun, l'hymne national du Canada, l'hymne national de la France et l'hymne national du Sénégal). Ils ne doivent pas nécessairement comprendre tout le vocabulaire, qui peut être ardu pour certains d'entre eux.

Ces hymnes se trouvent très facilement sur Internet et vous pouvez les faire écouter à vos élèves. Vous pouvez ainsi leur faire analyser le rythme de chaque hymne et les instruments de musique utilisés. Certains sembleront plus guerriers ou parfois plus joyeux que d'autres.

Les élèves doivent répondre aux questions proposées.

Les hymnes nationaux servent à célébrer les valeurs et les idées d'un pays. Ils étaient principalement chantés par les militaires au moment des guerres. C'est encore le cas de nos jours dans certains pays, mais ils sont principalement chantés lors de manifestations militaires (remises de médailles, fêtes nationales…) ou lors d'événements sportifs.

Les élèves doivent décrire l'hymne national de leur pays et, s'ils le peuvent, en donner la signification. Ils doivent ensuite inventer un hymne national pour leur pays et expliquer les raisons de leur choix. Chaque groupe pourra ensuite faire partager ses réponses au reste de la classe.

À *noter*

La Marseillaise a souvent été critiquée comme étant un chant martial et violent et il a souvent été question de changer certaines de ses paroles.

Serge Gainsbourg, en 1979, a soulevé de nombreuses polémiques en interprétant *La Marseillaise* sur un rythme reggae.

Yannick Noah, en 2006, a chanté *Aux arbres citoyens,* un appel à la protection de l'environnement.

Ces chansons peuvent facilement se trouver et s'écouter sur Internet.

Vous pouvez inciter les élèves à faire une comparaison de ces trois versions de *La Marseillaise* et leur demander quelle est leur version préférée et pourquoi.

PAGE 162

Les devises

Par groupes de deux, les élèves doivent lire les dix devises proposées. Ils doivent ensuite répondre aux questions proposées.

Les devises servent à communiquer les valeurs et les idées de chaque pays. Les thèmes communs à plusieurs devises sont ceux de la religion, du travail, de l'amour de la patrie et de l'union. On peut lire ces devises sur certains billets de banque ou sur certaines pièces de monnaie, les frontons des monuments comme les mairies, les documents officiels.

Les élèves doivent décrire la devise de leur pays et, s'ils le peuvent, en donner la signification. Ils doivent ensuite inventer une devise pour leur pays et expliquer les raisons de leur choix. Chaque groupe pourra ensuite faire partager ses réponses au reste de la classe.

PAGE 164

Liberté, Égalité, Fraternité

a) Par groupes de deux, les élèves doivent lire les concepts qui s'appliquent à la devise de la France. Ils doivent essayer de trouver d'autres concepts qui pourraient s'ajouter aux trois listes proposées. Voici des exemples de réponses :

Liberté :
• Les droits des citoyens sont mieux protégés.
• On est libre de pratiquer la religion de son choix.
• On peut s'exprimer plus librement.

Égalité
• L'espérance de vie a augmenté et les personnes âgées occupent une plus grande place dans la société.
• Les origines familiales influencent moins les employeurs lors d'un entretien d'embauche.
• Les différentes classes sociales se mélangent davantage.

Fraternité
• Les associations caritatives reçoivent de plus en plus de dons.
• De plus en plus de manifestations telle que la Fête des voisins sont organisées.
• Les médias nous incitent à nous préoccuper de ce qui se passe en dehors de chez nous.

b) Les élèves doivent ensuite trouver trois exemples par concept pour démontrer que les principes de la devise ne sont pas nécessairement bien appliqués. Voici quelques suggestions de réponses :

Liberté
• Il y a de plus en plus de restrictions dans la vie de tous les jours : interdiction de fumer, limitation de vitesse sur

les routes…

- Les médias sont contrôlés par les pouvoirs.
- Il y a de plus en plus de vidéosurveillance.
- On contrôle sans cesse notre identité.
- Le politiquement correct est adopté et les opinions des gens sont censurées.
- Les nouvelles technologies nous empêchent de protéger nos coordonnées personnelles.

Égalité

- Les salaires sont trop inégaux.
- Des actes racistes ont lieu chaque jour.
- Peu de mesures sont prises pour insérer les handicapés dans la société.
- Les femmes ont moins de privilèges que les hommes.
- L'entrée à l'université n'est pas accessible à tous.
- Certaines personnes sont condamnées à vivre en HLM.

Fraternité

- Les difficultés économiques et sociales rendent les gens plus égoïstes.
- Les liens familiaux sont moins forts.
- Les étrangers sont mal acceptés dans la société.
- Les traditions se perdent.
- Les gens utilisent plus les réseaux sociaux et la téléphonie mobile et donc se rencontrent beaucoup moins.
- Les cafés et les petits commerces ferment au profit des supermarchés.

Les élèves pourront ensuite discuter de la devise de leur propre pays et voir si ses principes sont bien appliqués ou non. Chaque groupe pourra ensuite partager ses réponses avec le reste de la classe.

PAGE 165

Comment rédiger une lettre au courrier des lecteurs

La lettre au courrier des lecteurs est un des types de textes au programme de langue B. Si vos élèves connaissent déjà les caractéristiques propres à ce type de texte, vous pouvez passer directement à la rédaction d'une lettre au courrier des lecteurs.

Si les élèves ne maîtrisent pas encore les caractéristiques de ce type de texte, vous pouvez commencer par faire lire et analyser la lettre au courrier des lecteurs à la page 451. Demandez aux élèves de l'analyser en se servant de « la fiche d'analyse » aux pages 437 et 438 et de la fiche d'analyse à remplir (page 182, livre du professeur).

Plusieurs réponses sont possibles :

1. **A.** Modification des paroles de notre hymne national

   C. Un nouvel hymne national

2. **D.** Monsieur,

3. **A.** Suite à la lecture de votre article du 19 juillet dernier, je suis sidéré(e) de remarquer que…

   D. Je suis étonné(e) de voir que dans votre dernière édition vous ne fassiez pas mention de…

4. **A.** Notre hymne national ne reflète plus les valeurs de notre pays.

   B. Les paroles de notre hymne ne sont pas un exemple à suivre pour les nouvelles générations.

   D. Les paroles de notre hymne ne peuvent générer que haine et violence.

5. **A.** Ce chant martial doit faire place à un chant pacifique.

   B. Les nouvelles valeurs de notre pays doivent être perceptibles dans les nouvelles paroles de notre hymne.

   D. Le message des hymnes nationaux doit être un exemple à suivre pour les nouvelles générations.

6. **C.** Veuillez agréer, Monsieur, l'expression de mes sentiments les plus respectueux.

PAGE 168

Chaque pays a ses traditions

1. **B.** Marianne

2. **A.** Des feux d'artifice et des bals sont organisés.

3. **C.** le coq

4. **A.** le Caillou

5. **C.** sable

6. **A.** du muguet

7. **C.** une galette des rois

8. **B.** de haricots blancs, de saucisse et de tomate

9. **D.** un tissu en coton et en soie

10. **C.** C'est la fête de la Musique et des concerts gratuits sont organisés.

11. **A.** un carnaval

12. **A.** Ils déménagent

13. **C.** les montres

14. **C.** aux Champs-Elysées

15. **C.** la biguine

16. **C.** des concours sportifs

17. **A.** le magasin Chanel

18. **D.** veiller à la bonne utilisation de la langue française

19. **D.** la bande dessinée

20. **B.** Les zoreilles

Les élèves doivent répondre individuellement à ce questionnaire sur la francophonie. Quand vous leur aurez donné les réponses aux questions, vous pouvez les inciter à faire plus de recherches sur les coutumes et traditions de la francophonie. Ils connaissent peut-être d'autres coutumes et traditions de la francophonie et pourront les décrire au reste de la classe.

PAGE 171

Le patrimoine francophone protégé et l'UNESCO

890 biens du patrimoine culturel et naturel sont protégés par le Comité du patrimoine local de l'UNESCO (Organisation des Nations Unies pour l'Éducation, la Science et la Culture). Pour plus de renseignements et pour obtenir une liste complète des biens protégés par l'UNESCO, vous pouvez consulter le site de l'UNESCO.

À la maison ou en classe, les élèves devront faire des recherches sur les biens des pays francophones protégés par l'UNESCO. Ils devront s'interroger sur ce que ces biens représentent pour leur pays d'origine et pour le reste du monde. Ils pourront ajouter d'autres biens à cette liste et justifier leurs choix.

Certains biens dans leur pays sont peut-être déjà protégés ; ils doivent découvrir lesquels et se demander si le choix de l'UNESCO est justifié ou non. Ils pourront ajouter d'autres biens à cette liste et justifier leurs choix.

Vous pouvez leur faire souligner l'importance (ou non) de sauvegarder notre patrimoine.

PAGE 172

Grammaire en contexte : le présent de l'indicatif

Si nécessaire, révisez ce point de grammaire avant de faire les exercices proposés.

Vous pouvez utiliser ces exercices comme tests diagnostiques avant de réviser la leçon et de faire faire des exercices supplémentaires. Au premier abord, ces exercices peuvent sembler assez simples, mais beaucoup d'élèves ont du mal à maîtriser certains verbes au présent de l'indicatif et de nombreuses erreurs sont souvent faites lors des examens.

Les fêtes au Sénégal

Au Sénégal, il n' *[exemple] existe* pas un jour sans qu'on entende le son des tam-tams.

Vous **[A]** devez savoir qu'on y **[B]** célèbre tous les événements de la vie, comme par exemple, les naissances, les mariages ou les décès. Le Sénégal **[C]** est un pays de fête ! Tout le monde **[D]** prend part aux fêtes. Il ne **[E]** faut surtout pas manquer les fêtes typiques. Par exemple, le « Fil » de Touba Toul **[F]** a lieu au mois de juin. Il s'**[G]** agit d'une cérémonie rituelle avec des danses et des chants et où les sages **[H]** prédisent les événements de l'année. Vous **[I]** pouvez aussi assister à la fête appelée « Le Fanal » si vous **[J]** allez à Saint-Louis. On y **[K]** voit des défilés au son des instruments traditionnels et les habitants **[L]** mettent des lampions de lumière devant leur maison. Tous les Sénégalais **[M]** connaissent le « Simb » ou la danse du lion. Les hommes se **[N]** déguisent en lion mais ils ne **[O]** font peur à personne !

Le monde de la francophonie

Nous *[exemple] parlons* tous la même langue mais nous **[A]** cultivons aussi nos différences.

Les fêtes, par exemple, **[B]** sont différentes. Les Français **[C]** font la fête dans les rues pour célébrer le 14 juillet. Les Belges **[D]** prennent plaisir à organiser des carnavals et les Martiniquais ne **[E]** craignent pas de danser toute la nuit sur des musiques rythmées.

Claire, la Tahitienne, **[F]** vit dans une maison en bois au bord de la mer alors que la maison de Damien à Saint-Pierre-et-Miquelon **[G]** peut faire penser au style nord-américain.

Tu **[H]** vois donc que les francophones **[I]** ont des traditions variées. Cela **[J]** vaut la peine de les découvrir mais tu en **[K]** connais déjà quelques unes. Ta famille et toi **[L]** devez impérativement visiter ces pays et vous n'**[M]** allez pas le regretter. Si vous **[N]** partez à la Réunion, j'**[O]** espère que vous voudrez aussi visiter les nombreuses sucreries.

Préparation à l'oral individuel

Lors de la deuxième année du programme du Baccalauréat International, les élèves vont passer un oral individuel. Juste avant de passer l'examen, vous devrez leur présenter une photo qu'ils n'auront jamais vue auparavant. Ils disposeront ensuite de 15 minutes pour préparer une présentation de 3 à 4 minutes au sujet de cette photo. Lors de cette présentation, ils ne pourront ni lire leurs notes ni les réciter par cœur. Vous ne devez pas les interrompre, ni les aider.

La présentation sera ensuite suivie d'une discussion plus approfondie au sujet de la photo. Vous devez encourager les élèves à exprimer leurs opinions : la conversation doit être la plus naturelle possible. Les élèves peuvent faire référence à leur propre culture et la comparer avec celle de la photo.

Une photo d'un marché en France sert d'exemple. Une liste de questions non exhaustive est donnée dans le livre de l'élève mais vous pouvez bien sûr poser vos propres questions.

La présentation pourra être préparée en classe dans les conditions de l'examen et donc sans aide et sans notes. Cependant, si les élèves n'ont jamais été confrontés à ce genre d'exercice ou si leur niveau linguistique n'est pas adéquat, vous pourrez leur demander de préparer la présentation comme devoir à la maison.

Vous pouvez mener la discussion avec un seul élève ou, si vous préférez que la classe entière participe, vous pouvez entamer une discussion avec tous les élèves en utilisant les questions proposées dans le livre de l'élève.

Vous pouvez aussi encourager vos élèves à faire une présentation sur une photo de leur choix et qui a pour thème les traditions. Les autres élèves pourront ensuite lui poser des questions sur cette photo.

PAGE 173

Le folklore et la société moderne

Il s'agit d'un travail préparatoire au thème du folklore dans la société moderne. Les élèves travaillent individuellement et doivent cocher les réponses qui correspondent le mieux à ce qu'ils pensent au sujet du folklore. Le vocabulaire devrait être abordable par la plupart des élèves quel que soit leur niveau linguistique mais vous pouvez trouver utile de leur donner quelques explications avant de commencer l'exercice. Les élèves doivent ensuite comparer et discuter leurs réponses avec le reste de la classe.

PAGE 174

Le folklore

Ce texte est extrait de l'autobiographie « Le cheval d'orgueil » de Pierre Jakez Hélias (1914 – 1995), romancier breton et défenseur de la langue et de la culture bretonnes. Cette autobiographie a été adaptée au cinéma par Claude Chabrol en 1980.

PAGE 175

Compréhension

1. **C.** Le folklore ne suit pas la mode : il est intemporel
2. a) On détruit froidement le milieu naturel
3. b) On n'a d'autre souci que de faire comme tout le monde
4. c) elles ne servent plus qu'à représenter certaines valeurs que nous sommes en train de perdre
5. **B.** La *Messe pour le temps présent* et les fêtes folkloriques ont tout autant de valeur.
6. **B.** cynique
7. **B.** était plus importante
8. **I.** coupait
9. **C.** critiques
10. **J.** modeste

PAGE 176

Activité orale

Par groupes de deux, les élèves doivent répondre aux questions proposées en se référant à leur expérience personnelle.

Activité écrite

Avant de demander aux élèves de rédiger leur production, vous pouvez leur demander d'analyser les différents types de texte en se servant de la « fiche d'analyse» qui se trouve aux pages 437 et 438.

PAGE 177

Chaque pays a son identité

Activité orale

Par groupes de deux, les élèves doivent répondre aux questions suggérées dans le livre de l'élève au sujet de l'identité d'un pays. Suivant le niveau linguistique des élèves, ils pourront préparer ces questions à la maison.

Une sensibilité ironique	NS

Catherine Cusset, écrivain français contemporain, habite à New York depuis près de 20 ans.

« Nos ancêtres les Gaulois » fait référence aux manuels scolaires d'Histoire de France où cette expression apparaissait dès les premières pages.

« Demain dès l'aube » est le premier vers de l'un des poèmes les plus célèbres de Victor Hugo.

« Si ce n'est toi, c'est donc ton frère ! » est un vers extrait de la fable « Le loup et l'agneau » de Jean de La Fontaine.

PAGE 178

Compréhension

1. Elle a gardé son accent français.

2. Elle a le désir de transmettre sa langue et sa culture à son enfant.

3. Les cupcakes

4. Elle aime aussi les crêpes, spécialité française, et les gâteaux au chocolat de sa grand-mère maternelle.

5. **B.** Aux personnes qui parlent toutes la même langue

6. **Faux** – une arrogance, transmise par des siècles de culture élitiste (lignes 17–18)

7. **Vrai** – Les Français [...] ont en commun ce que leur a transmis l'école (lignes 19–21)

8. **Vrai** – une certaine propension à la grogne s'il manque à la tâche (lignes 28–28)

9. **Faux** – Autre point commun : la certitude bien cartésienne d'avoir raison (lignes 29–30)

10. a) Triste

    b) Vaste

    c) Pas assez nuancé

11. Le nombre important d'événements littéraires

12. **B.** Parce qu'ils sont perçus comme appartenant au passé

PAGE 179

Activité écrite

Le courriel est l'un des types de textes au programme de langue B. Si vos élèves connaissent déjà les caractéristiques propres à ce type de texte, vous pouvez passer directement à la rédaction d'un courriel.

Si les élèves ne maîtrisent pas encore les caractéristiques de ce type de texte, vous pouvez commencer par faire lire et analyser le courriel à la page 450. Demandez aux élèves de l'analyser en se servant de la « fiche d'analyse » aux pages 437 et 438 et de la fiche d'anaylse à remplir (page 182, livre du professeur).

8. Pour un monde meilleur ?

OPTION – Coutumes et traditions

		Livre du professeur	Livre de l'élève
Unités	Dans la rue	p77	p181
	Mai 68	p78	p183
	L'Indépendance algérienne	p81	p189
	La Résistance	p82	p192
	Sur les barricades	p84	p198
	Les droits de chacun	p85	p202
Thèmes	Les manifestations aujourd'hui Les manifestations à travers l'histoire L'histoire dans notre société Les droits de l'homme		
Objectifs	**Types de textes**	L'article	
	Langue	Le futur simple	
	Le coin du BI	Préparation à l'oral interactif Théorie de la connaissance	

PAGE 181

Dans la rue

Dans cette unité, nous allons faire la connaissance de plusieurs jeunes personnes qui, au cours de l'Histoire, se sont battues pour leurs idées et pour leur pays.

Nous ne suivrons pas l'ordre chronologique de l'Histoire mais une suite logique selon le rôle qu'ont eu les jeunes dans leurs combats et selon l'issue de leurs combats.

Nous commencerons d'abord par étudier les événements de mai 68 et les jeunes qui se révoltent, puis l'indépendance algérienne. Même si cela peut mal se terminer, comme en témoigne la lettre du résistant Henri Fertet ou la mort de Gavroche (dans *Les Misérables*, de Victor Hugo) pendant l'insurrection républicaine à Paris en juin 1832, ces combats ont malgré tout été utiles. Ainsi, par exemple, la Révolution française nous a laissé *La déclaration universelle des droits de l'homme et du citoyen*.

Mise en route

Il s'agit d'un exercice d'introduction au thème des manifestations et des citoyens qui se battent pour leurs idées.

Par groupes de deux, les élèves observent la photo d'une manifestation et répondent aux questions. Plusieurs choix de réponses leur sont donnés. Vous pouvez leur demander de justifier leurs réponses et de les comparer avec celles du reste de la classe.

PAGE 182

Activité orale

À partir du graffiti du livre de l'élève, par groupes de deux, les élèves doivent dresser une liste des idées auxquelles ils ont envie de dire « Non !». Ils doivent ensuite justifier leurs opinions. Ils peuvent faire preuve d'autant d'imagination qu'ils le veulent.

Activité orale et écrite

Par groupes de deux, les élèves doivent imaginer un slogan pour le panneau vide. Ils peuvent se servir de leurs réponses de l'exercice précédent.

L'impératif est souvent utilisé pour les panneaux de manifestation et il pourrait s'avérer utile de le réviser en classe avant que les élèves ne commencent à écrire leur slogan.

PAGE 183

Mai 68

PAGE 184

Activité orale

1. Après avoir lu les différents slogans, les élèves doivent les classer en différentes catégories. Suivant le niveau de la classe, vous pouvez d'abord les aider à comprendre le vocabulaire. Un slogan peut faire partie de plusieurs catégories. Cela peut amener les élèves à justifier leur choix et à le discuter avec le reste de la classe.

Réponses suggérées

Anticonformisme

Mort aux tièdes ! ; Enragez-vous ! ; Ni robot, ni esclave ; Osons !; Hurle !

Libération sexuelle

Déboutonnez votre cerveau aussi souvent que votre braguette ; Parlez à vos voisins (et à vos voisines, bordel !)

Anticléricalisme

Comment penser librement à l'ombre d'une chapelle ?

Anticonsumérisme

Ne travaillez jamais ! ; Vous finirez tous par crever du confort. ; À bas la société de consommation !

Libération de l'esprit et des idées

Ouvrez les fenêtres de votre cœur ! ; Tout ce qui est discutable est à discuter. ; Je prends mes désirs pour la réalité car je crois en la réalité de mes désirs. ; L'imagination prend le pouvoir.

Refus de la société actuelle

Nous refusons d'être HLMisés, diplômés, recensés, endoctrinés, sermonnés, matraqués, télémanipulés, gazés, fichés. ; Cours, camarade, le vieux monde est derrière toi ! ; Il est interdit d'interdire. ; Professeurs, vous nous faites vieillir.

Appel à un monde meilleur

Sous les pavés, la plage. ; Ils pourront couper toutes les fleurs, ils n'empêcheront pas la venue du printemps. ; Vite ! ; Soyez réalistes, demandez l'impossible. ; Ayez des idées ! ; La barricade ferme la rue mais ouvre la voie.

2. Par groupes de deux, les élèves doivent choisir le ou les slogan(s) qu'ils préfèrent et expliquer pourquoi. Ils pourront ensuite partager leur avis avec le reste de la classe.

Témoignages d'étudiantes

PAGE 185

Compréhension

1. **D.** Je commençais à me rendre compte des différents enjeux de la société.
2. **B.** Elle était originaire d'Auvergne et était une étudiante en médecine de 20 ans à peine.
3. **A.** de l'espoir
4. **A.** du pessimisme
5. **B.** de la désillusion
6. a) irréelle

   b) fascinante
7. **D.** champ lexical de la guerre
8. **C.** Tout était dans un véritable désordre.
9. **A.** Elle ne se sentait pas libre.
10. La contraception est devenue plus accessible aux femmes.

PAGE 186

Grammaire en contexte : le futur simple

Si nécessaire, révisez ce point de grammaire avant de faire les exercices proposés.

Vous pouvez utiliser les exercices 1 et 2 comme tests diagnostiques avant de réviser la leçon et de faire faire des exercices supplémentaires.

1.

« Ce matin, une assemblée générale <u>aura</u> lieu dans le grand amphithéâtre et nous <u>organiserons</u> la manifestation qui se <u>tiendra</u> Boulevard Saint-Germain cet après-midi. Nous n'<u>irons</u> pas en cours et vous <u>expliquerez</u> à vos professeurs les raisons de votre mécontentement.

Pendant la manifestation, vous <u>serez</u> peut-être témoin d'actes violents mais vous ne <u>devrez</u> pas vous décourager. Vous <u>verrez</u> des voitures en feu et il <u>faudra</u> faire attention à ne pas vous blesser.

Quoi qu'il en soit, rappelez-vous que mai 68 <u>restera</u> pour la France un mois extraordinaire. »

2.

aura – avoir	devrez – devoir
se tiendra – se tenir	verrez – voir
irons – aller	faudra – falloir
serez – être	

3. Les principaux verbes irréguliers au futur simple sont :

aller – j'irai	pouvoir – je pourrai
avoir – j'aurai	savoir – je saurai
devoir – je devrai	tenir – je tiendrai
envoyer – j'enverrai	valoir – il vaudra
faire – je ferai	venir – je viendrai
falloir – il faudra	voir – je verrai
pleuvoir – il pleuvra	vouloir – je voudrai

Quel sera votre monde meilleur ?

La plupart des verbes irréguliers sont utilisés dans cet exercice.

a) Chacun **aidera** à combattre la famine.
b) Le gouvernement **tiendra** parole et plus personne ne **paiera** de frais médicaux.
c) Les enfants **auront** le droit à une éducation gratuite.

d) Les chefs d'Etat **feront** tout pour libérer les prisonniers politiques.

e) Il **faudra** construire plus d'hôpitaux et plus d'écoles.

f) La femme se **verra** devenir l'égale de l'homme partout dans le monde.

g) Les injustices **seront** réparées.

h) On ne **devra** plus apprendre de langue étrangère pour le Baccalauréat International.

i) Nous **irons** tous explorer des planètes inconnues.

j) Je **pourrai** partir en vacances quand et où je **voudrai**.

k) Cela **vaudra** la peine de se battre pour toutes ces causes.

PAGE 187

Activité orale

Les élèves doivent observer le tableau d'Eugène Delacroix et la photo de Jean-Pierre Rey et répondre ensuite aux questions proposées. Avant de commencer à répondre aux questions, vous jugerez peut-être utile de leur donner quelques informations au sujet du tableau et de la photo.

La liberté guidant le peuple, peint par Eugène Delacroix, a été présenté au Salon de Paris en 1831. Ce tableau représente Les Trois Glorieuses, un soulèvement populaire qui a eu lieu en 1830. Il a été reproduit à de nombreuses reprises sur des timbres postaux français mais aussi sur le billet de banque de 100 francs français. Il est devenu l'un des symboles de la République française. Ce tableau est exposé au Musée du Louvre, à Paris.

La Marianne de Mai 68 (ou *La jeune femme au drapeau*) est une photo prise par le reporter Jean-Pierre Rey le 13 mai 1968 lors d'une manifestation parisienne. Cette photo a souvent été comparée au tableau d'Eugène Delacroix.

Vous pouvez aussi donner quelques explications au sujet de Marianne et de ce qu'elle représente en France.

1. Réponses possibles :

   a) L'action se passe pendant une révolte ou une manifestation à Paris. On aperçoit la Cathédrale Notre Dame au fond.

   b) La femme brandit le drapeau français d'une main et un fusil de l'autre. Elle avance avec détermination à travers les manifestants. Elle a les pieds et les seins nus et elle représente la liberté.

   c) Elle est entourée par d'autres manifestants. Certaines personnes sont mortes et sont à terre.

   d) L'expression de son visage lui donne un air déterminé, sérieux, protecteur, courageux.

   e) Elle cherche à mener son peuple vers un monde meilleur, vers la liberté.

   f) Ce tableau a pour but de montrer que tout le monde peut se rassembler et se battre pour la même cause : la liberté.

2. Réponses possibles :

   a) L'action se passe dans une ville, probablement à Paris, en mai 68, d'après le titre de la photo.

   b) Elle est assise sur les épaules de quelqu'un et elle brandit un drapeau. Il s'agit en fait du drapeau du Vietnam, pays qui était en conflit avec les États-Unis à cette époque.

   c) Elle est entourée d'autres manifestants.

   d) Elle semble calme, déterminée, sérieuse.

   e) Elle cherche à obtenir plus de libertés, un monde meilleur, plus de droits.

   f) C'est une photo emblématique qui retrace bien un des aspects des manifestations de mai 68.

3. a) Ils représentent tous les deux une femme se battant pour la liberté lors d'une manifestation ou d'une révolution à Paris.

   b) Le besoin de liberté et d'obtenir des droits pour un peuple.

Activité orale

Pour cet oral interactif au sujet de mai 68, les élèves doivent travailler par groupes et choisir l'un des rôles. Ils pourront préparer leur rôle à l'avance, soit en classe, soit à la maison. Afin de mieux se préparer à leur examen final pour le Baccalauréat International, il leur est fortement conseillé de ne pas lire ou de ne pas apprendre par cœur leurs notes. Les élèves pourront aussi préparer des questions qu'ils pourront poser aux autres participants pendant la discussion. Afin de simuler encore plus une conversation, ils ne devront pas hésiter à se couper la parole, à se contredire et à exprimer leurs opinions et leurs sentiments.

PAGE 188

Activité écrite

Avant de demander aux élèves de rédiger leur production, vous pouvez leur demander d'analyser les différents types de textes en se servant de la « fiche d'analyse » aux pages 437 et 438.

PAGE 189

L'indépendance algérienne

> **La révolte des enfants algériens le 11 décembre 1960**   **NS**

PAGE 190

Compréhension   **NS**

1. **Faux** – « ...l'effervescence de la veille reprend tôt le matin. » (ligne 5)

2. **Vrai** – « Une jeune fille était à la tête du cortège. » (ligne7)

3. **Faux** – « ...un officier arrache le drapeau des mains de la jeune fille. » (lignes 12–13)

4. **C.** Le drapeau algérien

5. **A.** Il est tué par balles.

6. Deux réponses au choix :

    la colonisation ; la répression ; les génocides ; la spoliation des terres ; l'humiliation ; le déni de leurs racines

7. « Mains nues, poitrines nues » (lignes 27–28)

8. (au) drapeau

9. (à) Saliha / (à la) jeune fille

PAGE 191

10. **D.** Les Algériens

11. Les colonisateurs ont eu peur.

12. Il sous-entend qu'il y avait probablement plus de morts. / Il sous-entend que les sources officielles ne sont pas sûres.

13. arborait (ligne 8)

14. la percée (ligne 11)

15. ivre (de liberté) (ligne 22)

16. (des voix) fluettes (ligne 33)

17. (le drapeau) flotte (ligne 41)

18. se hisse (ligne 56)

19.   brisée (ligne 62)

20.   faire trembler (ligne 64)

Activité orale   NS   TdC

Par groupes de deux, les élèves doivent répondre aux questions proposées. Cela pourra mener à une discussion entre les différents groupes.

PAGE 192

La Résistance

Mise en route

Par groupes de deux, les élèves doivent répondre aux questions suggérées dans le livre de l'élève. Avant de répondre à ces questions, vous pourrez leur donner plus de renseignements au sujet de la Résistance ou leur demander de trouver eux-mêmes des informations.

Plusieurs réponses sont possibles pour chaque question.

1.   Les personnes qui faisaient de la Résistance appartenaient à toutes les catégories socioculturelles, étaient de tous âges, de toutes religions et pouvaient être aussi bien des hommes que des femmes. Toutes les réponses proposées pour la question **1** sont donc des réponses possibles.

2.   **A.** Ils luttaient contre les idées nazies.

        B. Ils refusaient l'invasion des Allemands en France.

        C. Un membre de leur famille ou un(e) ami(e) en faisait déjà partie.

        E. Ils pensaient que c'était normal de s'entraider entre Français.

        G. Ils avaient le goût du risque.

Les réponses ci-dessus sont des réponses possibles mais il en existe d'autres, propres à l'histoire personnelle de chacun.

3.   **A.** Ils rédigeaient des articles pour des journaux clandestins.

        B. Ils faisaient dérailler les trains allemands et sabotaient leur matériel.

        C. Ils restaient très discrets.

        D. Ils se faisaient beaucoup d'amis dans les principales villes de France.

        E. Ils diffusaient des tracts contre les Allemands.

        F. Ils s'infiltraient dans les réseaux allemands pour obtenir des renseignements.

        G. Ils assassinaient les dirigeants allemands.

4.   **A.** La condamnation à mort

        B. La torture

        C. Les camps de concentration

        D. L'arrestation par les Allemands

        E. La prison

PAGE 193

5.   La dernière question pourra mener à une discussion à laquelle la classe entière pourra participer.

PAGE 194

Lettre de Henri Fertet, jeune résistant condamné à mort

PAGE 195

Compréhension

1. **B.** une lettre d'adieu à ses parents

2. **D.** de la tristesse

3. **B.** au courage

4. L'amour de ses parents et de sa famille

5. Il veut se faire pardonner du mal qu'il aurait pu faire à ses parents et à sa famille.

6. **D.** Je vous aimais par habitude.

7. **B.** dire à ses parents combien il les aimait

8. **A.** en mourant

9. **A.** l'honnêteté

PAGE 196

10. **B.** le patriotisme

11.   a) libre

        b) travailleuse

        c) laborieuse

        d) honnête

12.   a) le courage

        b) la bonne humeur

13. **A.** son frère

14. **Réponses possibles :** Il leur demande d'être sévères et tendres ; Il leur demande de vérifier son travail et de le forcer à travailler ; Son frère doit être digne de lui.

15. **C.** Je n'ai aucun reproche à me faire

16. **B**. c'est dans mon intérêt

17. **C.** Il veut être courageux jusqu'au bout

18. **B.** rassurant

PAGE 197

Activité orale

Les élèves peuvent travailler par groupes de deux pour répondre à ces questions. Cela pourra mener ensuite à une discussion où la classe entière partagera ses idées.

Activité écrite

Avant de demander aux élèves de rédiger leur production, vous pouvez leur demander d'analyser les différents types de textes en se servant de la « fiche d'analyse » aux pages 437 et 438.

PAGE 198

sur les barricades

Gavroche sur les barricades ⬤ NS

Les Misérables, écrit en 1862 par Victor Hugo, est l'un des romans les plus populaires de la littérature française. Gavroche, un des personnages principaux du roman, représente l'enfant typique des rues de Paris au XIXe siècle. Il meurt sur les barricades pendant l'insurrection républicaine en juin 1832.

Victor Hugo se serait inspiré de l'enfant à la gauche du tableau *La liberté guidant le peuple* d'Eugène Delacroix (voir la page 187) pour créer son personnage de roman.

Cet extrait retrace les derniers instants de la vie de Gavroche au moment il va dévaliser les cadavres de leurs munitions sur les barricades. La chanson que chante Gavroche sur les barricades est une chanson populaire française du XIXe siècle.

Le mot « gavroche » désigne de nos jours un enfant parisien (ou un « titi » parisien) typiquement gouailleur et débrouillard.

Avant de lire le texte, vous pouvez demander à vos élèves de faire quelques recherches sur Victor Hugo et *Les Misérables.*

• Qui était Victor Hugo ?

• Que représente-t-il dans la littérature française ?

• Faites un bref résumé de l'intrigue des *Misérables.*

• Dans quel contexte historique ce roman a-t-il été écrit ?

De nombreuses adaptations cinématographiques ont été réalisées à partir de ce roman :

Les Misérables (1934) de Raymond Bernard avec Harry Baur et Charles Vanel

Les Misérables (1958) de Jean-Paul Lechanois avec Jean Gabin, Bernard Blier et Bourvil

Les Misérables (1982) de Robert Hossein avec Lino Ventura, Michel Bouquet et Jean Carmet

Vous pouvez faire visionner à vos élèves la scène de la mort de Gavroche avant d'étudier le texte proposé. Des extraits de ces films sont facilement accessibles sur Internet.

PAGE 200

Compréhension ⬤ NS

1. La fumée qui faisait comme un brouillard.

2. Il en profite pour dévaliser les sacs (les gibernes) des combattants morts. Il leur prend toutes leurs cartouches.

3. il rampait, il galopait, il se tordait, il glissait, il ondulait, il serpentait

4. **C.** le champ lexical des animaux

5. Victor Hugo compare Gavroche à un animal. La manière dont il se déplace fait penser à celle d'un animal instinctif, rusé et habile et il ne ressemble donc plus à un humain.

6. **B.** l'humour

7. **D.** Il défie les gardes nationaux.

8. Il choisit d'ignorer les balles et se met à chanter.

9. **A.** Il est amusé par la fusillade.

10. La mort ne lui fait pas peur ; la vie est un jeu pour lui et il se sent invincible. C'est un enfant insouciant.

11. Les verbes sont tous à l'imparfait.

12. L'imparfait est normalement utilisé pour décrire, comme ici, mais comme les verbes s'enchaînent les uns après les autres, cela produit un effet de répétition et surtout de rapidité. Cet enchaînement de verbes tient le lecteur en haleine et le laisse présager une issue fatale.

13. Deux réponses parmi les trois proposées :

    « étrange gamin fée » (ligne 50)

    « l'enfant feu follet » (ligne 55)

    « il y avait de l'Antée dans ce pygmée » (ligne 56)

14. Gavroche n'est plus comparé à un humain. En devenant un être surnaturel, il semble que plus rien ne peut lui arriver, pas même la mort.

15. Ils ont tous peur pour lui.

16. **B.** Gavroche vient de mourir.

PAGE 201

Activité écrite

L'article de journal est l'un des types de textes au programme de langue B. Si les élèves connaissent déjà les caractéristiques propres à ce type de texte, vous pouvez passer directement à la rédaction d'un article de journal.

S'ils ne maîtrisent pas encore les caractéristiques de ce type de texte, vous pouvez commencer par faire lire et analyser l'article de journal à la page 439. Demandez aux élèves de l'analyser en se servant de la « fiche d'analyse » aux pages 437 et 438 et de la fiche d'analyse à remplir (page 182, livre du professeur).

PAGE 202

Les droits de chacun

Acitivité orale

1. Il s'agit d'un exercice préparatoire au thème des droits de l'homme, où les élèves travaillent individuellement et cochent les réponses qui correspondent le mieux à ce qui se passe dans leur pays. Certaines affirmations ne correspondent peut-être pas tout à fait à ce qui ce passe dans leur pays et les élèves pourront donc y apporter des modifications. Par exemple : je peux porter les vêtements que je veux mais à l'école, je dois porter un uniforme scolaire.

   Le vocabulaire devrait être abordable pour la plupart des élèves quel que soit leur niveau linguistique, mais vous pouvez trouver utile de leur donner quelques explications avant de commencer l'exercice.

   Les élèves peuvent ensuite comparer et discuter leurs réponses avec le reste de la classe.

   Ils pourront essayer d'inventer des droits supplémentaires. Ils peuvent faire preuve d'imagination.

2. Par groupes de deux, les élèves doivent répondre aux questions suggérées dans le livre de l'élève. Ils pourront ensuite partager et échanger leurs idées avec le reste de la classe lors d'une discussion.

   Pour les classes dont le niveau linguistique est moins avancé, vous pouvez leur faire préparer ces questions à la maison.

PAGE 204

Déclaration universelle des droits de l'homme et du citoyen

La *Déclaration universelle des droits de l'homme et du citoyen*, rédigée en 1789, est un des textes fondamentaux de la Révolution Française. Ce texte énonce les droits et les devoirs de l'homme et de la Nation. Il reste l'un des textes fondateurs de la société française et, en 1948, servira de modèle à la *Déclaration universelle des droits de l'homme* adoptée par les Nations Unies.

PAGE 205

Activité orale

Pour cet oral interactif au sujet de la *Déclaration des droits de l'homme et du citoyen*, les élèves doivent travailler par groupes, choisir l'un des articles proposés et répondre aux questions suggérées. Ils pourront préparer leur rôle à l'avance, soit en classe, soit à la maison. Une liste de vocabulaire leur est fournie.

Afin de mieux se préparer à leur examen final oral pour le Baccalauréat International, il leur est fortement conseillé de ne pas lire ni d'apprendre par cœur leurs notes.

Les élèves pourront aussi préparer des questions qu'ils auront l'occasion de poser aux autres participants lors de la discussion. Afin de simuler encore plus une conversation, ils ne devront pas hésiter à se couper la parole, à se contredire et à exprimer leurs opinions et leurs sentiments.

Activité écrite

Avant de demander aux élèves de rédiger leur production, vous pouvez leur demander d'analyser les différents types de textes en se servant de la « fiche d'anaylse » aux pages 437 et 438.

9. Place à la culture !

OPTION – Loisirs

		Livre du professeur	Livre de l'élève
Unités	Quelle culture !	p87	p207
	On pourrait aller au musée ?	p88	p210
	En avant la musique !	p91	p215
	Et si on se faisait un ciné ?	p94	p223
Thèmes	Les sorties culturelles Les sorties dans les musées La place de la musique dans la vie des jeunes Le cinéma et ses genres différents		
Objectifs — **Types de textes**	La critique de film		
Langue	L'accord des adjectifs qualificatifs		
Le coin du BI	Préparation à l'oral interactif		

PAGE 207

Quelle culture !

Activité orale

En guise d'introduction à cette unité sur les sorties culturelles, les élèves devront d'abord faire quelques recherches sur certaines personnalités du patrimoine culturel français. Chaque élève pourra d'abord essayer d'identifier les personnalités qu'il connaît et comparer ses réponses avec le reste de la classe. Par groupes de deux, les élèves pourront ensuite faire des recherches sur des personnalités que l'ensemble de la classe ne connaît pas.

1.

Qui sont-ils ?	Que font-ils ?
Bartabas	spectacle équestre
Serge Gainsbourg	chanson et cinéma
Marion Cotillard	cinéma
Achille Zavatta	cirque
Enki Bilal	bande dessinée
Henri Cartier-Bresson	photographie
Pierre Boulez	musique
Amadou et Mariam	chanson
Georges Bizet	musique
Jean-Luc Godard	cinéma
Yasmina Reza	théâtre
René Magritte	peinture
Jean-Paul Lemieux	peinture
Vincent Cassel	cinéma
Ariane Moffatt	chanson
Gustave Courbet	peinture
Luc Besson	cinéma
Wadji Mouawad	théâtre

2. Par groupes de deux, les élèves doivent penser à des personnalités du monde culturel francophone : chanson, musique classique, cinéma, théâtre ou peinture. Vous pouvez les guider en leur rappelant certains films francophones qu'ils auront pu visionner en classe ou à la maison. Certains élèves auront peut-être visité des galeries d'art où des œuvres d'artistes francophones étaient exposées.

3. Chaque groupe devra ensuite faire une courte présentation sur la personnalité du monde culturel francophone que les élèves auront choisie. Les élèves devront expliquer dans quel domaine culturel la personnalité choisie se distingue particulièrement, pourquoi ils la connaissent et pourquoi ils l'apprécient.

Exemple

La personnalité du monde culturel francophone que je connais s'appelle Willy Ronis. C'est un photographe français qui a surtout photographié en noir et blanc des scènes de la vie quotidienne. Je le connais parce que je m'intéresse à la photo et je suis allé(e) voir une exposition en hommage à son œuvre à Paris récemment.

Les élèves peuvent aussi se servir de la fiche à la page suivante (photocopiable) pour organiser leurs idées.

PAGE 208

Les sorties culturelles

Activité orale

Par groupes de deux ou trois, les élèves doivent répondre aux trois questions proposées.

PAGE 209

Les habitudes culturelles des Français

1. a) **Plus de la moitié** des Français sont allés au cinéma cette année.

    b) **Près d'un tiers** des Français sont allés à une exposition ou dans un musée.

    c) **Près d'un quart** des Français sont allés au théâtre.

2. Les élèves doivent faire un sondage en classe au sujet de leurs sorties culturelles.

    Des exemples de questions vous sont proposés ici. Vous pouvez en suggérer un minimum de cinq à vos élèves.

    • Quelle est ta sortie culturelle préférée ?

    • La dernière fois que tu es sorti(e), où es-tu allé(e) ?

    • Quand tu fais une sortie culturelle, où vas-tu ?

    • Avec qui sors-tu ?

    • Avec qui préfères-tu sortir ?

    • Quelle somme d'argent dépenses-tu chaque mois pour tes sorties culturelles ?

    • Quelles ont été tes impressions la dernière fois que tu as fait une sortie culturelle ?

    • Es-tu sorti(e) ces 12 derniers mois ?

    • Es-tu allé(e) au cinéma / au théâtre / à un spectacle / à un concert / au musée… ?

    • Avec qui es-tu sorti(e) ?

    • Quand sors-tu habituellement ?

PAGE 210

On pourrait aller au musée ?

Activité orale

Les élèves doivent imaginer des réponses relatives à l'image proposée.

Il est recommandé de les faire travailler par groupes de deux afin qu'ils puissent mieux échanger leurs idées et qu'ils s'expliquent mutuellement les mots et expressions de la liste incluse dans le livre de l'élève.

Nom : ....

Année de naissance : ....

Pays d'origine : ....

Débuts :...

....

....

....

Œuvres / spectacles / films célèbres *(Indiquez l'année de leur création)* **:**

....

....

....

Distinctions / prix reçus :

....

....

....

Autres informations :

....

....

....

....

....

PAGE 211

> Les musées, ça vous intéresse?

PAGE 212

Compréhension

1. **Laurent**	**D.** Les musées, ça change de passer son temps devant un écran. **K.** J'ai toujours l'impression que je pourrais faire autre chose de plus utile quand je suis dans un musée.
2. **Suzanne**	**B.** Les musées, ça peut être sympa si on n'est pas contraint d'y aller. **H.** À une époque, je n'allais dans les musées que si j'y étais obligée.
3. **Pierre**	**A.** Pour moi, les musées sont un lieu de réflexion. **M.** Je vais au musée pour me relaxer.
4. **Frédéric**	**E.** Je suis toujours fasciné par ce que je vois quand je vais dans un musée. **L.** Les musées attirent un public varié. **N.** Il y a un trop grand choix de musées.
5. **Camille**	**C.** Grâce aux musées, je peux mieux comprendre ce que j'étudie en classe. **I.** J'aime les visites guidées avec des détails fascinants.
6. **Thomas**	**F.** La moyenne d'âge dans les musées est trop élevée. **J.** Les nouvelles technologies ont remplacé les musées. **O.** Les musées sont toujours pleins à craquer.
7. **Martin**	**P.** Il faudrait que les musées mettent en place plus d'activités pour les jeunes.
8. **Jeanne**	**G.** Je préfère faire des courses.

9. **C.** une tâche pénible

10. **F.** récemment

11. **E.** je m'amuse beaucoup

12. **A.** faire le point

13. **M.** fascinantes

14. **L.** un véritable cauchemar

15. **I.** passer son temps

16. **N.** démodés

17. **J.** agaçant

PAGE 213

Activité orale

Divisez la classe en deux afin de faire discuter les élèves sur le sujet de la gratuité des musées.

Dans le livre de l'élève, ils disposent d'une liste d'arguments pour ou contre la gratuité des musées. Pour commencer, vous pouvez leur faire classer ces arguments en deux catégories.

Pour	Contre
A. Les personnes qui n'ont pas les moyens ont maintenant un accès plus facile à la culture. **B.** Plus d'excuses maintenant pour ne plus aller dans les musées ! **F.** Je sais maintenant quoi faire pendant ma pause-déjeuner. Ah ! Passer ne serait-ce qu'un quart d'heure au Musée d'Orsay, quel plaisir ! **H.** L'entrée dans les châteaux et autres lieux historiques devrait aussi être gratuite.	**C.** Comment seront payés les employés des musées? **D.** Les musées vont maintenant être mal fréquentés. Les gens ont tendance à ne rien respecter quand c'est gratuit. **E.** Les œuvres d'art ont souvent besoin d'être restaurées et ça coûte cher. **G.** Ce ne sont déjà que les personnes d'un milieu aisé qui vont le plus souvent dans les musées. Il vaudrait mieux réduire le prix des places de cinéma. Cela profiterait à plus de personnes.

Les élèves doivent ensuite trouver leurs propres arguments.

Selon le temps disponible et le nombre d'élèves, vous pouvez fixer d'avance la longueur approximative de la discussion.

PAGE 214

Activité écrite

Avant de demander aux élèves de rédiger leur production, vous pouvez leur demander d'analyser les différents types de textes en se servant de la « fiche d'analyse » aux pages 437 et 438 du livre de l'élève.

PAGE 215

En avant, la musique !

Mise en route

1. Cet exercice préliminaire introduit le thème de la musique selon les jeunes.

    Les élèves travaillent individuellement et doivent cocher les affirmations qui correspondent le mieux à ce qu'ils pensent de la musique. Le vocabulaire devrait être abordable pour la plupart des élèves quel que soit leur niveau linguistique mais vous pouvez trouver utile de leur donner quelques explications avant de commencer l'exercice.

    Une liste de vocabulaire leur est fournie et leur permettra de justifier leurs réponses de manière plus élaborée. Vous pouvez leur demander de relever les expressions familières.

2. Les élèves doivent ensuite comparer et discuter leurs réponses avec le reste de la classe.

PAGE 216

> ### Les jeunes aiment la musique mais l'achètent moins

PAGE 217

Compréhension

1. a) Les étudiants passent des examens.

    b) C'est le premier jour de l'été.

2. Ils sont sûrs de jouer de la musique.

3. Sur scène dans leur lycée, dans les bars ou à la Fête de la Musique.

4. Deux réponses parmi les suivantes :
    - Ils téléchargent de la musique sur Internet.
    - Ils écoutent de la musique sur leurs ordinateurs, leurs lecteurs MP3 ou leurs téléphones portables.
    - Ils écoutent de la musique sur des sites gratuits.
    - Ils échangent.

5. Les jeunes n'ont plus du tout le même rapport avec la musique qu'avant quand ils achetaient des CD.

    Maintenant tout passe par les nouvelles technologies.

6. On peut découvrir des artistes nouveaux ou légendaires.

    On peut voir des extraits de concerts.

7. C'est trop cher.

8. Ils font la fête.

    Ils organisent leurs propres événements.

9. pratiques (ligne 2)

10. en pleine période d' (ligne 6)

11. sont sûrs (ligne 7)

12. à disposition (ligne 18)

13. ils échangent (ligne 22)

14. globalement (ligne 25)

15. découvrir (ligne 31)

16. ils se prennent en main (ligne 40–41)

17. réjouissant (ligne 42)

PAGE 218

Grammaire en contexte : l'accord des adjectifs qualificatifs

Si nécessaire, révisez ce point de grammaire avant de faire les exercices proposés.

1.

Masculin singulier	Féminin singulier	Masculin pluriel	Féminin pluriel
Exemple: nouveau	*nouvelle*	*nouveaux*	*nouvelles (ligne 2)*
a) musical	musicale	musicaux	**musicales**
b) **important**	**importante**	importants	importantes
c) **fort**	forte	forts	fortes
d) plein	**pleine**	pleins	pleines
e) sûr	sûre	**sûrs**	sûres
f) bon	bonne	**bons**	bonnes
g) mauvais	mauvaise	**mauvais**	mauvaises
h) jeune	jeune	**jeunes**	jeunes
i) possible	possible	possibles	**possibles**
j) dernier	dernière	derniers	**dernières**
k) **cher**	chère	chers	chères
l) portable	portable	**portables**	portables
m) gratuit	gratuite	**gratuits**	gratuites
n) dématérialisé	**dématérialisée**	dématérialisés	dématérialisées
o) inconnu	inconnue	**inconnus**	inconnues
p) légendaire	légendaire	**légendaires**	légendaires
q) identifié	identifiée	**identifiés**	identifiées
r) gros	grosse	**gros**	grosses
s) **réjouissant**	réjouissante	réjouissants	réjouissantes

2. **La Fête de la Musique**

La Fête de la Musique est un événement <u>incontournable</u> pour les **[A]** <u>bons</u> musiciens. Marielle et Matthieu sont **[B]** <u>fous</u> de musique et ce soir-là, ils ont organisé un concert **[C]** <u>gratuit</u> au café du village. Pendant que les clients sirotaient leur boisson **[D]** <u>fraîche</u> et dégustaient des spécialités **[E]** <u>italiennes</u>, ils ont joué des morceaux **[F]** <u>harmonieux</u> et **[G]** <u>chantants</u>. Matthieu jouait de son **[H]** <u>nouvel</u> accordéon et Marielle avait peur de faire une **[I]** <u>fausse</u> note au piano. La soirée s'est terminée par de **[J]** <u>longs</u> applaudissements.

3. Une soirée ***merveilleuse***

La **[A]** <u>première</u> fois que j'ai assisté à un concert, j'ai vu ma chanteuse **[B]** <u>favorite</u>. Le public lui avait réservé un **[C]** <u>bel</u> accueil. Elle portait une **[D]** <u>nouvelle</u> robe **[E]** <u>légère</u> et jouait de la guitare **[F]** <u>sèche</u>. Elle a chanté des chansons **[G]** <u>douces</u> et elle a entonné un **[H]** <u>vieil</u> air **[I]** <u>traditionnel</u>. L'émotion était **[J]** <u>vive</u> dans la salle.

PAGE 219

Elle mène les jeunes de banlieue à la baguette

PAGE 220

Compréhension

1. **B.** est reconnue dans le monde de la musique classique.

2. **A.** le hip-hop n'est pas la seule musique que les gens de banlieue aiment.

3. **D.** est presque insignifiant.

4. **C.** jeunes musiciens venant de Paris et ses environs.

5. **A.** elle a donné beaucoup d'elle-même.

6. **C.** modifier les préjugés dont souffrent les habitants des banlieues.

7. **B.** ont aimé apprendre à connaître ce nouveau genre de musique.

8. **B.** des élèves de la banlieue issus de différents pays.

La grille de vocabulaire proposée aux élèves pour cet exercice vise à tester leur compréhension : étant donné qu'il s'agit d'un résumé, les mots à ajouter sont synonymes de ceux trouvés dans le texte original.

Zahia Ziaouni a toujours <u>combattu</u> les préjugés et a toujours voulu **(9)** <u>redorer</u> l'image des habitants des banlieues. À la **(10)** <u>trentaine</u>, elle est devenue un chef d'orchestre **(11)** <u>réputé</u> dans le monde de la musique classique. Elle n'en a pas pour autant **(12)** <u>oublié</u> ses origines et elle a **(13)** <u>incité</u> les habitants des banlieues à **(14)** <u>apprécier</u> la musique classique. Elle a toujours **(15)** <u>cru</u> que la musique classique aidait les gens à se **(16)** <u>rapprocher</u>. Elle a **(17)** <u>monté</u> une école de danse et de musique qui **(18)** <u>accueille</u> un nombre important de jeunes issus de **(19)** <u>divers</u> pays. Les parents de ces jeunes lui ont donné tout leur **(20)** <u>soutien</u>.

PAGE 221

Pour aller plus loin

1. Mener quelqu'un à la baguette signifie diriger quelqu'un rudement, de façon autoritaire.

    On s'attend à ce que ce soit au sujet de quelqu'un qui aurait des méthodes répressives envers les jeunes de banlieue.

2. Il s'agit en fait d'une femme chef d'orchestre qui dirige les jeunes avec sa baguette de chef d'orchestre.

3. Elle a dû faire face à plusieurs préjugés. Elle est d'origine algérienne et certaines personnes pourraient penser que la musique classique ne fait pas partie de sa culture. Elle a sûrement dû lutter contre le racisme. Étant une femme, elle a dû s'imposer dans le monde de la musique classique puisque très peu de femmes sont chefs d'orchestre. Elle est aussi jeune et il existe peu de chefs d'orchestre aussi jeunes.

Activité orale

Pour cet oral interactif au sujet de la musique classique dans les banlieues, les élèves doivent travailler par groupes et choisir l'un des rôles. Ils pourront préparer leur rôle à l'avance, soit en classe soit à la maison.

Afin de mieux se préparer à leur examen final pour le Baccalauréat International, il leur est fortement conseillé de ne pas lire ou de ne pas apprendre par cœur leurs notes. Ils pourront aussi préparer des questions qu'ils pourront poser aux autres participants au cours de la discussion. Afin de simuler encore plus une conversation, ils ne devront pas hésiter à se couper la parole, à se contredire et à exprimer leurs opinions et leurs sentiments.

PAGE 222

Activité écrite

Avant de demander aux élèves de rédiger leur production, vous pouvez leur demander d'analyser les différents types de textes en se servant de la « la fiche d'analyse » aux pages 437 et 438 du livre de l'élève.

PAGE 223

Et si on se faisait un ciné ?

Mise en route

Titre du film	Genre de film
Blueberry, l'expérience secrète	western
Être et avoir	film documentaire
La haine	drame
Indigènes	film historique
Dante 01	science-fiction
Ne le dis à personne	policier
Le père Noël est une ordure	comédie
Prête-moi ta main	comédie romantique
Persépolis	film d'animation
Banlieue 13	action
Calvaire	film d'horreur
On connaît la chanson	film musical
Les invasions barbares	comédie dramatique

Activité orale

1. Les élèves doivent donner le nom de films francophones qu'ils auraient déjà vus en classe ou à l'extérieur. Ils doivent également indiquer le genre de ces films.

PAGE 224

2. Par groupes de deux, les élèves doivent faire des recherches sur l'un des films ci-dessus ou sur un autre film francophone et présenter le résultat de leurs recherches au reste de la classe.

    Les recherches peuvent s'effectuer en classe ou à la maison. Il est recommandé aux élèves de ne pas lire leurs notes. Des questions pour les aider dans leurs recherches leur sont suggérées. Une liste de vocabulaire relative à cette présentation leur est fournie afin de les aider à répondre de manière plus précise et plus élaborée.

L'arnacœur

PAGE 225

Compréhension

1. Après avoir lu les deux critiques au sujet du même film, les élèves doivent décider quelle critique est positive et quelle critique est négative. La première critique est positive et la deuxième est négative. Ils doivent ensuite relever les expressions qui leur permettent de porter un tel jugement.

	Critique positive	**Critique négative**
Titre de la critique	À votre bon cœur !	Une arnaque !
Intrigue	quiproquos cocasses s'enchaînent à un rythme d'enfer un scénario original	une pâle copie ô surprise ! des situations déconcertantes de banalité tout est cousu de fil blanc on voit venir les gags à des kilomètres l'action manque de rebondissements
Jeu des acteurs	séduisant charismatique pétillante glamour à souhait	des rôles plus qu'invraisemblables se retrouvent empêtrés
Musique		attention à vos oreilles la bande son est assourdissante
Impression générale	une véritable réussite laissera le sourire aux lèvres Mission accomplie !	Que de mièvrerie !

PAGE 226

2.

Critique positive	**Critique négative**
Un des meilleurs films de l'année ! Je vous le recommande mille fois. Une belle surprise ! Ça vaut le coup d'y aller ! Passionnant ! Un chef d'œuvre ! Un pur moment de cinéma ! Un vrai plaisir ! Prodigieux ! Courez-y ! Tordant !	Un nanar ! Des longueurs ! Restez chez vous ! Un navet ! Trop prévisible ! N'y allez pas ! Nul ! Au panier ! Ridicule !

Activité écrite

Avant de demander aux élèves de rédiger leur production, il pourrait s'avérer utile de faire un travail préparatoire sur le type de texte requis. La critique de film est l'un des types de textes au programme de langue B. Si vos élèves connaissent déjà les caractéristiques propres à ce type de texte, vous pouvez passer directement à la rédaction d'une critique de film. Si les élèves ne maîtrisent pas encore les caractéristiques de ce type de texte, vous pouvez commencer par faire lire et analyser la critique de film à la page 442. Demandez aux élèves de l'analyser en se servant de « la fiche d'analyse » aux pages 437 et 438 du livre de l'élève et de la fiche d'analyse à remplir (page 182, livre du professeur).

Vous pouvez aussi vous servir du questionnaire. Il existe plusieurs bonnes réponses pour chaque question posée.

Vous pouvez proposer aux élèves de repérer les réponses adaptées pour une critique positive et les réponses adaptées pour une critique négative.

Réponses possibles :
1.   **A.** Le flop !
   C. Notre coup de cœur
   D. La découverte du mois
   F. Notre bonnet d'âne de la semaine

PAGE 227

2. **A.** L'adaptation du roman est trop scolaire.

   B. Le scénario est parsemé de mille maladresses.

   E. Le scénario est bien ficelé et nous tient en haleine.

   F. Le scénariste met la barre très haut et nous donne sa propre vision de l'actualité.

3. **A.** Les personnages sont attachants et humains.

   B. Les acteurs sont plus vrais que nature.

   E. Aucun acteur ne tire son épingle du jeu.

   F. Les acteurs nous font une démonstration de grand n'importe quoi.

4. **A.** On se croirait invités à un karaoké géant !

   B. La musique nous berce tout le long de l'histoire.

   C. La bande son est déjà un culte.

   E. La musique nous hurle dans les oreilles et on n'entend pas les dialogues.

   F. La musique fait partie intégrante du film.

5. **A.** Inégal mais troublant

   B. Rarissime

   D. Un choc artistique majeur

   E. Du grand spectacle

   F. Déçu !

PAGE 228

Le cinéma

Compréhension   NS

1. On est à peine avec les autres.

2. C'est une ambiance calme.

   « *Cette espèce de flottement ouaté* » (lignes 2–3)

   « *Une lumière d'aquarium tamise les conversations feutrées* » (lignes 4–5)

   « *Tout est bombé, velouté, assourdi* » (lignes 5–6)

3. **B.** On s'installe confortablement.

4. **A.** On se replie sur soi-même.

PAGE 229

5. **B.** Il n'aime pas partager avec les autres sa joie d'être au cinéma.

6. **C.** reste en retrait des autres spectateurs.

7. Quand on rit alors que les autres spectateurs ne rient pas.

8. On va au cinéma pour a) se cacher, b) se blottir, c) s'enfoncer.

9. Il fait référence à l'écran.

10. a) **C.** de la religion.

    b) **B.** donner un caractère sacré au cinéma

11. **B.** On va perdre ses repères habituels et se fondre dans le film.

12. **A.** au faisceau du projecteur.

13.   Le spectateur s'identifie complètement avec ce qui se passe sur l'écran. Rien d'autre ne compte.

        « Le corps va s'engourdir… danse. » (lignes 26–30)

14.   À la fin du film, les spectateurs sont prostrés comme s'ils étaient en apnée. La lumière est insupportable parce qu'elle les arrache, les extirpe du monde imaginaire du film.

15.   Il se compare à un astronaute. C'est comme s'il venait d'un autre monde. Il est dans un tel état car il doit revenir brutalement à la réalité après avoir été complètement plongé dans un monde imaginaire.

Activité écrite

Avant de demander aux élèves de rédiger leur production écrite, vous pouvez leur demander d'analyser les différents types de textes en se servant de la « fiche d'analyse » aux pages 437 et 438.

10. Vive les Vacances !

OPTION – Loisirs

			Livre du professeur	Livre de l'élève
Unités		Envie de partir ?	p98	p231
		Bon voyage !	p102	p240
		Pourquoi partir ?	p103	p247
Thèmes		Les différentes manières de passer ses vacances Les vacances et le tourisme Les stéréotypes culturels		
Objectifs	**Types de textes**	Le passage d'un journal intime		
	Langue	Les pronoms personnels compléments		
	Le coin du BI	Théorie de la connaissance Préparation à la rédaction du préambule du travail écrit (niveau supérieur)		

PAGE 231

Envie de partir ?

Activité orale

1. Après avoir regardé le dessin par groupes de deux ou trois, les élèves doivent répondre aux questions suggérées dans le livre de l'élève. Suivant le niveau de la classe, vous pouvez leur poser des questions supplémentaires telles que :
    *   Êtes-vous déjà allés à l'étranger ?
    *   Quel(s) pays avez-vous déjà visité(s) ?
    *   Quel(s) pays avez-vous aimé(s) ? Pourquoi ?
    *   Quel(s) pays aimeriez-vous visiter ? Pourquoi ?

2. En petits groupes ou avec la classe entière, les élèves doivent répondre aux questions générales concernant les vacances et leur manière de concevoir leurs vacances.

Activité orale

Par groupes, les élèves doivent établir une liste de ce qui les énerve dans leur vie quotidienne. Ils peuvent par exemple citer :
*   les cours qui commencent trop tôt le matin.
*   les professeurs qui donnent de mauvaises notes.
*   les devoirs à faire en rentrant à la maison.
*   les parents qui n'aiment pas qu'on écoute de la musique trop fort.
*   les parents qui n'aiment pas la manière dont on s'habille.
*   les copains qui ne répondent jamais au téléphone.
*   les copains qui ont toujours des habits de la toute dernière mode.

Les élèves doivent ensuite comparer leur liste à celle de la brochure. Ils peuvent rajouter des exemples de la brochure à leur propre liste.

PAGE 232

Carte Jeune 18-27

PAGE 233

Activité orale

1. Après avoir lu la première section, les élèves doivent comparer la liste qu'ils ont faite précédemment à celle de la brochure. Ils trouveront peut-être des points communs entre leur liste et cette première section. Certains éléments de la première section de la brochure énervent peut-être aussi les élèves. Ils doivent en citer trois.

2.

Alimentation	Habillement	Loisirs	Relations avec les autres	En ville
Manger périmé	Rétrécir mes fringues	Perdre au foot	Ne pas voir mes potes	Respirer l'air pollué
Les grumeaux dans la purée	Les lacets qui pètent	Les chansons pourries	La coloc'	La grisaille
Le cornichon dans les sandwichs	Les chaussettes qui traînent	La télé	Ne pas être écouté	Les m... de chiens
La cafetière qui fuit		Les soirées nases	Mon voisin	Les pigeons
		Des rencards foireux	Des rencards foireux	Le bruit
				Les feux rouges
				Les travaux
				Les géraniums aux fenêtres
				Le béton
				Mon voisin

3. La brochure a été écrite dans un registre familier car c'est une brochure adressée aux jeunes de 18 à 27 ans. En utilisant une langue qu'ils ont tendance à utiliser davantage, on espère les intéresser un peu plus et attirer leur attention.

    Les élèves doivent d'abord essayer de deviner selon le contexte la signification de ces expressions familières. Ils pourront ensuite s'aider d'un dictionnaire monolingue ou bilingue.

4. **B.** Mes vêtements

5. **B.** Le partage d'un appartement (il s'agit ici du diminutif de *colocation*)

6. **A.** Des lacets qui se cassent

7. **B.** Des chansons de mauvaise qualité

8. **C.** Des soirées ennuyeuses

9. **C.** Un visage pâle (cela fait référence ici à la couleur d'un bidet qui est souvent blanc)

10. **B.** Des problèmes d'argent

PAGE 234

11. **D.** Des rendez-vous qui se passent mal

12. **D.** De la poussière sous le lit

13. **C.** Être fatigué(e)

14.   Cette brochure s'adresse aux jeunes de 18 à 27 ans.

15.   Cette brochure a pour but d'inciter les jeunes :
    • à prendre la carte SNCF pour les 18-27 ans.
    • à se simplifier la vie.
    • à fuir tous les ennuis de la vie quotidienne en prenant la carte SNCF.

16.   Le TGV, INTERCITÉS et TER sont des trains.

17.   On peut obtenir la Carte Jeune 18–27 :
    • en allant sur Internet
    • par téléphone
    • dans les gares et les boutiques SNCF
    • dans les agences de voyage

18.   **Faux** — Quels que soient le train et le moment du départ

19.   **Faux** — 15% de réduction garantis

20.   **Faux** — Elle te sera envoyée gratuitement à domicile.

21.   **Vrai** — Elle est généralement amortie en 2 allers-retours.

22.   **Faux** — Tu peux faire profiter jusqu'à 4 personnes des mêmes réductions.

23.   **Faux** — Le jour de ton voyage, ils sont échangeables et remboursables avec une retenue de 5€ par personne et par trajet. OU : c'est gratuit jusqu'à la veille du départ.

24.   **Faux** — Après le départ du train, tes billets ne sont ni échangeables, ni remboursables.

25.   **Faux** — Tu peux faire débuter la validité de la carte jusqu'à 3 mois après la date d'achat.

PAGE 235

Voyager, quelle plaie !

PAGE 236

Compréhension

1.   **J.** soulignait

2.   **G.** courses

3.   **P.** inévitable

4.   **O.** tâche pénible

5.   **F.** voyages

6.   **A.** ennuis

7.   **R.** méfiance

8.   **M.** foule

9.   **C.** gênent

10.   une critique

11.   **B.** Voyager, c'est insupportable !

12.   Les résultats du sondage montrent que les voyages sont plus des sources d'ennui que de plaisir pour les vacanciers.

13.   **C.** On est détendu, loin de tout stress.

14.   **B.** L'action même de voyager

15.   • le shopping dans le pays visité
      • planifier le voyage
      • réserver les billets
      • faire les valises
      • passer beaucoup de temps avec la famille

16.   L'avion est cité comme étant le moyen de transport le plus stressant parce que / qu':
      • les mesures de sécurité ne facilitent pas le voyage.
      • il y a trop de monde.
      • les files d'attente dans les aéroports sont trop longues.

17.   Le manque d'amabilité et l'impolitesse des gens

18.   Le comportement sans-gêne, comme par exemple le fait de rabaisser son siège ou de parler trop fort en public.

Activité orale

À l'aide du tableau et par groupes de deux, les élèves doivent imaginer tout ce qui peut causer des ennuis en voyage.

Préparation	Transports	Autres voyageurs	Sur place
Faire les valises	Faire la queue à l'aéroport	Ceux qui sont pendus à leur téléphone portable et dont on entend la conversation	Mauvaises surprises à l'hôtel – chambre trop petite, bruyante, sale...
Penser aux vaccins / au passeport / aux visas	Embouteillages		
Ne rien oublier	Voyages trop longs sur l'autoroute	Ceux qui parlent trop fort	Manque de confort dans le logement
Réserver les billets d'avion / de train...	Chaleur	Ceux qui conduisent mal	
		Ceux qui prennent la place des autres	Impolitesse des hôteliers, restaurateurs, chauffeurs de taxi...
Trouver des billets bon marché	Trop de bagages		
Trouver un logement	Bagages trop lourds	Ceux qui écoutent de la musique trop fort	Dispute avec la famille, les amis
	Péages		
Réserver une chambre d'hôtel / un emplacement de camping	Aires d'autoroute bondées	Les enfants qui crient / qui pleurent / qui courent partout	
	Aires d'autoroute sales		
Acheter des cadeaux aux gens à qui on va rendre visite	Retards ou annulations de trains / de vols...	Ceux qui jouent sur leur console de jeux sans baisser / couper le son	

PAGE 237

Activité écrite

Avant de rédiger un passage de journal intime, si les élèves ne sont pas familiers avec ce type de texte, les exercices proposés dans la section ci-dessous pourront leur être utiles.

Comment rédiger un passage de journal intime

Le passage de journal intime est un des types de textes au programme de langue B. Si vos élèves connaissent déjà les caractéristiques propres à ce type de texte, vous pouvez passer directement à la rédaction d'un passage de journal intime.

Si les élèves ne maîtrisent pas encore les caractéristiques de ce type de texte, vous pouvez commencer par faire lire et analyser le passage de journal intime à la page 448 du livre de l'élève. Demandez aux élèves de l'analyser en se servant de « la fiche d'analyse » aux pages 437 et 438 et de la fiche d'analyse à remplir (page 182, livre du professeur). Suite à cette analyse, vous pouvez passer à la rédaction du passage de journal intime sur le thème des vacances désastreuses.

Si les élèves connaissent déjà les caractéristiques propres à ce type de texte, vous pouvez passer directement à la rédaction du passage de journal intime sur le thème des vacances désastreuses.

Cette activité écrite sert donc à rappeler ou à apprendre aux élèves les caractéristiques d'un passage de journal intime. Il faut insister sur l'emploi de paragraphes, sur la rédaction d'un message structuré et cohérent grâce à l'emploi de connecteurs logiques simples (par exemple : *d'abord, puis, par contre, finalement*).

Les élèves doivent choisir les expressions et les phrases les plus appropriées pour la rédaction d'un passage de journal intime.

1. **B**
2. **B, C, D, F, H, I, K**
3. **B, E**
4. **A, B, E, F, H, I, J**

PAGE 238

5. **A, B, D**

6. **C, D**

Ils pourront s'aider de ces expressions et phrases ainsi que de l'exemple de structure afin d'écrire leur propre passage de journal intime.

PAGE 240

Bon voyage !

Par groupes de deux, les élèves doivent répondre aux questions proposées dans le livre de l'élève. Ces questions ont pour but de les faire réfléchir aux diverses possibilités de passer leurs vacances de manière différente.

PAGE 241

> **Partir c'est grandir un peu**

PAGE 242

Compréhension

Les élèves doivent d'abord essayer de deviner les synonymes des mots et expressions selon le contexte. Si la tâche se révèle trop difficile, ils peuvent être encouragés à utiliser un dictionnaire, si possible monolingue, ou sinon bilingue.

1. **C**. cette expérience transforme les jeunes
2. **A**. des enfants habillés de manière négligée
3. **B**. des paysages de toute beauté
4. **A**. j'avais tendance à ne jamais être satisfait
5. **D**. protester
6. **B**. exigeant
7. **D**. hésitante
8. **C**. jour après jour
9. **C**. aller se promener
10. **D**. une multitude d'animations
11. des images fortes / des sourires d'enfants / des enfants débraillés / des jeux / des danses / des cascades / des crocodiles / des tortues / des paysages magnifiques / du son des percussions / de l'odeur du riz au beurre de cacahuète
12. heureux / transformés / grandis
13. que les gens ne se plaignent jamais malgré la pauvreté.
14. c'était loin / c'était la première fois qu'il quittait la maison.
15. avait mûri / faisait moins de gaspillage / était moins égoïste / était moins pointilleux sur son petit confort de jeune ado.
16. elle avait envie de découvrir un autre pays, une autre culture / ses cousines l'ont encouragée à partir.
17. de la gentillesse des gens / qu'il n'y a pas de préjugés.
18. rénover la maison de la culture / construire des sanitaires / planter des arbres.
19. n'étaient pas si dures / étaient cool / étaient adaptées au climat.

20. rejoignaient leur « binôme» / sortaient en ville / visitaient le marché local / participaient à des animations / participaient à des visites culturelles.

21. s'entendaient très bien / sont restés en contact.

22. échanges / partage / amitié.

PAGE 243

> Témoignages – Chantiers

PAGE 244

Compréhension

1. **Alexandra**	**F.** J'ai aimé apprendre à connaître d'autres cultures. **J.** Mon aide est utile aux personnes dans le besoin.
2. **Ingrid**	**E.** J'ai appris une langue étrangère.
3. **Julien**	**B.** Je faisais partie de la communauté. **H.** Avant mon départ, je me suis préparé à vivre autrement.
4. **Marc**	**D.** J'ai goûté à la nourriture de plusieurs pays différents.
5. **Christelle**	**G.** Un professionnel du bâtiment nous guidait chaque jour et pour tous nos travaux. **L.** Nous avons fait notre travail avec sérieux.
6. **Charlotte**	**A.** Grâce à cette expérience, j'ai décidé ce que j'allais étudier à l'université. **K.** J'espère revenir au même chantier plus tard.
7. **Thibault**	**B.** Je faisais partie de la communauté. **C.** J'ai beaucoup bavardé avec les gens du village. **I.** Aucun autre volontaire n'était avec moi sur le chantier.

Activité orale   CAS

Il s'agit ici d'une discussion entre quatre personnes au sujet des chantiers jeunes. Les élèves doivent se diviser en groupes de quatre et chaque élève du même groupe devra choisir une fiche. Chaque fiche explique à l'élève le rôle qu'il ou elle doit tenir. Des questions ainsi que des structures grammaticales sont suggérées pour chaque fiche.

Chaque élève devra poser au moins une question aux autres élèves de son groupe. Les élèves doivent être incités à prendre des notes mais ne doivent pas écrire la totalité de leur participation à la discussion. Ceci a pour but de les préparer à l'oral individuel où seules quelques notes sont permises aux candidats. Chaque discussion devra durer un maximum de quinze minutes.

PAGE 246

Activité écrite   CAS

Avant de demander aux élèves de rédiger leur production, vous pouvez leur demander d'analyser les différents types de textes en se servant de la « fiche d'analyse » aux pages 437 et 438.

PAGE 247

Pourquoi partir ?

Mise en route

Par groupes de deux, les élèves doivent répondre aux questions qui leur sont proposées au sujet des bons et des mauvais touristes.

PAGE 248

Guide du mauvais touriste

Activité orale et écrite

Par groupes de deux et après avoir lu le « Guide du mauvais touriste », les élèves doivent rédiger le guide du bon touriste. Ils peuvent s'aider des adjectifs de l'exercice précédent.

Les Français sont parmi les plus mauvais touristes

PAGE 249

Activité orale   TdC

À quoi reconnaît-on les touristes en provenance de certains pays ?

Divisez la classe en petits groupes et demandez à chaque groupe de choisir une nationalité. La liste des nationalités peut varier selon les établissements et surtout selon les touristes que les élèves sont susceptibles de rencontrer dans leur pays.

Les élèves devront ensuite préparer un court jeu de rôles (en français) illustrant le comportement « typique » des touristes de la nationalité choisie. Ils pourront parler de leur habillement, de leur gestuelle, de leurs réactions à certaines situations. Les élèves devront présenter leur jeu de rôle au reste de la classe, qui devra deviner de quelle nationalité il s'agit.

La classe pourra ensuite discuter en français des stéréotypes qu'ils ont utilisés :

• Quels sont ces stéréotypes ?
• D'où proviennent-ils ? Dans quelle mesure sont-ils fondés sur la réalité ?
• Est-il normal d'entretenir des stéréotypes ?
• Selon vous, à quoi peuvent servir ces stéréotypes ?
• Quels sont les dangers des stéréotypes ?
• Que peut-on faire pour combattre ces stéréotypes ?

Compréhension

1. réfractaires aux langues étrangères
2. ils occupent la queue du peloton
3. ils disposent d'un budget serré

4. Les Allemands	**D.**	Ils sont propres.
5. Les Britanniques	**A.**	Ils apprécient les nouveaux plats.
6. Les Canadiens	**H.**	Ils sont appréciés dans leur propre pays.
7. Les Chinois	**C.**	Ils ont une apparence négligée.
	F.	Ils n'ont pas beaucoup d'argent.
8. Les Français	**E.**	Ils se plaignent et ne sont pas courtois.
	F.	Ils n'ont pas beaucoup d'argent.
	G.	Ils refusent de parler dans une autre langue que la leur.
9. Les Japonais	**B.**	Ils sont polis et réservés.

PAGE 250

Ne me demandez pas   NS

Compréhension

1. je fléchis (ligne 6)

2. il creuse (ligne 11)

3. les gens se mouillent les joues (lignes 18–19)

4. le soir s'affaisse (ligne 21)

5. camoufler (ligne 34)

6. se sentir berné (ligne 37)

7. faire les cent pas (ligne 45)

8. ce minuscule hublot (ligne 53)

9. a) …**des villes**

   Elle fuit…

   les jardins publics, les alentours des musées et les endroits où il y a des vendeurs de glaces

   les bureaux de change

   les boutiques de souvenirs

   b) …**des hôtels**

   Elle ne sait pas refuser les chambres d'hôtel, même les plus laides.

   Elle dort toujours très mal dans les lits d'hôtel / les lits ne sont jamais confortables.

   Les douches marchent toujours mal.

   Elle est angoissée dans les chambres silencieuses et ne supporte pas d'être dans une chambre bruyante.

   Elle n'aime pas parler au réceptionniste quand elle lui rend la clé de sa chambre.

   c) …**de l'industrie touristique**

   Elle déteste les drapeaux où qu'ils soient, les restaurateurs qui attendent les touristes, les fausses odeurs de nourriture pour attirer le client, les musiciens de rue qui jouent faux, les musiciens qui font la manche et qui mettent de la fausse monnaie au fond des boîtes.

10. Je déteste… (ligne 1)

    …m'excède… (ligne 2)

    Je fuis… (ligne 2)

    Les bureaux de change me font mourir… (lignes 4–5)

    Je n'apprécie pas… (lignes 5–6)

    J'ai horreur… (ligne 7)

    le matelas creuse (lignes 10–11)

    …j'y dors plus mal que dans un hamac… (lignes 11–12)

    …un filet d'eau surgit par secousses… (ligne 13)

    Les chambres silencieuses m'étouffent… (lignes 14–15)

    …les (chambres) bruyantes m'énervent… (ligne 15)

    Je prie pour que les préposés se taisent… (lignes 15–16)

11. Plusieurs réponses sont bien sûr possibles du moment que l'élève justifie son choix en s'appuyant sur des exemples du texte.

    Les réponses **A**) critique, **B**) désabusée, **C**) antisociale, **F**) désapprobatrice, **G**) réaliste, **H**) rabat-joie pourraient être les adjectifs qui qualifient le mieux la narratrice de ce texte.

12. a) le monde est en berne – Le monde est en détresse

    b) tu as *fait* quels pays ? – Tu as visité quels pays ?

13. Le couple lui semble heureux et amoureux. Elle les trouve naïfs, pas trop conscients de ce qui se passe autour d'eux ou alors ayant une vision déformée de la vie, loin de la réalité. (« dans ce petit cercle de verre déformant »). Ils n'ont pas conscience du temps qui passe et ne le réaliseront peut-être seulement qu'en regardant leurs photos quelques années plus tard. Eux seuls semblent compter, peu importe où ils se trouvent. Ce couple peut lui inspirer du dégoût, du rejet. Elle ne s'identifie pas à eux car elle ne partage pas du tout leur « bête extase ».

14. Elle ne sait pas où aller, car partout où elle pourrait aller, elle risquerait de rencontrer des touristes.

Elle part loin des touristes, elle se réfugie loin des villes et des lieux touristiques.

Elle remet en question le fait même de voyager et pourtant elle ne semble pas pouvoir s'arrêter, comme si elle essayait toujours de trouver un sens à son aventure.

Grammaire en contexte : les pronoms personnels compléments

1.

Dans la phrase...	le mot...	se réfère à...
a) j'y dors plus mal que dans un hamac	« y »	sur le matelas
b) je leur apporte la clé	« leur »	(aux) préposés
c) je me le demande en faisant les cents pas	« le »	comment ne pas tourner, s'étourdir
d) je les observe	« les »	l'homme et la femme / (aux) amoureux

PAGE 252

2. a) Mes voisins n'en ont pas les moyens.

b) Ne l'oubliez pas !

c) Il s'en plaint.

d) Ils les ont faites précipitamment.

e) Téléphonez-leur en arrivant !

f) Je n'aime pas y passer mes vacances.

g) Les longues files d'attente les indisposent.

h) Les ados s'y intéressent beaucoup.

i) Mes cousins s'en souviendront toujours.

j) Lara les a tous visités.

3. **NS**

a) Il ne le leur a pas rappelé.

b) Les habitants leur en ont donné.

c) Jeanne les y a aidés.

d) Les touristes britanniques les y goûtent.

e) Des touristes les y ont achetés.

f) Les chefs de chantier le leur ont demandé.

g) Émilie adore les y accueillir.

h) Marie et Charles y en font tous les étés.

i) Dites-le-leur.

j) Les touristes le lui ont demandé.

Activité écrite

Avant de demander aux élèves de rédiger leur production, vous pouvez leur demander d'analyser les différents types de texte en se servant de la « fiche d'analyse » aux pages 437 et 438.

Comment rédiger le préambule du travail écrit **NS**

Cet exercice est destiné aux élèves de niveau supérieur.

Il s'agit d'un exercice d'entraînement à la rédaction d'un préambule à partir d'un texte littéraire.

11. Santé et bien-être

OPTION – Santé

		Livre du professeur	Livre de l'élève
Unités	Bien dans son corps	p107	p254
	Bien dans sa tête	p111	p264
	Les interdits !	p112	p271
	Bien manger ?	p114	p277
	L'anorexie	p118	p280
Thèmes	La santé physique La santé mentale La drogue Les régimes alimentaires		
Objectifs	**Types de textes** Le dépliant Le site web Le courriel		
	Langue Les familles de mots Le passé simple		
	Le coin du BI Préparation à l'oral interactif Préparation à l'oral individuel Comprendre les éléments d'un énoncé		

PAGE 254

Bien dans son corps

Mise en route

Dans cette unité, les élèves vont parler du thème de la santé. Les discussions seront plus intéressantes si certains aspects qui intéressent ou qui préoccupent vos élèves tout particulièrement, tels le tabagisme ou la consommation d'alcool, sont abordés au moment opportun.

> **Le Petit Prince**

PAGE 255

Activité orale et écrite

Cette activité de courte durée vise à encourager les élèves à parler spontanément d'un sujet qui les concerne et à les aider à acquérir un vocabulaire ayant rapport au thème de la santé.

Vous pouvez demander aux élèves de jouer la scène devant la classe. Il est aussi possible de faire changer de partenaire et de rôle.

Activité orale

1. On propose ici de dresser le portrait de l'adolescent « typique ».

    Cette activité vise à soulever l'intérêt des élèves pour ce thème et à faire acquérir le vocabulaire adéquat.

Physique (corps)	Physique (visage)	Psychique (caractère)	Apparence (vêtements)	Comportement (gestes)
couvert de piercings / tatoué	boutonneux	***exemple : idéaliste***	s'habille en jean et tee-shirt	pendu au portable
maigre	des piercings	révolté	porte des baskets	fatigué pendant la journée / se réveille le soir
grand	couvert de maquillage (outrancier)	passionné / apathique	coiffé d'une casquette	accro du chat
un / des piercing(s) au ventre ou exhibe son ventre	les cheveux mal coiffés ou décoiffés	s'ennuie / las / sans entrain / allergique aux tâches ménagères	porte un pantalon tombant / à l'allure baggy / un jean déchiré sous-vêtements / caleçons apparents très attaché aux marques de luxe	se déplace en groupe

PAGE 256

2.   Le jeu du portrait chinois est bien connu mais les élèves l'apprécient toujours autant. Il permet de faire acquérir du vocabulaire et de mettre les élèves en confiance grâce à une activité ludique. On peut, bien entendu, utiliser ce jeu à un autre moment. Il suffit alors de remplacer « l'adolescent typique » par un autre sujet qui cadre avec le thème choisi : un homme ou une femme politique, par exemple, ou par tout autre sujet qui vous inspire. Laissez parler votre imagination. Exemples :

Si la France était une fleur, elle serait... une rose

Si la France était une femme, elle serait... Brigitte Bardot, et ainsi de suite...

PAGE 257

J'ai envie de dormir

Le thème est celui de la fatigue, du sommeil. Avant d'aborder le sujet, il pourrait s'avérer utile de revoir le vocabulaire et les expressions idiomatiques qui ont un rapport avec le thème du sommeil. Vous pouvez aussi interroger les élèves sur leurs propres habitudes : quand se couchent-ils pendant la semaine ou le week-end ? Combien d'heures dorment-ils ? Qu'est-ce qui les empêche de bien dormir ? Comment remédier aux problèmes de sommeil ?, etc.

PAGE 258

L'ado n'est pas mou, il est juste fatigué

PAGE 259

Compréhension

1.   s'allonger / s'étendre / se coucher

2.   **C**. un hibou.

3.   Leur horloge interne provoque une sorte de perpétuel décalage horaire / ils doivent souvent se lever plus tôt que leur rythme biologique l'exigerait.

4.   **A**. les chercheurs sont examiné les emplois du temps minutieusement.

5.   **C**. dormir longtemps serait un besoin naturel pour les ados.

6.   **C**. se coucher tôt.

7.   **A**. d'avoir provoqué la mauvaise humeur de l'adolescent

8.   **D**. volonté

PAGE 260

9.   (à l)'hormone (maîtresse) / (à la) mélatonine

10.   (aux) adolescents

11.   (à l') ado

12.   a) de réduire les sources de lumière

        b) de débrancher télévision et ordinateur

13. **D**. on a tout compris.

14. **D**. se rendre compte qu'il est fatigué.

15. **B**. il faut se coucher tout de suite.

PAGE 261

Activité orale

Cette discussion est la suite de celle qui précède le texte « L'ado n'est pas mou, il est juste fatigué ». Les élèves vont être amenés à réutiliser le vocabulaire et à approfondir leurs idées sur le sujet.

Activité écrite

Les familles de mots : l'ensemble des mots construits à partir d'un mot de base, c'est-à-dire à partir d'un même radical.

Travailler les familles de mots est utile pour les élèves qui ne se rendent parfois pas compte que la racine des mots leur permet de comprendre un terme nouveau.

Activite écrite

Masculin singulier	Féminin singulier	Substantif
mou	molle	la mollesse
immense	immense	l'immensité (f)
premier	première	le premier / la primauté
perpétuel	perpétuelle	la perpétuité
dû	due (attention ! il n'y a pas d'accent circonflexe)	le devoir
interne	interne	l'intérieur (m) / l'interne (m/f) l'internat (m) / l'internement (m)
long	longue	la longévité / la longueur
innocent	innocente	l'innocence (f)
lumineux	lumineuse	la luminosité / la lumière
lourd	lourde	la lourdeur
pauvre	pauvre	la pauvreté
permanent	permanente	la permanence
scolaire	scolaire	la scolarité

PAGE 262

Activité orale

Cette activé a pour but d'aider les élèves à présenter un stimulus visuel. Ils se préparent ainsi à l'oral individuel durant lequel ils devront faire une présentation de 3 à 4 minutes à partir d'une photo.

Accordez 2 ou 3 minutes aux élèves pour qu'ils notent leurs réponses avant de reprendre l'activité avec toute la classe. Les affirmations testent également la compréhension écrite. Le côté ludique de cette activité encourage la participation des élèves.

1.

	Vrai	Faux	Hypothèse
a) La fille somnole.	✓		
b) Elle s'est endormie.	✓		
c) Elle vient de s'endormir.			✓
d) Elle est chez elle.			✓
e) Elle dort au salon.			✓
f) Elle est myope.			✓
g) Avant de s'endormir, elle lisait un journal.			✓
h) Elle s'est endormie en lisant.			✓
i) Elle tient un magazine à la main.		✓	
j) Le magazine sert d'oreiller.	✓		
k) Le magazine est ennuyeux.			✓
l) Elle porte des lunettes.*	✓	✓	
m) Elle a les yeux fermés.	✓		
n) Elle a la vingtaine.			✓
o) Sa journée a été difficile.			✓
p) Elle porte un vêtement noir.	✓		
q) Elle est célibataire.			✓
r) Elle sourit.		✓	
s) Elle a des soucis.			✓
t) Elle tient ses lunettes de la main droite.	✓		

* **Attention :** Elle ne porte pas de lunettes sur la photo, donc l'affirmation est fausse. Néanmoins, si elle porte des lunettes habituellement, l'affirmation est aussi vraie.

PAGE 263

Activité orale : Voir c'est croire ? TdC

1 à 6   réponses personnelles

7.   Le contexte (qui, où, quand…)

    Le support (journal, magazine, panneau…)

    La « voix » du texte (photographe, journaliste, agence publicitaire ou professionnel de la publicité…)

    Les intentions de cette « voix » (informer, faire vendre, divertir, décrire…)

    Le public

    Autre…

8.   a) L'image n'est pas objective. Pour la comprendre, il faut connaître les intentions de son créateur et / ou de son diffuseur, ainsi que le contexte et la culture de ceux à qui elle s'adresse.

    b) Toute image est mise en scène : les choix de l'auteur sont dictés par ses intentions.

    c) De nombreuses images sont retouchées et manipulent ainsi le public.

PAGE 264

Bien dans sa tête

Activité orale

Dans cette section, l'accent est mis sur les émotions et les sentiments. Le but de cette activité est de faire parler les élèves de leurs sentiments ainsi que de les aider à acquérir un vocabulaire lié au thème.

Dans un premier temps, les élèves vont parler de ce qui constitue le bonheur. Après un jeu de rôle, ils passeront à une activité écrite sous la forme d'un dépliant dont le sujet se rapporte aux sentiments que les jeunes peuvent éprouver en situation d'échec scolaire.

PAGE 265

Comment faites-vous pour être bien dans votre peau ?

PAGE 266

Compréhension

1. Jacqueline **C. D.**
2. Suzanne **A. F.**
3. Jean **B. D.**
4. Marie **D. G.**

Activite orale et écrite

1. Réponses personnelles

PAGE 267

2. Cette activité écrite doit être de courte durée. Demandez aux élèves de rédiger le message qu'ils posteraient sur le forum pour expliquer comment être heureux. Vous pouvez ensuite faire lire ces messages à tour de rôle. Vous pouvez relever les idées partagées par la plupart des élèves de la classe ainsi que les idées plus personnelles.

3. Travail oral et écrit à deux pour renforcer l'acquisition du vocabulaire lié au thème.

4. L'ordre des éléments peut varier. Par exemple, le nom et la fonction de celui qui a rédigé le dépliant peuvent apparaître en haut du dépliant ou en bas. Le but est de faire réfléchir les élèves sur la structure d'un texte clair et logique.

Les éléments du dépliant en ordre logique :

1. **C.** un titre
2. **F.** l'objet de ce dépliant
3. **E.** la raison pour laquelle il est important de suivre les conseils
4. **A.** trois conseils
5. **G.** des exemples pour illustrer les conseils
6. **H.** une phrase qui encourage les élèves à suivre les conseils
7. **B.** où trouver d'autres renseignements sur le sujet
8. **D.** le nom et la fonction de celui ou celle qui a rédigé le dépliant

PAGE 268

Où chercher conseil

S.O.S. Amitié : une écoute sur le web...

PAGE 269

Compréhension

1. souffrent / sont malheureux / ont besoin de quelqu'un qui les écoute.

2. maux actuels

3. a) Une main décroche le combiné.

   b) Quelqu'un est disponible pour accueillir la parole de celui qui appelle.

   c) Il est difficile d'exprimer le malaise que l'on ressent, (l'angoisse qui accable).

   d) La parole libérée ... peut conduire à un apaisement.

   e) La parole libérée ... peut conduire ... à une demande plus claire et plus cohérente.

4. **E.** s'exprimer

5. **B.** se détacher du problème

6. **A.** apprécier de nouveau la vie

Activité orale

Cette activité de jeu de rôle renforce l'acquisition du vocabulaire se rapportant au thème.

PAGE 270

Activité écrite

Les élèves doivent rédiger la page d'accueil d'un site web selon le schéma proposé. Le but de l'activité est d'insister sur une mise en page adaptée à la tâche et sur un développement logique du message.

L'ordre des éléments qui constituent une page d'accueil peut varier : une précision sur le public visé peut suivre ou précéder l'annonce de l'objet du site web. Le nom et la fonction de la personne qui a rédigé la page d'accueil peuvent apparaître tout en haut de la page. Néanmoins, il y a un ordre logique à respecter pour que le message passe de façon claire et logique.

PAGE 271

Les interdits !

Compréhension

Les mots tirés de la chanson *Faut pas* appartiennent tous au registre familier. Avant d'aborder la chanson, vous pouvez revoir avec les élèves l'usage des trois registres de langue : les contextes dans lesquels ils sont employés et comment les reconnaître.

1. boire de l'alcool en excès / être alcoolique

2. travailler

3. mourir

4. manger

5. la grand-mère

6. un vin rouge ordinaire

7. ivre / saoul

8. s'ennuyer

PAGE 272

> ### Faut pas

PAGE 273

Compréhension

Notez que le refrain nous laisse entendre que le message de la chanson serait fortement ironique. Certaines lignes peuvent renvoyer à plusieurs conseils, par exemple : « Suivre un régime alimentaire sain » renvoie à la ligne 3 mais aussi à la ligne 1. « Respecter l'environnement » renvoie à la ligne 13 mais aussi à la ligne 17 (le bruit est une nuisance environnementale).

« Il faut traverser dans les clous » : le passage clouté est un « passage de piétons qui traverse la chaussée, limité par des grosses têtes de clous. » Le Robert méthodique.

Conseil	Ligne(s)
Exemple : ne pas trop boire	*1*
1. faire du sport / être en bonne forme physique	7
2. surveiller sa ligne	4
3. se tenir au courant des actualités	18, 19
4. suivre un régime alimentaire sain	3, (1)
5. travailler	8
6. respecter le code de la route	14
7. respecter l'environnement	12, 13, (17)
8. rester discret	15, 16, 17
9. recycler	12
10. agir avec modération	15, 16, 17
11. dépenser son argent judicieusement	10, 11

Conseils du deuxième couplet	Conseils du premier couplet
Exemple : ligne 29 : Il faut penser écologie	*Et puis il faut trier les poubelles (ligne 12)* *Économiser l'eau du lave-vaisselle (ligne 13)*
12. ligne 30 : Acheter français mais au meilleur prix	Faut consommer (ligne 10) Mais sans s'endetter (ligne 11)
13. ligne 34 : Mais sans abuser la charcuterie	Pas prendre de poids (ligne 4)
14. ligne 35 : Boire du pinard mais pas se bourrer	Faut pas picoler (ligne 1)

15. C'est un aliment gras et calorifique qui contient souvent beaucoup de conservateurs

16. Conduire une voiture

17. Une vie d'ennui

18 et 19 réponses personnelles

PAGE 274

Activité écrite

1. illicite

2. consommé

3. douce

4. néfastes

5. la toxicomanie

6. amendes

7. les dépistages

PAGE 275

« J'ai pris conscience qu'il fallait pas se droguer n'importe comment »

PAGE 276

Compréhension

1. **D.** prendre des drogues dans certaines circonstances

2. (aux) jeunes interpellés en possession de stupéfiants

3. de tous milieux sociaux

4. la police / les gendarmes

5. Ils ont dû suivre un stage (de sensibilisation aux dangers de l'usage de produits stupéfiants).

6. S'ils participent au stage, ils échapperont à une poursuite pénale.

7. **B.** À la fin du stage

8. **D.** Victor fume du cannabis depuis 7 ans.

9. **C.** il aimait partager les effets de cette drogue avec ses copains.

10. échec scolaire

11. **D.** le lieu de travail

12. On prend les choses avec une certaine lenteur / on n'est pas forcément stressé.

13. efficace

14. a) dehors

    b) sept heures avant de prendre le volant

15. un suivi régulier

16. la mort de son père

17. pertes de mémoire. « J'oublie d'un moment sur l'autre ce qu'on m'a demandé. »

18. « Ma femme et mes deux enfants m'ont quitté à cause de ça. »

19. le tribunal correctionnel et la prison ferme / prendre 3 ans

PAGE 277

Bien manger ?

Activité orale

Cette section se penche sur le thème de l'alimentation. L'identification des produits dans la première activité peut donner lieu à une discussion sur les produits bio(logiques). Les élèves en mangent-ils ? Quels produits bio achètent-ils ? Où les achètent-ils ? Sont-ils prêts à payer ces produits plus cher que les mêmes produits non bio ?

1.

Produit A margarine

Produit B mayonnaise

PAGE 278

Mangez-moi, mangez-moi, mangez-moi

Compréhension

1. **C.** La malbouffe, c'est très mode
2. **D.** La malbouffe n'aime pas les légumes
3. **A.** La malbouffe annonce le surpoids
4. **E.** Un verre sans bulles SVP
5. **B.** Prendre le temps de bien manger

PAGE 279

6. pratique / rapide
7. troubles alimentaires / obésité
8. La restauration rapide
9. Le grand écran
10. a) au self la nourriture n'est pas bonne / est dégueu / les menus sont dégueus.

    b) on n'a pas assez de temps pour manger au self / les pauses sont trop courtes.

    c) les selfs sont coûteux
11. **D.** très nombreux
12. **B.** passionnés
13. **D.** restaurant où le client se sert lui-même
14. **A.** rendre service
15. **E.** dégoûtants
16. les frites / les légumes
17. le grignotage
18. ne pas en manger
19. faire la tête
20. le poisson
21. fatigué(e)
22. Risque de fractures / réduction de la masse osseuse

Activité orale et écrite

Ce travail en plusieurs étapes va amener les élèves à acquérir un vocabulaire associé au thème de la santé, à parler des problèmes de santé liés à l'alimentation et à apprendre à rédiger un rapport.

1. Vérifiez les conseils que les élèves ont identifiés dans l'article *Mangez-moi, mangez-moi, mangez-moi*. Distribuez au besoin une photocopie de la liste de conseils à la page suivante.

2. Les élèves choisissent les 10 conseils qui leur semblent les plus importants et les transforment en questions qui serviront pour le questionnaire.

    À la fin de cette étape vous pouvez distribuer au besoin une photocopie du questionnaire à la page 117 du livre du professeur.

    Les élèves posent les questions à au moins 3 camarades de classe.

3. A partir de ces réponses, les élèves rédigent un rapport sur les habitudes alimentaires de leurs camarades.

Conseils

- avoir assez de temps pour manger
- bien manger au petit-déjeuner / manger un petit-déjeuner copieux
- faire un peu de sport (une demi-heure de marche par exemple)
- bannir les chips, les sucreries
- éviter les fast-foods
- bien manger aux heures des repas
- éviter le grignotage
- éviter les régimes à base d'huile
- ne pas manger trop de sel et de sucre
- manger des protéines
- ne pas boire de boissons gazeuses / remplacer les boissons gazeuses par des jus de fruits ou de l'eau
- consommer 5 fruits et légumes frais minimum par jour
- prendre un fruit comme dessert
- ne pas manger en regardant la télé
- prendre le temps d'apprécier ce que l'on mange

 ....

Conseils

- avoir assez de temps pour manger
- bien manger au petit-déjeuner / manger un petit-déjeuner copieux
- faire un peu de sport (une demi-heure de marche par exemple)
- bannir les chips, les sucreries
- éviter les fast-foods
- bien manger aux heures des repas
- éviter le grignotage
- éviter les régimes à base d'huile
- ne pas manger trop de sel et de sucre
- manger des protéines
- ne pas boire de boissons gazeuses / remplacer les boissons gazeuses par des jus de fruits ou de l'eau
- consommer 5 fruits et légumes frais minimum par jour
- prendre un fruit comme dessert
- ne pas manger en regardant la télé
- prendre le temps d'apprécier ce que l'on mange

 ....

Conseils

- avoir assez de temps pour manger
- bien manger au petit-déjeuner / manger un petit-déjeuner copieux
- faire un peu de sport (une demi-heure de marche par exemple)
- bannir les chips, les sucreries
- éviter les fast-foods
- bien manger aux heures des repas
- éviter le grignotage
- éviter les régimes à base d'huile
- ne pas manger trop de sel et de sucre
- manger des protéines
- ne pas boire de boissons gazeuses / remplacer les boissons gazeuses par des jus de fruits ou de l'eau
- consommer 5 fruits et légumes frais minimum par jour
- prendre un fruit comme dessert
- ne pas manger en regardant la télé
- prendre le temps d'apprécier ce que l'on mange

Exemple de questionnaire

Nom : _____

Questions	Jamais	De temps en temps	Tous les jours
1. Avez-vous assez de temps pour manger à midi ?			
2. Mangez-vous bien le matin ? (au moins 3 des aliments suivants : verre de lait, toast, fruit, jus de fruit, céréales, pain complet)			
3. Faites-vous du sport ?			
4. Mangez-vous des sucreries, des chips ?			
5. Mangez-vous dans des fast-foods ?			
6. Au déjeuner et au dîner, pour le plat principal, finissez-vous votre assiette ?			
7. Mangez-vous / grignotez-vous en dehors des heures de repas ?			
8. Utilisez-vous des matières grasses (huile, crème...) lorsque vous cuisinez ?			
9. Une fois servi(e), ajoutez-vous du sel sans avoir goûté au plat ?			
8. Buvez-vous des boissons gazeuses ?			
9. Mangez-vous 5 fruits ou légumes par jour ?			
10. Vous arrive-t-il de sauter un repas ?			

✂ ···

Exemple de questionnaire

Nom : _____

Questions	Jamais	De temps en temps	Tous les jours
1. Avez-vous assez de temps pour manger à midi ?			
2. Mangez-vous bien le matin ? (au moins 3 des aliments suivants : verre de lait, toast, fruit, jus de fruit, céréales, pain complet)			
3. Faites-vous du sport ?			
4. Mangez-vous des sucreries, des chips ?			
5. Mangez-vous dans des fast-foods ?			
6. Au déjeuner et au dîner, pour le plat principal, finissez-vous votre assiette ?			
7. Mangez-vous / grignotez-vous en dehors des heures de repas ?			
8. Utilisez-vous des matières grasses (huile, crème...) lorsque vous cuisinez ?			
9. Une fois servi(e), ajoutez-vous du sel sans avoir goûté au plat ?			
8. Buvez-vous des boissons gazeuses ?			
9. Mangez-vous 5 fruits ou légumes par jour ?			
10. Vous arrive-t-il de sauter un repas ?			

PAGE 280

L'anorexie

Activité orale

Que savez-vous sur l'anorexie ?

Pour obtenir des renseignements supplémentaires sur l'anorexie : voir le site de **www.doctissimo.fr** qui s'adresse à un public jeune et propose de nombreux dossiers sur la santé.

Pour cette activité orale, vous pouvez demander aux élèves de faire des recherches sur ce site afin de trouver les réponses au questionnaire. Ceci a l'avantage, bien entendu, d'encourager les élèves à lire des textes authentiques. Mais vous pouvez aussi fournir les réponses.

Les statistiques citées ci-dessous sont sujettes à caution car il n'existe de statistiques nationales dans aucun pays. Pour autant, elles reflètent un consensus.

L'anorexie toucherait environ 1,5 % des personnes de sexe féminin entre 15 et 35 ans. Ceci représenterait en France environ 230 000 personnes.

A. L'anorexie est un symptôme qui correspond à la perte répétée d'appétit. **VRAI**

B. Une personne qui souffre d'anorexie se préoccupe beaucoup de son alimentation, de son poids et de son apparence physique. **VRAI**

C. Les gens qui souffrent d'anorexie ont peur de grossir. **VRAI**

D. Ces troubles de l'alimentation affectent plus les filles et les femmes que les garçons et les hommes. **VRAI –** *Au Canada, les hommes représentent environ 10 % des personnes affectées. En France, l'anorexie touche aussi très majoritairement les femmes : 94 à 97 % des personnes qui en souffrent sont des femmes : il y a 1 homme pour 15 à 18 femmes.*

E. L'anorexie ne touche que les familles de classe moyenne. **FAUX –** *Toutes les couches de la population sont touchées : milieux aisés, riches et bourgeois tout comme les milieux moins favorisés.*

F. L'anorexie commence le plus souvent entre 17 et 22 ans. **FAUX –** *entre 12 et 18 ans. Il s'agit d'une maladie de la jeune femme : actuellement, 60 à 70 % des malades ont moins de 25 ans. L'anorexie mentale est un peu (mais pas beaucoup) plus fréquente dans la population des jeunes filles et jeunes femmes de 15 à 25 ans (1,8 %) que dans celle des 25 à 45 ans (1,4 %).*

G. On peut souffrir d'anorexie à partir de 8 ans. **VRAI**

H. L'hérédité est un facteur de risque pour les troubles de l'alimentation. **VRAI**

I. Une personne anorexique peut souffrir de pertes de mémoire. **VRAI**

J. Cette maladie touche principalement les gens « intelligents ». **FAUX –** *Contrairement à ce que l'on dit encore, la maladie ne touche pas uniquement les personnes intelligentes, au « QI » élevé. On la rencontre aussi chez les personnes qui n'ont pas fréquenté le milieu universitaire.*

K. L'anorexie peut provoquer d'autres maladies mentales et physiques, comme la malnutrition, pouvant entraîner la mort. **VRAI**

PAGE 281

Biographie de la faim

PAGE 282

Compréhension   NS

1.   la tête et le corps.

2.   le corps ne digérait plus rien

3.   (à) l'étranger / au mal / au diable

4.   l'anorexie l'avait chloroformée / endormie.

5. **D.** Amélie subissait la même chose chaque jour.

6.   (au / à son) corps

7.   **A.** l'a étonnée.

8.   **A.** de la frayeur

9.   elle redoutait que les gens l'écrasent / elle se sentait comme un cancrelat géant.

10.   **D.** sa souffrance psychique.

11.   **A** et **D**

PAGE 283

12.   (à la) chambre

13.   (à) Juliette

14.   (à la) chambre

15.   **D.** me pliais en deux

16.   **E.** comme je l'aurais voulu

17.   **G.** tout juste

18.   **I.** soulagement

19.   **C.** ordre

20.   « ...Il fallait tout devenir, sauf une femme. » (2ᵉ partie)

21.   Elle regarde par la fenêtre le vol des oiseaux.

22.   L'éther

23.   être une chose sans détermination / libre de voler n'importe où

24.   la destruction

PAGE 284

Grammaire en contexte : le passé simple NS

Bien que les élèves ne soient pas amenés à utiliser le passé simple, ils peuvent être confrontés à des textes, notamment littéraires, écrits au passé simple. L'activité qui suit a pour but de les entraîner à reconnaître le passé simple.

Phrases du texte au passé simple	Infinitif
1. Je devins un froid absolu	devenir
2. Ma tête accepta	accepter
3. Mon corps se leva	se lever
4. Les douleurs physiques s'ajoutèrent aux douleurs mentales	s'ajouter
5. Je ne mourus pas	mourir
6. Les souffrances de la guérison furent inhumaines	être
7. Mon corps reprit une apparence normale	reprendre
8. Je lus La Métamorphose	lire

PAGE 285

Activité écrite **NS**

Le but de cette activité est d'amener les élèves à lire attentivement l'énoncé du sujet proposé dans l'épreuve 2 et de tenir compte de tous les éléments dans leur réponse.

1.

Question	Réponse
Exemple : Qui écrit ce courriel ?	*Juliette, la sœur d'Amélie*
À qui écrit-elle ?	à une amie
Quel est le registre approprié ?	**courant ou familier**
Quelle est la tâche ?	un courriel
Quelles sont les caractéristiques de ce type de texte ?	**a) (En-tête qui précise la date et l'objet)** **b) une formule d'appel et de politesse** **c) des paragraphes** **d) une signature (le prénom)**
Quel est le sujet ?	la maladie de sa sœur / la souffrance physique et mentale de sa sœur / la difficulté de partager une chambre avec sa soeur
Quels champs lexicaux ont un rapport avec ce sujet ?	**la nourriture ; la santé ; les rapports entre sœurs ; les sentiments...**
Quels procédés rhétoriques vont rendre le texte vivant et intéressant ?	questions rhétoriques ; phrases exclamatives ; répétition ; exagération
Quels connecteurs logiques vais-je utiliser ?	**premièrement ; d'abord ; par la suite ; pourtant ; en revanche ; d'ailleurs ; à mon avis**

2. Le courriel est un des types de textes au programme de langue B. Si les élèves connaissent déjà les caractéristiques propres au courriel, vous pouvez passer directement à la rédaction d'un courriel. Si vos élèves ne maitrisent pas encore les caractéristiques du courriel, vous pouvez commencer par faire lire le courriel à la page 450. Demandez aux élèves de l'analyser en se servant de « fiche d'analyse » aux pages 437 et 438 du livre de l'élève ainsi que la fiche d'analyse à remplir (page 182, livre du professeur). Suite à cette analyse, vous pouvez passer à la rédaction du courriel.

12. Santé et société

OPTION – Santé

		Livre du professeur	Livre de l'élève
Unités	Les soins médicaux : qui doit payer ?	p121	p287
	Le plus beau cadeau que l'on puisse faire	p123	p296
	Un enfant à quel prix ?	p125	p300
	Jusqu'où faut-il aller pour sauver une vie ?	p126	p305
	L'euthanasie	p128	p310
Thèmes	La couverture sociale Questions de bioéthique : – Le don d'organes – La gestation pour autrui – L'euthanasie		
Objectifs	**Types de textes**	L'article La brochure La présentation dans le cadre d'un débat	
	Langue	Le pronom démonstratif Les procédés rhétoriques : les comparaisons	
	Le coin du BI	Préparation à l'oral interactif Théorie de la connaissance	

PAGE 287

Les soins médicaux : qui doit payer ?

Mise en route

La couverture sociale est un sujet d'actualité dans les pays riches comme dans les pays pauvres. Question d'argent pour certains – pour les particuliers comme pour les gouvernements – c'est aussi une question d'éthique pour d'autres.

Si vous enseignez à des élèves de la même nationalité, commencez par évoquer la situation dans leur pays. Par la suite, comparez ce qui se fait actuellement dans ce pays à ce qui se fait dans d'autres pays.

Dans une classe multiculturelle ou comprenant des élèves de plusieurs nationalités, les renseignements fournis par les élèves sur la couverture sociale dans d'autres pays vont fournir la base de la discussion.

PAGE 288

Knock

Cette pièce de théâtre de Jules Romains date de 1923. Le médecin Knock profite de la peur et du manque de connaissances de ses patients pour réclamer des honoraires exorbitants ou, comme dans cet extrait, des biens en nature (cochon, etc.).

PAGE 289

Compréhension

1. **D.** négocie ses honoraires.

2. **D.** est désolée.

3. **A.** la dame est très malade.

4.   long et coûteux.

5.   le désir de gagner beaucoup d'argent / l'appât du gain

PAGE 290

Activité orale

On passe ici de la description des services médicaux dans la première discussion à l'expression d'une opinion personnelle sur comment gérer les services de santé. Le but de cette discussion est de faire parler les élèves de la couverture sociale, de l'indemnisation de frais hospitaliers et des soins médicaux d'une manière plus précise.

À la fin de la discussion, vous pouvez poser quelques questions à toute la classe de façon à faire partager les opinions.

PAGE 291

Activité écrite

Corps	Métiers	Soins	Symptômes
le cœur	le médecin	la consultation	les vomissements
le foie	l'optométriste (m) (f)	le traitement	souffrant
le rein	l'infirmier / l'infirmière	l'intervention chirurgicale (f)	mal portant
le poumon	le chirurgien	les médicaments	la douleur
la cheville	le / la pharmacien/ne	les comprimés	l'étourdissement (m)
	l'aide-soignant(e)	les cachets (m pl)	la fatigue
		la radio	la nausée
		l'hospitalisation (f)	
		les pilules	
		la prise de sang	

PAGE 292

Activité écrite

L'article est l'un des types de textes au programme. Le but de cette activité est d'apprendre à rédiger un article et à réutiliser le vocabulaire lié au thème de la santé. Si les élèves connaissent déjà les caractéristiques propres à un article, vous pouvez passer directement à la rédaction de l'article sur le thème de la santé.

Si les élèves ne maîtrisent pas encore les caractéristiques de l'article, vous pouvez commencer par faire lire celui de la page 439. Demandez aux élèves de l'analyser en se servant de la « fiche d'analyse » aux pages 437 et 438 du livre de l'élève, ainsi que de la fiche d'analyse à remplir (page 182, livre du professeur). Suite à cette analyse, vous pouvez passer à la rédaction de l'article.

PAGE 294

> **Sénégal : payer la santé en communauté**

PAGE 295

Compréhension

1.   Trois mutuelles de santé se créent chaque année.

2.   Parce que l'assistanat n'est pas durable. / Parce qu'il ne faut rien attendre de l'État. / Pour résoudre les problèmes d'hospitalisation des malades.

3.   des religieuses françaises

4.   (au fait que) les gens n'ont pas les moyens de payer une journée d'hospitalisation.

5. **B.** s'est vite répandue.

6.   a) méfiance

        b) croyances populaires : cotiser pour prévenir la maladie, c'est l'attirer.

        c) certains disent que le Coran est contre les mutuelles.

7.   les représentants de ces mutuelles ont convaincu les chefs religieux et politiques, et surtout les marabouts.

8.   faute d'argent (paragraphe 3)

9.   *Grâce aux cotisations, la santé de la population s'est améliorée.*

10.   il existe encore des difficultés

11.   a) loyauté

        b) intégrité

PAGE 296

Le plus beau cadeau que l'on puisse faire

Activité écrite

1. **D.** la mort
2. **B.** la personne à laquelle on prend un organe
3. **E.** intervention chirurgicale pour recevoir un organe
4. **F.** intervention chirurgicale pour prendre un organe
5. **A.** le cœur en est un

Activité orale

Il s'agit d'une discussion pour toute la classe au sujet du don d'organes.

PAGE 297

Le don d'organes

PAGE 298

Compréhension

1. **D.** n'est plus interdit
2.   à mon don d'organes
3.   (un) relais.
4.   de la flamme olympique.

5. **H**

6. **I**

7. **C**

8. **F**

9. **A**

10. **Faux**   Justification : Les médecins qui sont toujours indépendants des équipes de prélèvement.

11. **Vrai**   Justification : dont on ne peut se passer pour vivre.

12. **Vrai**   Les frais funéraires restent à charge de la famille du donneur.

13. **Vrai**   qui ne dit mot consent.

14. **Faux**   Le don d'organes est anonyme.

15. **Faux**   Il n'est pas rémunéré.

PAGE 299

16. **C.** Déclarer la mort cérébrale   (1)

      B. Informer la famille du décès   (2)

      F. S'informer sur le consentement du donneur   (3)

      D. Faire part à la famille de la décision de prélever des organes   (4)

      A. prélever l'organe   (5)

      E. Greffer l'organe   (6)

Activité orale

Cette discussion peut être suivie d'une mise en commun et d'une récapitulation du vocabulaire. Vous pouvez aussi encourager vos élèves à trouver d'autres exemples. Ils pourraient aussi faire part d'une expérience personnelle ou d'un fait qu'ils auront lu ou vu dans les médias.

Comment rédiger une brochure

1. à tous / au grand public

   Les pronoms (le pronom indéfini « on » ; les pronoms personnels « vous » et « je ») montrent que la brochure s'adresse à tout donneur potentiel (qui se pose des questions) (c'est-à-dire à chacun de nous).

2. informer / convaincre

3. a) **phrase interrogative : La mort cérébrale, c'est quoi ? Quels organes peut-on prélever ?**
   Puis-je choisir les organes que je veux donner ? Qui paie les différents frais ? Donner mes organes, c'est comme donner mon corps à la science ? Que dit la loi ?

   b) **phrase exclamative :** Et je décide !

   c) **citation :** le témoignage des parents de Laurent Kremer. « Entre la vie et la mort, il n'y a qu'un geste : le don d'organes. C'est un relais pour la vie. D'un côté une vie qui s'en va, de l'autre plusieurs vies sauvées. Comme la flamme olympique qui passe d'une main à l'autre et qui donne une chance de vie et d'espoir. »

   d) **phrase qui se termine par des points de suspension :** je me renseigne, j'en discute avec mes proches,...

4. a) caractères gras

   b) taille des polices

5. a) questions / réponses

   b) liste chronologique

PAGE 300

Un enfant à quel prix ?

Activité orale et écrite

Le but de cette activité est de faire acquérir un vocabulaire associé au thème abordé, de faire réfléchir sur les enjeux du problème et donc d'encourager la discussion.

	Pour la légalisation de la gestation pour autrui	Contre la légalisation de la gestation pour autrui
1. Seuls les couples qui ont les moyens financiers pour se rendre dans un pays où la gestation pour autrui est légale (par exemple aux États-Unis) peuvent en bénéficier.		✓
2. Un lien affectif existe entre le bébé dans l'utérus et la mère porteuse. Que va ressentir l'enfant par la suite ?		✓
3. La gestation pour autrui est un procédé de consommation. L'enfant est un produit.		✓
4. Pour payer moins, un couple stérile pourrait s'adresser à des trafiquants, ce qui augmente les risques (santé ; chantage...)		✓
5. Il y a déjà eu beaucoup de cas de bébés nés de mères porteuses : on ne peut plus faire marche arrière et interdire cette pratique.	✓	
6. Les parents peuvent refuser de payer la mère porteuse s'ils ne sont pas contents du « produit ». Un enfant né handicapé, par exemple, sera-t-il rejeté par tous ?		✓
7. On ne peut pas empêcher un couple de partir à l'étranger à la recherche d'une mère porteuse.	✓	
8. On peut opter pour une légalisation de gestation pour autrui très encadrée.	✓	
9. La mère porteuse risque des ennuis de santé – des problèmes, par exemple, lors de l'accouchement.		✓
10. Une femme peut accepter d'être une mère porteuse uniquement pour gagner de l'argent : la porte est donc ouverte à toutes les dérives, à des chantages. Cela peut par exemple conduire à l'exploitation des femmes en difficulté ou pauvres.		✓
11. Il s'agit d'un geste altruiste, pas marchand.	✓	
12. La mère porteuse risque de s'attacher à l'enfant qu'elle porte et de ne pas vouloir le céder par la suite.		✓

PAGE 302

« La plus belle épopée humaine »   NS

PAGE 303

Compréhension   NS

1. parce que les mères porteuses sont illégales en France.

2. grimper l'Everest sur les coudes et les genoux

3. a) pour avoir leur bébé, ils ont payé 150 000$.

   b) ils n'ont parlé de cela à personne sauf aux proches.

4. (au) fait qu'elle n'a pas d'état civil en France

5. (à) l'histoire / (à) la belle histoire

6. l'utérus de Marie

7. annonces glauques ; propos vaseux

8. beaucoup d'argent

9. a) anormaux / bizarres

   b) peu communs / insolites

10. les ristournes

11. **A.** logique : « esprit cartésien, qui présente les qualités intellectuelles considérées comme caractéristiques de Descartes = clair, logique, méthodique, rationnel, solide. » *le Robert Quotidien*

12. la rencontre en chair et en os

13. le coup de foudre

14. Marie et son mari ; la mère porteuse et son mari

15. d'avoir « payé » pour obtenir son enfant / d'avoir pu se permettre cela même si c'était cher.

16. réponses personnelles

17. elles regardaient la télé, blotties l'une contre l'autre.

18. pour ne pas éveiller les soupçons ; dans le but de faire croire que cet enfant était le sien, pour éviter toutes les complications légales.

19. la journaliste se demande si tous les rôles étaient bien clairs. Elle semble suggérer que le moment de la naissance était aussi un moment de stress et de tension, que trop de monde attendait cette naissance.

20. a) pour que cela devienne accessible aux moins fortunés.

    b) pour que sa fille ait un état civil français.

21. a) **protagonistes :** le couple / la mère porteuse

    b) **suite d'événements de caractère héroïque :** la quête d'un enfant

    c) **le grand fait :** l'arrivée (inespérée) de cet enfant ; la naissance du bébé

    d) **le merveilleux :** défier les règles de la nature (avoir un enfant même si on n'a pas d'utérus)

PAGE 304

Grammaire en contexte : le pronom démonstratif

1. celle

2. celle

3. ceux

4. celui

5. celles

6. celui

Activité écrite   NS

Vous pouvez demander à des élèves de lire à haute voix leur introduction au débat sur la légalisation de la gestion pour autrui.

PAGE 305

Jusqu'où faut-il aller pour sauver une vie ?

Activité orale

Après la discussion en petits groupes, vous pouvez poser les questions à toute la classe de façon à soulever plusieurs points de vue et à élargir la discussion.

PAGE 307

Le scaphandre et le papillon   NS

Jean-Dominique Bauby (1952 – 1997), journaliste français, est aussi l'auteur d'un livre sur son expérience du syndrome d'enfermement. Hospitalisé à 44 ans, il conserve ses capacités intellectuelles. Il continue de pouvoir mouvoir l'une de ses paupières, ce qui lui permet de communiquer. C'est lettre à lettre qu'il dicte son livre *Le Scaphandre et le Papillon*, publié le 6 mars 1997.

PAGE 308

Compréhension   NS

1. dans sa chambre d'hôpital / à l'hôpital

2. tôt le matin / au petit matin / à l'aube / au lever du jour

3. clarté laiteuse ; pénombre

4. depuis 6 mois

5. il a eu un accident cardio-vasculaire.

6. **A.** voir

   B. entendre

   F. comprendre
   Il peut écrire ou rédiger une histoire grâce à l'aide d'un intermédiaire. Il ne peut pas écrire lui-même.

7. on en mourait.

8. **A.** Les nouvelles techniques ne constituent pas un progrès véritable et ne font que prolonger la souffrance.

9. le malade / lui-même / l'auteur / le narrateur

10. **A.** l'ironie.

11. grâce au carillon de la chapelle / grâce à la cloche

12. agréable

13. a) il donne libre cours à son imagination / il rêve / il laisse son esprit vagabonder.

   b) il crée dans sa tête ses carnets de voyage / il compose le texte de son livre et l'apprend par coeur.

14. on se rend ailleurs (dans son propre pays ou à l'étranger) ; un voyage à l'intérieur de l'esprit / un voyage imaginaire

15. Il doit d'abord mémoriser le texte / apprendre le texte par cœur / et ensuite le « dicter » lettre par lettre (en fait il communique son texte grâce à des battements de paupière).

16. un rituel

PAGE 309

Activité écrite   NS

1. douleur / mal de tête pesant / migraine accablante / lourdeur

2. restriction / incapacité de bouger / motricité limitée

3. il ne se sent pas à sa place / il se sent à l'étroit sur ce lit qui n'est pas le sien / il se sent coincé.

4. il peut laisser libre cours à son imagination / il peut « voyager » en passant d'un endroit à l'autre grâce à son imagination.

PAGE 310

L'euthanasie

Activité orale   TdC

Les élèves sont libres de répondre à ces questions comme ils l'entendent. Les réponses ne sont données qu'à titre d'exemple. Leurs réponses vont engendrer une discussion.

	positif	négatif
a) laisser mourir	✓	✓
b) abréger l'existence		✓
c) abréger la souffrance	✓	
d) accélérer la fin d'une vie	✓ (selon les circonstances)	✓
e) mettre fin aux souffrances	✓	✓ (selon les circonstances
f) soulager la douleur	✓	
g) soigner la douleur	✓	
h) maintenir en vie	✓	✓
i) mourir dans la dignité	✓	
j) acharnement thérapeutique		✓
k) soins palliatifs	✓	
L) compassion	✓	
m) lente agonie		✓
n) atteinte à la dignité humaine		✓

PAGE 311

Contre l'euthanasie

PAGE 312

Activité écrite

Les renseignements suivants sont tirés du texte *Contre l'euthanasie*.

1.   a) on ne comprend pas la vie – il ne faut donc pas y toucher.

     b) quand on est tellement malade, on ne peut pas prendre une décision aussi importante.

     c) c'est l'entourage qui décide pour le malade sans lui demander son avis.

     d) il existe aujourd'hui des antidouleurs et des soins palliatifs plus efficaces.

     e) c'est un moyen pour l'entourage de se débarrasser du problème.

     f) pour être logique, la souffrance psychique vaut la souffrance physique : l'euthanasie pourrait donc s'appliquer aux deux cas.

     g) risque de dérapages de tout ordre : couvrir une faute médicale ; problème d'héritage ; de frais hospitaliers ; trop vieux donc... ; eugénisme (le malade souffre d'obésité, il fume...).

     h) on trouvera un jour un remède.

Selon le niveau des élèves, il serait utile de réviser l'utilisation du mode subjonctif avant de passer à la rédaction du texte du discours.

Le discours est l'un des types de textes au programme de langue B. Si les élèves connaissent déjà les caractéristiques propres au discours, vous pouvez passer directement à la rédaction.

Si vos élèves ne maîtrisent pas encore les caractéristiques du discours, vous pouvez commencer par faire lire le discours aux pages 442 et 443. Demandez aux élèves de l'analyser en se servant de la « fiche d'analyse ». aux pages 437 et 438 du livre de l'élève, ainsi que de la fiche d'analyse à remplir (page 182, livre du professeur). Suite à cette analyse, vous pouvez passer à la rédaction du discours.

Vous pouvez distribuer le texte *Pour l'euthanasie* à la page suivante après que les élèves auront dressé la liste des arguments pour et contre. Cette lecture va renforcer le vocabulaire ainsi que faire réfléchir à d'autres raisons pour ou contre l'euthanasie.

Pour l'euthanasie

Peut-on, au nom de l'aspect sacré de la vie, lui enlever toute sa beauté en maintenant en vie une personne qui souffre ? La souffrance, elle peut être physique ou elle peut être morale, elle est celle du patient mais elle est aussi celle de l'entourage, du médecin et de toute la société qui ne sait comment soigner la douleur.

N'en déplaise au code civil, l'Homme est le seul propriétaire de son corps et seul maître de sa vie. Il doit donc être le seul à décider de ce qu'il veut faire de son corps et de son esprit et y donner la mort s'il le décide car il sait mieux que quiconque ce qu'il désire.

L'être humain n'est-il qu'un « bout de viande » qu'il faut maintenir en vie à tout prix ? Ou est-il fait de sentiments et de sensations qui, elles seules, donnent un sens à la vie ?

L'euthanasie, c'est redonner ce sens à la vie en redonnant la dignité humaine aux mourants. Elle permet d'éviter la dégradation de l'individu, la perte de capacités physiques ou mentales qui détruisent l'image d'une personne auprès de ses proches ou d'elle-même et qui rendent parfois impossible le retour à une vie « normale » et agréable pour l'individu concerné. Pourquoi maintenir un être humain dans un état végétatif, qui comme son nom l'indique, lui fait sous certains aspects perdre ce statut d'être humain ?

Il n'est plus possible de parler de « bonheur de vivre » lorsque notre vie est dépendante de l'aide d'autrui : sentiment d'être un fardeau et sentiment d'inutilité sociale à la fois. Souvent abandonnés à l'hôpital ou les souffrances sont parfois trop peu prises en compte par les médecins, les mourants souhaitent accélérer la fin de leur vie.

Les personnes qui s'opposent à l'euthanasie se mettent bien trop souvent dans la situation du proche qui décide plutôt que dans celle de la personne qui souffre. On souhaite parfois l'interdiction de l'euthanasie pour les autres et une exception pour soi-même, lorsqu'on est celui qui souffre.

L'euthanasie est finalement plus « naturelle » que le maintien « artificiel » en vie à l'aide de tuyaux et de substances chimiques.

L'interdiction par la loi de l'acharnement thérapeutique pour les individus atteints de maladies mortelles pour lesquelles aucun remède n'est connu, doit être accompagnée d'une légalisation de l'euthanasie. Sans quoi il ne s'agirait que de « laisser mourir » sans « aider à mourir » et cela ne ferait que prolonger la souffrance. Quand on se sait condamné, on doit pouvoir choisir la « méthode » pour mourir : injection sans douleur plutôt qu'arrêt respiratoire par exemple.

L'euthanasie n'est pas un suicide simple ou un meurtre si elle est décidée après concertation avec des équipes de médecins, et contrôlée par une loi qui l'encadre. De plus, la légalisation de l'euthanasie dans certaines conditions permettrait d'éviter la clandestinité du geste et donc ses dérives.

On croit souvent que les religions s'opposent à l'euthanasie, et pourtant ce sont elles qui nous disent que la vie n'est qu'une étape et qu'il ne faut pas avoir peur de la mort ; cette peur qui fait bien souvent qu'on est contre l'euthanasie.

En pensant à cette maman qui après avoir donné la vie à son fils, lui offre la mort, on comprend que si la mort peut devenir un dernier cadeau, il peut être le plus beau.

Jiby, © http://millefaces.free.fr

13. Quelles langues parlez-vous ?

OPTION – Diversité culturelle

			Livre du professeur	Livre de l'élève
Unités		Pourquoi le français ?	p131	p314
		La langue des jeunes	p134	p319
		Les idées, les mots, les dictionnaires...	p136	p324
		Le langage politiquement correct	p138	p326
		Langues en voie d'extinction	p139	p330
		Vivre en deux langues	p142	p338
Thèmes		L'apprentissage des langues étrangères La langue et les distinctions sociales Langage et pensée La disparition des langues Le bilinguisme		
Objectifs	**Types de textes**	Le discours Le texte argumentatif		
	Langue	L'expression du but Les pronoms relatifs		
	Le coin du BI	Théorie de la Connaissance Préparation à l'oral interactif La réaction personnelle (niveau supérieur)		

À noter

Comme il existe certains recoupements entre les sujets du tronc commun et ceux des cinq options, il est tout à fait possible de faire toutes les activités de ce chapitre dans le cadre du sujet « Relations sociales ».

PAGE 314

Pourquoi le français ?

Mise en route

Avant de lire le texte *10 bonnes raisons d'apprendre le français*, faites une séance de remue-méninges : demandez aux élèves de partager les raisons pour lesquelles ils étudient le français. Si vous notez les réponses au tableau, il peut être utile de diviser la liste en deux : les causes (exemple : parce que c'est la seule langue étrangère que je peux étudier ici au lycée) et les buts (exemples : pour pouvoir travailler au sein d'une organisation internationale) puisque l'expression du but fera l'objet de quelques exercices dans ce chapitre.

Vous pouvez également exploiter la carte de la francophonie et les repères fournis.

PAGE 316

---

10 bonnes raisons d'apprendre le français

1. **J.** Plus de 200 millions de personnes parlent français sur les 5 continents.

2. **E.** La connaissance du français ouvre les portes des entreprises françaises en France comme à l'étranger, dans tous les pays francophones (Canada, Suisse, Belgique et continent africain).

3. **G.** Le français est la langue internationale pour la cuisine, la mode, le théâtre, les arts visuels, la danse et l'architecture.

4. **C.** Avec des notions de français, il est tellement plus agréable de visiter Paris et toutes les régions de France (de la douceur de la Côte d'Azur aux sommets enneigés des Alpes, en passant par les côtes sauvages de la Bretagne) mais aussi de comprendre la culture, les mentalités et l'art de vivre à la française.

5. **I.** Parler français permet notamment de poursuivre ses études en France dans des universités réputées ou dans les grandes écoles de commerce et d'ingénieur, classées parmi les meilleurs établissements supérieurs en Europe et dans le monde.

6. **F.** Le français est à la fois langue de travail et langue officielle à l'ONU, dans l'Union européenne, à l'UNESCO, à l'OTAN, au Comité International Olympique, à la Croix Rouge Internationale... et la langue de plusieurs instances juridiques internationales.

7. **D.** Comprendre le français permet de poser un autre regard sur le monde en communiquant avec les francophones sur tous les continents et en s'informant grâce aux grands médias internationaux en langue française (TV5, France 24, Radio France Internationale).

8. **H.** Le français est une langue facile à apprendre. De nombreuses méthodes existent pour apprendre le français en s'amusant, qu'on soit un enfant ou un adulte. On peut très vite atteindre un niveau permettant de communiquer en français.

9. **A.** Apprendre le français aide à apprendre d'autres langues, notamment les langues latines (l'espagnol, l'italien, le portugais ou le roumain) mais aussi l'anglais puisque le français a fourni plus de 50 % du vocabulaire anglais actuel.

10. **B.** Apprendre le français, c'est apprendre une belle langue, riche et mélodieuse qu'on appelle souvent la langue de l'amour. Le français est aussi une langue analytique qui structure la pensée et développe l'esprit critique, ce qui est très utile dans les discussions ou les négociations.

Après la correction de l'exercice, il pourrait être intéressant d'attirer l'attention des élèves sur l'emploi de l'article défini dans les énoncés n° 3 (La langue de la culture), n° 6 (L'autre langue des relations internationales) et n° 10 (La langue de l'amour et de l'esprit). Cet emploi sous-entend en effet que ces attributs sont exclusifs au français. Cela peut-il se justifier ?

PAGE 317

Activité orale

Cette discussion peut être suivie d'une mise en commun et d'une récapitulation du vocabulaire (soit du vocabulaire thématique, soit de certains mots ou expressions pour lesquels les élèves ont demandé votre aide pendant la discussion).

PAGE 318

Grammaire en contexte : l'expression du but

Si nécessaire, révisez ce point de grammaire avant de faire les exercices proposés. Vous pouvez aussi utiliser les exercices 1 et 2 comme test diagnostique avant de réviser la leçon et de faire faire des exercices supplémentaires.

À noter

Les exercices ci-dessous portent sur les notions de **but** (but à atteindre) et de **crainte** (but à éviter).

1. a) La France a mis sur pied un grand réseau d'établissements culturels à l'étranger <u>de façon à</u> diffuser la langue et la culture françaises.

   b) J'ai décidé de suivre un cours de russe <u>pour ne pas</u> avoir l'air trop idiot quand j'irai là-bas l'été prochain !

   c) Irina étudie le français <u>dans le but de</u> lire les œuvres de Victor Hugo en version originale.

   d) Nous engagerons un interprète <u>de manière à ce que</u> la communication soit plus facile.

   e) Yumi ose à peine ouvrir la bouche <u>de peur que</u> les gens <u>ne</u> se moquent de son accent.

   f) Le professeur a dû insister <u>pour que</u> nous fassions des exercices de grammaire supplémentaires.

   g) J'ai étudié plusieurs langues étrangères <u>afin de</u> multiplier mes chances sur le marché international de l'emploi.

   h) Je te conseille d'acquérir quelques notions de chinois avant d'aller en Chine <u>pour que</u> tu <u>ne</u> sois <u>pas</u> complètement perdu en débarquant à Pékin !

   i) Comme je connais déjà l'italien, j'hésite à apprendre l'espagnol <u>de crainte de</u> confondre ces deux langues.

   j) Mes parents m'ont inscrit dans cette école <u>afin que</u> je devienne bilingue.

2.

	+ infinitif	+ subjonctif
but à atteindre	**exemple : pour** de façon à dans le but de afin de	de manière à ce que pour que afin que
but à éviter	pour ne pas de crainte de	pour que… ne… pas de peur que… ne…

Selon le niveau de la classe, vous pourrez compléter ce tableau avec d'autres expressions telles que *de crainte que… ne…* , *de façon à ce que afin de ne pas*, etc.

3. Vous pouvez conseiller aux élèves de commencer par un remue-méninges d'idées fantaisistes liées aux trois titres qu'ils auront choisis. De cette manière, ils pourront se concentrer sur l'aspect grammatical au moment de rédiger leurs textes.

4. Une fois les trois petits textes rédigés (en classe ou à la maison), expliquez aux élèves que leur production sera évaluée par leurs pairs. S'il s'agit de la première fois que cette technique est utilisée en classe, il est important de s'assurer qu'ils comprennent bien le but de cet exercice et ses bénéfices potentiels.

Le but : devenir de meilleurs scripteurs

La manière : en profitant des commentaires de ses camarades / en fournissant soi-même des commentaires

La règle d'or : être constructif !

Il existe d'innombrables variantes du processus de révision par les pairs. La démarche que nous proposons ici est surtout conçue comme une introduction au processus (d'où le choix de courts textes pour commencer). Elle peut bien sûr être adaptée aux besoins des élèves et à des textes plus complexes.

Une fois le but de l'exercice expliqué, procédez de la façon suivante :

Affichez au tableau / à l'écran un court texte « modèle » répondant de manière imparfaite à la consigne prescrite pour cet exercice. Il pourrait être amusant de rédiger un texte vous-même à partir du titre « Adoption d'une nouvelle méthode d'enseignement du français » en tirant profit de situations de classe réelles ou de ce que les élèves connaissent de vous, par exemple :

Adoption d'une nouvelle méthode d'enseignement du français

Notre professeur de français, madame Lemelin, a constaté que les élèves sont trop stressé par le programme de BI. Résultat : ils oublie toute la vocabulaire et n'améliorent pas le français. C'est très inquiétante pour les examens ! Afin qu'ils sont plus relax et qu'ils ont des meilleurs résultats, madame Lemelin va faire à eux une petite piqûre de vocabulaire tout les matins.

Pour éviter que les élèves ne se concentrent que sur des aspects mécaniques (accords, etc.), leur expliquer que la révision porte à la fois sur le fond (le message) et la forme (la langue).

Exemples d'éléments à considérer (à faire trouver par les élèves ou à leur fournir) :

Le respect de la consigne
• La nouvelle rédigée correspond-elle au titre prescrit ?
• La nouvelle est-elle fantaisiste ?
• Contient-elle une expression de but ?

La clarté du message
• Le message est-il compréhensible ?
• Les idées sont-elles pertinentes et assez détaillées ?
• L'organisation des idées est-elle logique ?

La qualité de la langue
• Le vocabulaire est-il précis ?
• Le registre est-il approprié ?
• Les règles (accords, conjugaisons, orthographe, ponctuation, etc.) sont-elles respectées ?

Expliquez aux élèves les trois parties que doit contenir la rétroaction faite à chacun :

1 : point(s) fort(s)

2 : suggestion(s)

3 : corrections linguistiques

Faites trouver des exemples de commentaires / suggestions / corrections qu'on pourrait fournir au sujet du texte modèle.

Divisez les élèves en équipes de quatre. Chaque élève soumet le premier de ses trois textes à l'élève assis à sa droite, qui souligne le(s) point(s) fort(s), formule une / des suggestion(s) et apporte des corrections. Vous pouvez choisir de faire écrire ces commentaires ou de demander aux élèves de les formuler oralement. Une fois l'évaluation de ce premier texte terminée, la copie circule encore une fois vers la droite afin qu'un deuxième élève révise le deuxième texte. On procède encore une fois de la même façon pour le troisième texte.

Faites un retour sur l'activité. A-t-elle été profitable ? Pourquoi ? Pourquoi pas ?

Demandez ensuite aux élèves de rédiger une nouvelle version de leurs trois petits textes en tenant compte des commentaires de leurs pairs.

PAGE 319

La langue des jeunes

Mise en route   TdC

1. Faites d'abord la séance de remue-méninges sur les banlieues et les cités.

    Si le thème des banlieues françaises n'a pas été abordé auparavant en classe ou si le remue-méninges a montré que les élèves ont des connaissances limitées ou erronées sur la situation, il pourrait être utile de faire une courte présentation – ou de demander à un(e) / des élève(s) d'en faire une – sur le sujet. Cette présentation pourrait par exemple comporter quelques données démographiques et un survol des principaux enjeux auxquels font face les habitants de ces quartiers.

2. Demandez aux élèves de formuler une hypothèse à partir du titre du texte : *Savez-vous parler banlieue ?*

    Présentez un court extrait vidéo (sans sous-titres) qui permettra aux élèves d'entendre un échantillon du français parlé en France par certains jeunes de banlieue.

Suggestions :
• La première minute du court métrage *Quais de Seine* de Gurinder Chadha, extrait du film *Paris je t'aime*.
• Une courte scène de *L'esquive*, d'Abdellatif Kechiche.
• Une courte scène de *La haine*, de Mathieu Kassovitz (par exemple celle où Vinz révèle à Hubert et Saïd qu'il a trouvé le revolver).
• Une courte scène de *Entre les murs*, de Laurent Cantet.
• Une scène du film d'animation *Lascars*, d'Albert Klotz.

Accompagnez ce visionnage d'une ou deux questions de compréhension pour que l'attention des élèves se porte sur la langue et non pas sur les actions des personnages. Par exemple, pour l'extrait du film *Quais de Seine*, demander aux élèves de noter deux phrases échangées par les jeunes hommes (lorsqu'ils se parlent entre eux, et non quand ils s'adressent aux jeunes filles). Ils risquent fort d'être incapables de le faire et le but de l'exercice est justement de leur faire prendre conscience de cela.

Facultatif : si l'option sous-titres français est disponible, visionner le film une deuxième fois pour avoir la « traduction ».

Menez une discussion avec les élèves pour recueillir leurs réactions et les préparer à la lecture du texte *Savez-vous parler banlieue ?*

Exemples de questions pouvant susciter la discussion :

- Pourquoi, selon vous, avez-vous eu du mal à comprendre ?
- Selon vous, des Français / francophones auraient-ils compris cet extrait sans problème ?
- Pourquoi, selon vous, ces jeunes ne parlent-ils pas le français standard ?
- Existe-t-il dans votre langue un parler spécifique aux jeunes ? Si oui, l'employez-vous vous-même et dans quelles circonstances ?
- Existe-t-il dans votre langue un parler spécifique à certains milieux sociaux ? Si oui, l'employez-vous vous-même ?
- Quelle est votre opinion sur la langue que parlent ces jeunes ? Plutôt favorable ? Plutôt défavorable ? Pourquoi ?

Savez-vous parler banlieue ?

À noter :

- Évry est une commune de la banlieue parisienne.
- Le « Lexik des cités » a été publié en 2007 aux *Éditions Fleuve Noir*.
- La linguiste française Henriette Walter a publié de nombreux ouvrages scientifiques et de vulgarisation dont « Le français dans tous les sens », « L'aventure des langues en Occident », « Honni soit qui mal y pense » et « Arabesques : l'aventure de la langue arabe en Occident ».

PAGE 321

Compréhension

1. **B.** le français courant intègre de plus en plus de mots et d'expressions créés dans les banlieues.
2. la publication du « Lexik des cités »
3. Ils travaillaient tous dans les mots.
4. une liste des 500 mots (d'argot) les plus utilisés
5. a) c'est plein d'invention, de créativité
   b) on y trouve une vraie connaissance de la langue française.
6. le désir de ne pas se faire totalement comprendre
7. **A.** on va employer pendant un moment le langage des cités.
8. il enjolive la langue / il a des dialogues plus imagés.
9. a) quand il y a un véritable besoin.
   b) quand il repose sur une image amusante.
10. (à l') argot
11. (à un) langage
12. (aux) auteurs du « Lexik des cités » / (à) Cédric, Marie et Franck
13. **C.** Le « Lexik des cités » va forcément se démoder très vite.
    E. Les jeunes qui disent « ambiancer », « meuf » ou « keuf » passent souvent pour des délinquants.
14. **A.** parce que celui-ci leur permet de briser certains tabous liés à leur milieu.

PAGE 322

15. **G.** dépréciatif

16. **E.** l'attribuer

17. **J.** la vie de tous les jours

18. **I.** très souvent

19.   a) elle fait partie du français standard / elle ajoute des contrastes, de l'épaisseur au français standard.

   b) le verlan n'est pas une langue, c'est un vocabulaire / on ne peut pas s'exprimer juste avec ces mots-là.

20. **A.** Revenons-en aux faits !

21. **D.** passe sans arrêt d'un registre de langue à l'autre.

22. **A.** cela demande un effort intellectuel.

23.

le français	la langue parlée par les jeunes des banlieues
la langue française le français courant le français standard la langue académique le français académique	le langage des banlieues le « Lexik des cités » l'argot le langage de(s) cité(s) le parler des banlieues la langue des cités le verlan

PAGE 323

Activité orale

À noter : si vous avez choisi de travailler ce chapitre dans le cadre du sujet « Relations sociales » du tronc commun, cette activité peut servir d'oral interactif et vous pouvez noter les élèves à l'aide des critères d'évaluation propres à cet exercice (dans le Guide de langue B).

Cette activité donne l'occasion aux élèves de réutiliser ce qu'ils ont appris sur la langue des banlieues en lisant le texte *Savez-vous parler banlieue ?* et d'approfondir leur réflexion sur ce sujet.

Pour que l'activité soit profitable, il est préférable de laisser aux élèves le temps de se préparer (en classe ou à la maison) plutôt que d'en faire un jeu de rôles improvisé. Les élèves peuvent se servir de notes, mais ils ne doivent pas les lire.

Si la classe comporte assez d'élèves pour former plusieurs équipes, tous les élèves jouant le même rôle (tous les « professeurs de français », tous les « rappeurs », etc.) peuvent se préparer ensemble. Cela est particulièrement recommandé s'il s'agit de la première fois que les élèves sont appelés à faire ce genre de jeu de rôles ou encore s'ils ne sont pas très à l'aise en français.

PAGE 324

Les idées, les mots, les dictionnaires…

Le but des activités de cette section est de faire prendre conscience aux élèves qu'une langue est une façon de traduire la réalité, que cette façon de voir peut varier d'une langue à l'autre et que la langue, malgré toute sa richesse, est limitée.

Après que les élèves ont rempli le tableau (exercice 1.) et comparé leurs réponses à celles de leur partenaire (exercice 2.), introduisez l'exercice 3. en :

a)   demandant aux élèves de nommer différentes sortes de dictionnaires (bilingue, de synonymes, de mots croisés, d'argot, etc.)

b)   expliquant qu'ils vont lire des définitions extraites d'un « dictionnaire des tracas ». (Expliquez ce mot au besoin.) Quel genre de concepts / mots / définitions s'attendent-ils à y retrouver ?

c) Après la lecture des définitions, recueillez les réactions des élèves :
- Ont-ils trouvé les définitions amusantes / bizarres ?
- Ont-ils déjà vécu l'une de ces situations ?
- Ont-ils déjà pensé au fait qu'il n'existait pas de mot pour décrire ces situations ?

4. Menez ensuite la discussion avec l'ensemble de la classe à partir des questions suggérées dans le livre de l'élève.

Pour clore la discussion, demandez aux élèves de faire le lien avec le cours de Théorie de la connaissance. Un thème similaire y a-t-il été abordé ?

À noter : les mots imaginés par les auteurs du *Baleinié* sont des créations tout à fait fantaisistes sans rapport avec l'étymologie.

PAGE 325

Grammaireen contexte : les pronoms relatifs

Si nécessaire, révisez ce point de grammaire avant de faire les exercices proposés. Vous pouvez aussi utiliser ces exercices comme test diagnostique avant de réviser la leçon et de faire faire des exercices supplémentaires.

1. a) **agroude** : *n.f.* Léger recul de votre animal domestique <u>qui</u> vous fait douter de votre haleine.

    b) **éguélé** : *n.m.* Truc récupéré <u>qu'</u>on aurait mieux fait de laisser dans la rue, *fam.* : insulte entre conjoints.

    c) **laguindouir** : *verbe* Attendre à côté de son chien <u>qui</u> fait ses besoins.

    d) **loluber** : *verbe* Parler à quelqu'un <u>qui</u> garde ses lunettes de soleil.

    e) **lornidien, ienne** : *n.* Personne à la table d'à côté <u>qui</u> écoute tout ce que vous dites.

    f) **ouma-ouma** : *n.m.* Question <u>que</u> vous pose le dentiste quand il a ses doigts dans votre bouche.

    g) **spovia** : *n.f.* Radio <u>qui</u> ne marche que quand on lui tient l'antenne, *fig.* : adolescent peu porté sur les études.

    h) **ziette** : *n.f.* : Dernière frite <u>que</u> personne n'ose prendre.

2. Réponses personnelles

3. a) **adjaflugue** : *n.m.* Dans un avion, voisin de siège <u>avec qui / avec lequel</u> on n'a pas du tout envie d'engager la conversation.

    b) **bizart** : *n.m.* Dans un musée d'art contemporain, tableau <u>devant lequel</u> on reste perplexe.

    c) **brelet** : *n.m.* Bibelot hideux <u>auquel</u> on est néanmoins très attaché.

    d) **cerbault** : *n.m.* Mets exotique <u>auquel</u> on hésite à goûter en voyage.

    e) **étercomme** : *n.f.* Période de temps <u>pendant laquelle</u> on n'a pas accès à ses courriels.

    f) **pudiffard** : *n.m.* Ami fidèle <u>chez qui</u> on n'a jamais été invité.

    g) **roustiffe** : *n.f.* Coupe de cheveux ratée <u>à laquelle</u> on finit par s'habituer.

    h) **splido** : *n.m.* Animal domestique <u>dont</u> des conjoints divorcés se disputent la garde.

Pour aller plus loin

Cette activité reprend de manière ludique le thème des activités autour du *Dictionnaire des tracas* : mettre en évidence les limites du langage. Elle peut s'effectuer en 5 à 10 minutes.

- Procurez-vous dans une quincaillerie une série de nuanciers (petits cartons sur lesquels on trouve différentes teintes de peinture).
- Demandez aux élèves de se regrouper deux par deux.
- Distribuez un nuancier à chaque équipe.
- Chaque élève choisit sa nuance préférée (qu'il ne communique pas à son partenaire). Il doit décrire oralement cette nuance sans faire référence aux autres nuances (les comparatifs sont donc interdits) et sans faire de gestes. Son partenaire doit deviner de quelle nuance il s'agit.

Les élèves se rendront rapidement compte que cet exercice est très difficile à faire et c'est bien là le but ! Demandez-leur d'expliquer pourquoi.

PAGE 326   **TdC**

Le langage politiquement correct

À noter :

La majorité des exemples ci-dessous sont tirés de l'article de Catherine Mallaval « Même le mot *noir* devient tabou, c'est de la pure folie » dans *Le Temps*, 11 décembre 2007.

1. Définition du terme « politiquement correct » tirée du *Grand Robert de la Langue française* : se dit d'un langage, d'un comportement qui efface dans le langage tout ce qui pourrait desservir socialement un groupe minoritaire et qui donne une idée de société moralisée (établissant ainsi euphémismes et tabous).

2. Le but du langage politiquement correct est d'éviter les discriminations sociales, raciales ou sexuelles.

3. Réponses personnelles

4. **Groupe A** – la politique

    Groupe B – l'économie

PAGE 327

5.

i) on utilise des acronymes	**B.**	IVG : interruption volontaire de grossesse HP : hôpital psychiatrique MST : maladie sexuellement transmissible
ii) on utilise des euphémismes	**D.**	quartiers sensibles : quartiers pauvres longue maladie : cancer connu des services de police : délinquant
iii) on utilise des formulations négatives	**A.**	contre-performance : échec sans-abri : clochard
iv) on utilise des mots étrangers	**E.**	gay : homosexuel senior : vieux
v) on crée des mots nouveaux	**C.**	océaniser : couler un navire-poubelle (et donc polluer les océans)

PAGE 328

Activité écrite et orale

1. **Énoncés plutôt favorables**

    a) Les mentalités évoluent, il est donc normal que la langue suive aussi cette évolution et qu'on adopte de nouveaux mots pour désigner certaines choses. Je préfère dire « droits de la personne » plutôt que « droits de l'Homme », par exemple. C'est plus inclusif.

    c) Il faut à tout prix éviter de perpétuer les discriminations raciales, sexuelles ou sociales et le langage politiquement correct est essentiel pour atteindre ce but.

    h) Employer un langage politiquement correct, c'est pour moi une question de respect. Les mots sont très puissants, vous savez. Ils peuvent blesser ou exclure les gens.

    j) Les termes politiquement corrects sont des synonymes qui enrichissent la langue et nous permettent de nous exprimer d'une manière plus nuancée.

    Énoncés plutôt défavorables

    b) Changer les mots est une manière superficielle de s'attaquer aux problèmes de notre société. Ce sont les mentalités qu'il faut changer.

    d) Ce n'est pas parce qu'il emploie un terme politiquement correct qu'un raciste n'est plus raciste !

    e) Le langage politiquement correct ? C'est une forme de censure dont il faut absolument se méfier.

    f) À la base, c'était peut-être une bonne idée, mais c'est une mode qui est devenue absurde et ridicule.

    g) À mon avis, le langage politiquement correct est de l'hypocrisie pure, une manière pour notre société de masquer ce qui dérange : la mort, la maladie, la pauvreté, les étrangers, le sexe.

    i) Moi, je pense qu'il faut appeler un chat un chat !

PAGE 329

Comment rédiger un plan

Le but de cette activité étant de se concentrer sur la rédaction du plan, il n'est pas nécessaire de faire rédiger le texte de la présentation. Les élèves auront l'occasion de rédiger un texte complet après avoir lu le texte sur la disparition des langues.

Vous pouvez cependant demander aux élèves de comparer leur plan à celui d'un(e) partenaire et de les commenter. Les élèves peuvent aussi faire ressortir les meilleurs éléments de quelques plans afin de les présenter à l'ensemble de la classe.

PAGE 330

Langues en voie d'extinction

Mise en route   TdC

1 et 2   Réponses personnelles

3.   **D.** sensibiliser les lecteurs à la gravité du problème.

PAGE 331

S.O.S. Langues en danger

Compréhension

À *noter* :

MSN : abréviation de *Microsoft Network* (fournisseur d'accès à Internet, portail web et service de messagerie instantanée)

PSP : abréviation de *PlayStation Portable* (console de jeux vidéo portable)

1.   la moitié des 6 700 langues parlées sur la planète, soit environ 3 350 langues

2.   à cause de la mondialisation

3.   Les modes de vie tendent à se ressembler.

4.   **C.** isolés.

PAGE 332

5.

Langue	Pays / région où cette langue est parlée
jakaltek popti	Guatemala / Chiapas (Mexique)
navajo	Sud-Ouest des États-Unis
inuktitut	Grand Nord canadien

6.   aux stars, aux héros de séries et à ceux qui lancent les modes.

7.   elles sont ringardes / elles sont inadaptées à la société moderne / elles ne permettent pas de parler de MSN, iPod ou PSP.

8.   a) travailler avec les touristes

     b) émigrer

     c) communiquer avec le monde entier

9.   **F.**   pour traiter certaines maladies.

10.   **B.** connaissent très bien la flore de leur région.

11.   **G.**   sont surtout fondées sur la tradition orale.

12. (aux) peuples indigènes / (aux) peuples dont la langue est menacée de disparition

13. (aux) langues (indigènes / menacées de disparition)

14. (à la) forme de pensée (des Français)

    À noter : ici, on peut présumer que le « nous » de la journaliste fait référence à ses lecteurs français / francophones, mais on pourrait aussi l'étendre à ceux qui parlent d'autres langues.

15. (à la) langue de chaque peuple / (à) sa propre langue

16. a) il faut les étudier.

    b) les langues doivent évoluer avec leur temps, ajouter de nouveaux mots à leur dictionnaire.

    c) il faut redonner aux indigènes l'envie de la parler.

17. Ce « on » pourrait par exemple désigner les colonisateurs, les Occidentaux, les enseignants étrangers, le gouvernement, le système d'éducation, les médias ou même certains linguistes...

PAGE 333

Activité orale   TdC

Cette discussion peut être suivie d'une mise en commun et d'une récapitulation du vocabulaire (soit du vocabulaire thématique, soit de certains mots ou expressions pour lesquels les élèves ont demandé votre aide pendant la discussion).

Activité écrite et orale   TdC

Le but de cette activité est d'amener les élèves à approfondir leur compréhension du sujet, à relire le texte de manière critique et à faire des liens avec leur propre expérience. Les élèves travaillent d'abord en petits groupes de trois ou quatre. Au sein de chaque équipe, une personne est chargée de noter les exemples trouvés par le groupe. Cette étape est suivie d'une mise en commun et d'une comparaison des réponses.

Exemples de réponses

1. Je *chatte / clavarde* sur MSN avec des jeunes de partout dans le monde.

   Je suis allé(e) dans le pays X pendant mes vacances, et c'était la même musique qu'à la maison qu'on entendait dans les restos.

   Même au fin fond du pays X, il y a des posters de la star hollywoodienne Y.

2. J'adore la musique de mon pays, mais mes amis qui viennent d'ailleurs n'accrochent pas du tout.

   Malgré la prolifération des fast-foods, chaque pays conserve quand même ses traditions culinaires spécifiques.

   À l'école, les groupes ont tendance à se former selon les origines de chacun parce qu'il y a des choses qu'on peut seulement partager avec des gens de la même origine.

3. exemples spécifiques aux langues parlées par les élèves

4. un riche patrimoine artistique et littéraire

   des traditions culinaires variées

   des lieux comme les cafés et le mode de vie qui y est associé

   les manifestations comme moyen d'expression des citoyens

   une manière de concevoir le rôle de l'État (par les filets de sécurité sociale mis en place, par exemple)

   l'importance accordée aux valeurs républicaines (Liberté, Égalité, Fraternité)

5. ajout annuel de nouveaux mots dans les dictionnaires (entre autres pour désigner de nouveaux phénomènes ou de nouvelles technologies, emprunts à d'autres langues, mots d'argot ou expressions familières qui intègrent la langue courante...)

   réforme de l'orthographe (adoptée avec succès pour certaines langues)

   changements de société reflétés ou non dans la langue (la féminisation des noms de métiers en français par exemple)

   institutions (Académie française...) parfois perçues comme ayant du mal à accepter que la langue se transforme, se modernise

À *noter* : Les élèves ont parfois l'impression que le français est une langue rigide dont les francophones tiennent à sauvegarder la « pureté » (en étant allergiques aux emprunts ou en promulguant des lois pour protéger la langue, par exemple) et qui a du mal à se moderniser. Dans ce cas, il pourrait être intéressant de leur fournir quelques données prouvant le contraire (par exemple la liste des mots nouveaux admis au dictionnaire pendant l'année, facilement disponible sur Internet).

PAGE 334

Activité écrite : Rédiger une réaction personnelle   TdC

Cette production n'est pas liée à un type de texte particulier. Il s'agit simplement d'exprimer une réponse personnelle. Ce genre de tâche fait partie de l'épreuve 2 du Niveau supérieur, mais il est tout à fait abordable pour les élèves du Niveau moyen, car il constitue un exercice d'écriture relativement court.

1. **B.** n'est pas vraiment un problème.

2. **B.** son expérience personnelle.

3. **A.** permettre la communication.

4. **B.** i) cela intéresse seulement les linguistes.

   ii) cette langue subsiste seulement dans certains milieux.

5. **B.** Puisqu'on doit apprendre une langue, il est préférable d'en apprendre une qui soit parlée par un maximum de gens.

6. Réponse personnelle

Vous pouvez noter la réaction personnelle selon les critères d'évaluation de cet exercice (dans le Guide de langue B) ou demander à chaque élève d'évaluer la réponse d'un de ses pairs.

PAGE 335

Activité écrite   TdC

Il est recommandé de faire ce travail préparatoire pour que les élèves se familiarisent avec (ou se remémorent) les caractéristiques de ce type de texte avant de procéder à la rédaction. Si c'est la première fois que les élèves rédigent un discours, il serait tout d'abord utile d'analyser un ou plusieurs discours, par exemple en faisant observer le texte modèle (pages 442–443) et remplir la « fiche d'analyse » fournie à la page 182 du livre du professeur.

A. Votre message

1. Sensibiliser les dirigeants de la fondation au problème de la disparition des langues et les convaincre de financer une opération de sauvetage des langues indigènes au Gabon.

2. Choix personnels des élèves parmi les informations fournies. Exemples d'informations qui pourraient être retenues :

   • La mondialisation accélère la disparition des langues.

   • Les jeunes ont le sentiment que leur langue est inadaptée à la société moderne.

   • La perte d'une langue signifie la perte d'une foule de connaissances souvent uniques.

   • Les connaissances des peuples indigènes pourraient nous être utiles pour trouver des solutions au réchauffement climatique, à la destruction des milieux naturels ou pour élaborer de nouveaux médicaments.

   • La disparition d'une langue signifie aussi la perte de tout un pan de la culture de l'humanité.

   • Le Pacte international relatif aux droits civiques et politiques, adopté par l'ONU en 1966, reconnaît à chaque peuple le droit de parler sa propre langue et de la transmettre à ses enfants.

   • Il est important de revaloriser l'emploi des langues indigènes pour redonner aux gens l'envie de les parler et de les transmettre à leurs enfants.

Les informations sur la situation linguistique au Gabon sont tirées de l'interview suivante : *Jean-Marie Hombert : « La diversité culturelle de l'Afrique est menacée »*, propos recueillis par Marie-Laure Théodule, *La Recherche*, n° 429, avril 2009.

3, 4, 5 : Réponses personnelles

B. Le style de votre discours

1. On s'adresse aux membres / aux dirigeants de la fondation

2. Le registre doit être soutenu ou courant.

3. • relations logiques bien marquées
    • respect des règles grammaticales
    • vocabulaire précis et varié
    • syntaxe complexe

PAGE 336

4. **C.** Mesdames, Messieurs, bonjour !

    D. Bonsoir et bienvenue à tous !

5. **D.** C'est un honneur pour moi d'être ici devant vous pour vous parler d'un problème qui me tient à cœur : la disparition des langues dans mon pays, le Gabon.

    F. Saviez-vous que sur les 52 langues parlées au Gabon aujourd'hui, la moitié aura disparu à la fin du XXIᵉ siècle ?

6. **A.** une statistique choquante

    B. le but de votre discours

    C. une anecdote

7. Faire remarquer aux élèves que **toutes** les réponses sont possibles. Il serait également utile de leur faire identifier les procédés utilisés.

    A. Il n'en tient qu'à vous pour que la situation change et que les Gabonais retrouvent la fierté de parler leur langue d'origine ! **(appel à l'action / phrase exclamative)**

    B. Que ressentiriez-vous si vous ne pouviez pas communiquer avec vos propres grands-parents ? **(question rhétorique / appel aux sentiments)**

    C. La disparition de ces langues est-elle une fatalité ? Non, non et non ! **(question rhétorique / règle des trois répétitions)**

    D. Saviez-vous que sur les 52 langues parlées au Gabon aujourd'hui, la moitié aura disparu à la fin du XXIᵉ siècle ? **(question rhétorique / statistique choquante)**

    E. Un linguiste a dit : « Une langue qui disparaît, c'est comme une bombe qui tombe sur le Louvre. » **(comparaison / citation)**

    F. Moi, je vous dis qu'il n'est pas trop tard pour remédier à cette situation ! **(phrase emphatique)**

    G. Prenons un exemple concret pour illustrer ce que je viens de dire. **(exemple)**

8. **B.** Avez-vous des questions ?

    E. Je vous remercie de votre attention.

9. La liste de vérification pourra être utilisée pour l'auto-évaluation ou pour l'évaluation par les pairs.

PAGE 338

Vivre en deux langues

Mise en route   TdC

Tous les élèves pourront participer à cette discussion même si les activités subséquentes sur le même thème (autour du texte de Nancy Huston) conviennent davantage au Niveau supérieur.

PAGE 339

Le faux bilinguisme   NS

De par sa complexité linguistique et son thème, ce texte convient davantage à des élèves de Niveau supérieur. En effet, des élèves ayant un bon niveau linguistique ou peut-être même déjà bilingues seront plus en mesure de comprendre et d'apprécier les idées exprimées par Nancy Huston. Les questions sur le texte ont volontairement été limitées à la compréhension des idées principales pour que le texte serve de tremplin à la discussion proposée, laquelle devrait constituer le cœur de cette activité.

Compréhension   NS   TdC

1. **B.** Pour elle, le français et l'anglais ne sont pas interchangeables.

2.

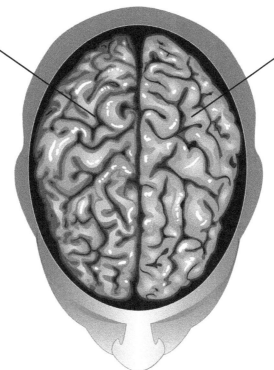

hémisphère droit
anglais
partie artistique et émotive

hémisphère gauche
français
partie rationnelle

3. **D.** un lien affectif avec cette langue

4. **C.** la dimension affective de la langue ne s'acquiert que pendant l'enfance.

5. **C.** il est plus facile de jurer dans une langue étrangère car on n'est pas pleinement conscient du poids des mots.

Activité orale   NS   TdC

À noter

Si vous avez choisi de travailler ce chapitre dans le cadre du sujet « Relations sociales » du tronc commun, cette activité peut servir d'oral interactif et vous pouvez noter les élèves à l'aide des critères d'évaluation propres à cet exercice (dans le Guide de langue B).

Étant donné le caractère plutôt abstrait de certaines idées discutées, vous préférerez peut-être mener cette discussion avec l'ensemble de la classe afin de pouvoir aider les élèves plutôt que de diviser la classe en sous-groupes.

14. Émigration : à la recherche d'une vie meilleure

OPTION – Diversité culturelle

		Livre du professeur	Livre de l'élève
Unités	Migrations	p144	p342
	En pirogue sur l'océan	p147	p349
	Europe, terre promise ?	p151	p356
	Les dessous d'Eldorado	p153	p364
Thèmes	Les raisons qui motivent l'émigration L'intégration dans la société d'accueil L'idée d'Eldorado Le sort des sans-papiers		
Objectifs **Types de textes**	L'interview		
Langue	L'interrogation Les connecteurs temporels		
Le coin du BI	Théorie de la connaissance Préparation à l'oral individuel Préparation à l'oral interactif Préparation à la rédaction du travail écrit (niveau supérieur) La réaction personnelle (niveau supérieur)		

À noter

Comme il existe certains recoupements entre les sujets du tronc commun et ceux des cinq options, il est tout à fait possible de travailler le thème de l'émigration et de faire toutes les activités de ce chapitre dans le cadre du sujet « Questions mondiales ».

PAGE 342

Migrations

Mise en route

Les photos de cette page permettent aux élèves de réfléchir aux concepts de frontière et de mobilité de la population avant de se pencher, dans la suite du chapitre, sur les questions relatives aux migrations en général et aux réfugiés en particulier.

1. Cette activité donne l'occasion aux élèves de s'exercer à la description de photos qui est à la base de l'examen oral individuel.

    Encourager les élèves à utiliser le vocabulaire propre à la description d'une photo, par exemple :

    Il s'agit de...

    Au premier plan, au deuxième plan...

    À gauche (de), à droite (de), derrière...

    La photo représente / montre / évoque...

    On peut voir...

    Il y a...

    La scène se passe...

2. Lors de la mise en commun, encourager les élèves à utiliser le vocabulaire suivant :

    J'imagine que…

    Cette photo me fait penser à…

    À mon avis / selon moi…

    Cette photo me surprend / me choque / me rappelle…

    Je trouve cette photo bizarre / intéressante / émouvante…

    Il pourrait aussi être profitable de leur faire dresser par écrit la liste des questions qui leur viennent à l'esprit, par exemple :

    • Comment (et par qui) sont tracées les frontières ?

    • Pourquoi certaines sont-elles fermées et d'autres (relativement) ouvertes ?

    • Est-il nécessaire de contrôler les frontières ?

    Ces questions pourront être ajoutées aux questions de l'activité suivante et discutées avec toute la classe.

PAGE 343

Activité orale

Cette activité peut être suivie d'une mise en commun et d'une récapitulation du vocabulaire (soit du vocabulaire thématique qui sera exploré avec plus de profondeur lors des activités des pages 344-346, soit de certains mots ou expressions pour lesquels les élèves ont demandé votre aide pendant la discussion).

Compréhension : vidéoclip

Le vidéoclip http://www.wat.tv/video/tiken-jah-fakoly-soprano-ouvrez-gy2u_2g08z_.html est facilement disponible sur Internet (par exemple sur le site d'Universal Music France). Deux visionnages seront peut-être nécessaires. Les visionnages peuvent se faire sans le son puisque les questions portent sur la compréhension et l'interprétation du document visuel.

1. En Afrique

2. Quatre réponses parmi les suivantes, dans n'importe quel ordre :
    • la tour Eiffel suspendue au rétroviseur de la camionnette
    • l'autocollant « Paris » sur la machine à coudre
    • la demande de visa
    • l'avion qui décolle
    • le porte-clés tour Eiffel

3. Que le jeune tailleur n'arrive pas à trouver du travail.

4. La demande de visa a été refusée.

5. **Exemples de réponses :** partir à l'étranger est un rêve que le jeune homme entretient depuis qu'il est tout petit / l'émigration va se poursuivre car les enfants entretiennent eux aussi le même rêve.

6. **Exemple de réponse :** c'est peut-être sa mère qui lui dit : « Ne reste pas là à rien faire. Va trouver du travail. Tu vois bien que nous avons des bouches à nourrir ! »

7. Réponses personnelles

PAGE 344

Testez vos connaissances

1. Le but de cet exercice est d'introduire le thème des migrations tout en amenant les élèves à faire le point sur leurs connaissances existantes. Il n'est donc pas nécessaire de leur faire faire des recherches afin de trouver les bonnes réponses. De fait, cela enlèverait toute pertinence à l'exercice suivant qui demande aux élèves de réfléchir aux différentes façons d'acquérir des connaissances. Certains des énoncés ci-dessous ont été choisis parce qu'ils bousculent les idées reçues et sont donc susceptibles d'engendrer une discussion. Si nécessaire, rassurez les élèves en leur expliquant qu'il ne s'agit pas d'un véritable test et qu'il serait tout à fait normal de ne pas connaître toutes les bonnes réponses.

Lors de la correction de l'exercice, il pourrait être intéressant de relever les questions qui ont entraîné le plus de « mauvaises réponses » et de demander aux élèves de réléchir aux causes possibles de ces méconnaissances.

A. **Faux** : avant la Première guerre mondiale, 5 à 10 % de la population résidait à l'extérieur de son pays d'origine. L'ONU estime (2007) que les migrants représentent aujourd'hui environ 2,85 % de la population mondiale.

B. **Faux** : la migration légale et illégale coûte cher et n'est donc pas accessible aux plus pauvres.

C. **Faux** : un peu moins de 10 %

D. **Faux** : 25 %

E. **Vrai** : ces sommes représentent trois à quatre fois le montant total de l'aide publique au développement.

F. **Vrai**

G. **Vrai** : environ 1,5 million d'immigrés en France sont originaires du Maghreb, soit 31 % des immigrés et 2,4 % de la population totale.

H. **Faux** : bien que le Québec privilégie l'immigration francophone, la non-connaissance du français n'est pas un facteur éliminatoire.

I. **Faux** : vers le XVe siècle

J. **Vrai** : le pourcentage de population étrangère y était respectivement de 23,8 % et de 33,4 % en 2005 (contre environ 8 % pour la France et 12 % pour la Belgique).

PAGE 345

Des mots pour le dire

Faites travailler les élèves oralement en équipes pour qu'ils s'expliquent mutuellement les mots et expressions de la liste (avec votre aide et celle du dictionnaire, s'il y a lieu).

À noter

Dans certains pays comme le Canada, le terme « autochtone » fait plutôt référence aux Premières Nations (Amérindiens et Inuits). Pour la population établie de longue date, on parle plutôt de la « population de souche » ou des « Québécois de souche ».

PAGE 346

Activité lexicale

1. <u>Émigrer</u>, c'est quitter son pays d'origine tandis qu'<u>immigrer</u>, c'est s'installer dans un pays étranger.

2. Pavel et Irina ont quatre enfants. Ils ont choisi d'émigrer en Belgique pour <u>assurer un meilleur avenir</u> à leurs enfants.

3. Certains pays connaissent une <u>baisse de la natalité</u>, c'est-à-dire que les familles ont de moins en moins d'enfants.

4. Avant d'aller dans certains pays, il est parfois nécessaire d'<u>obtenir un visa.</u>(<u>de réussir un test de langue</u> pourrait aussi constituer une réponse acceptable dans certaines circonstances… et si on accepte l'élimination de l'apostrophe.)

5. Membre d'une minorité ethnique dans son pays, Assad pense que sa vie est en danger. Il a quitté son pays pour <u>fuir les persécutions / trouver une vie meilleure / assurer un meilleur avenir à sa famille / à ses enfants</u>.

6. Des manifestations de soutien aux <u>sans-papiers / clandestins</u> sont parfois organisées afin d'empêcher leur expulsion.

7. La <u>société d'accueil</u> doit veiller à l'intégration des immigrés, mais les immigrés doivent aussi faire un effort pour s'intégrer.

8. Pour combler son <u>besoin de main-d'œuvre</u>, le Canada cherche à attirer des travailleurs qualifiés.

9. Son diplôme d'ingénieur en poche, Rodrigo veut <u>poursuivre ses études</u> en Suisse. L'année prochaine, il va faire un doctorat à l'École Polytechnique Fédérale de Lausanne.

10. Il est possible d'<u>acquérir</u> la nationalité française en épousant un(e) Français(e).

PAGE 347

Activité orale

Cette activité permet aux élèves d'aborder l'interview à l'oral avant de passer à des activités écrites autour de ce type de texte plus tard dans le chapitre.

Clore la discussion en expliquant que les activités qui suivent leur permettront de se mettre dans la peau d'un réfugié (Omar Ba dans l'unité « En pirogue sur l'océan »), d'une immigrée (Fatou Diome dans « Europe, terre promise » - pour les élèves du niveau supérieur) et d'un sans-papiers (Bakary Coulibaly dans « Les dessous d'Eldorado »).

PAGE 348

Activité écrite

Avant de demander aux élèves de rédiger leur production, il pourrait s'avérer utile de faire un travail préparatoire sur les types de textes requis en analysant les textes modèles (pages 442–443 et 449–450) et en se servant de la « fiche d'analyse » fournie à la page 182 du livre du professeur.

Pour le sujet 2, acceptez une lettre officielle ou amicale ou même un courriel selon la personne à laquelle on s'adresse.

PAGE 349

En pirogue sur l'océan

Mise en route

Vous pouvez faire le lien avec des événements de l'actualité récente, avec le pays d'origine des élèves ou avec d'autres situations liées à l'immigration clandestine (par exemple les Latino-américains qui tentent d'entrer aux États-Unis en franchissant la frontière mexicaine ou les clandestins qui se cachent dans des camions en France pour atteindre la Grande-Bretagne).

PAGE 350

Le récit de l'unique survivant

PAGE 351

Compréhension

1. Sénégalaise

2. Aux Canaries / en Europe, en passant par les Canaries.

3. Une pirogue

4. La cinquantaine d'autres passagers sont morts / il est le seul à avoir survécu.

5. Il étudie la sociologie en France.

6. En regardant l'émission « Sept à huit » de Thierry Demaizière sur TF1.

7. a) Une cinquantaine d'autres malheureux

   b) Sa traversée de l'enfer

   c) Un témoignage bouleversant

   d) Le calvaire enduré

8. (aux) clandestins

9. Embarcations de fortune

10. **A**. Se dirigent vers les Canaries.

11. Il est attiré par l'Europe telle qu'il la voyait à la télé, jolies filles et châteaux.

12. Une personne qui organise l'immigration illégale, qui aide les clandestins à atteindre le pays où ils ont l'intention de s'établir.

13. a) Il n'y a pratiquement plus rien à boire ni à manger.

    b) La pirogue commence à couler parce qu'il y a trop de personnes à bord.

14. Il décide de jeter les plus faibles par-dessus bord.

15. Parce qu'ils ont peur d'être jetés par-dessus bord.

16. • certains (dont Mourad) se suicident.

    • d'autres tombent à l'eau sous l'effet des vagues / pendant une tempête.

    • certains meurent à bord.

17. Par l'équipage d'un navire espagnol

18. En écrivant un livre

19. **Exemple de réponse :** ces expressions sont justifiées car ce qui est arrivé à Omar Ba est une véritable tragédie.

PAGE 352

Activité orale

À noter

Si vous avez choisi de travailler ce chapitre dans le cadre du sujet « Questions mondiales » du tronc commun, cette activité peut servir d'oral interactif et vous pouvez noter les élèves à l'aide des critères d'évaluation propres à cet exercice (dans le Guide de langue B).

L'article « Le récit de l'unique survivant » soulève de nombreuses questions qui pourront être discutées en classe. Une fois l'article lu et l'exercice de compréhension réalisé, demander à chaque élève de préparer un énoncé relatif à cet article. L'énoncé pourra par exemple porter sur :

• leur réaction à la lecture de l'article

• le traitement médiatique de l'immigration illégale

• les causes du problème

• les conséquences pour les pays d'accueil

• les solutions à ce problème

En classe, chaque élève devra se préparer à expliquer et à défendre son énoncé. Vous pouvez baliser la discussion à l'aide de certaines directives (par exemple : exiger un minimum de deux réactions à chaque énoncé) pour assurer de véritables échanges.

Exemples d'énoncés

- « Un journal qui publie ce genre d'article cherche à émouvoir le public et ignore les véritables enjeux de l'immigration illégale. »
- « Selon moi, les passeurs sont des criminels qui profitent de la détresse des gens. »
- « Je n'étais pas du tout au courant du drame des clandestins. »
- « Aider les clandestins, c'est notre devoir en tant qu'êtres humains. »
- « La France ne peut pas accueillir toute la misère du monde. » (citation – tronquée et souvent galvaudée – de Michel Rocard)

Grammaire en contexte : l'interrogation

Si nécessaire, révisez ce point de grammaire avant de faire les exercices proposés. Vous pouvez aussi utiliser ces exercices comme test diagnostique avant de réviser la leçon et de faire faire des exercices supplémentaires.

1.

	Courant	Soutenu
Exemple : Les îles Canaries, c'est où exactement ?	✓	
a) Vers quel pays a-t-il été expulsé ?		✓
b) Êtes-vous d'accord avec la politique d'intégration du gouvernement actuel ?		✓
c) Vous faites quoi en ce moment ?	✓	
d) Et votre prochain livre, il sort quand ?	✓	
e) Seriez-vous prêt à recommencer ?		✓
f) Est-ce que vous envisagez un retour en Afrique ?	✓	
g) Vous espérez vraiment que ça serve à quelque chose ?	✓	
h) Que faudrait-il faire pour résoudre ce problème ?		✓
i) Les pays développés doivent-ils rester des terres d'immigration, même en temps de crise ?		✓
j) Pourquoi est-ce qu'on vous a refusé le visa ?	✓	

PAGE 353

2. a) Où / Dans quelles grandes villes la majorité des immigrants s'installent-ils ?

b) D'où viennent la plupart des nouveaux arrivants au Canada ?

c) Pourquoi le taux de chômage chez les nouveaux immigrants demeure-t-il élevé ?

d) Qui doit souvent accepter de recommencer à zéro ?

e) Comment Xiao Ling espère-t-elle avoir de meilleures chances de trouver un emploi dans son nouveau pays ?

f) Qu'est-ce qui a attiré Radu et Cornelia au Québec ? / Qu'est-ce qui vous a attirés au Québec ?

g) À quoi 16 % des immigrants ont-ils des difficultés à s'habituer ?

h) Pourquoi / dans quel but / pour quelle raison certains choisissent-ils de quitter leur pays d'origine ?

i) Combien de temps un nouvel immigrant doit-il attendre avant d'obtenir la citoyenneté canadienne ?

j) Quelle(s) langue(s) doit-on connaître pour devenir citoyen canadien ? / Quelles sont les langues officielles du Canada ?

3. a) <u>Quelles</u> raisons vous ont amené à partir ?

b) <u>De quoi</u> avez-vous le plus souffert pendant la traversée ?

c) <u>À quels</u> dangers les réfugiés ont-ils échappé ?

d) <u>Quelles</u> conditions doit-on remplir pour obtenir un visa ?

e) <u>À quelles</u> difficultés les nouveaux immigrant sont-ils confrontés ?

f) <u>Sur quoi</u> ces préjugés sont-ils fondés ?

g) <u>De quels</u> facteurs faut-il tenir compte pour régler ce problème ?

h) <u>De quoi</u> faudrait-il s'occuper en priorité ?

i) <u>Quel</u> message voulez-vous adresser au gouvernement français ?

j) <u>À quoi</u> peut-on s'attendre à l'avenir ?

PAGE 354

Activité écrite

Exemples de réponses :

1. Pourquoi avez-vous choisi de raconter votre histoire ? / Qu'est-ce qui vous a poussé à publier ce livre ?

2. Qu'est-ce qui peut expliquer que tant de jeunes Sénégalais cherchent à quitter leur pays ?

3. Et vous, pourquoi avez-vous choisi de partir ?

4. Étiez-vous au courant des risques énormes que vous couriez ? / Les gens sont-ils au courant des risques énormes encourus par les clandestins ?

5. Avez-vous trouvé ce que vous cherchiez en Europe ?

6. Selon vous, d'où vient ce mythe de l'Eldorado européen ?

7. Comment expliquez-vous l'accueil négatif que votre livre a reçu au Sénégal ?

8. Avez-vous un message à communiquer aux jeunes Sénégalais ? / Quand vous rencontrez des jeunes Sénégalais, que leur dites-vous ?

9. Pensez-vous que votre témoignage puisse changer quelque chose ? Pensez-vous que votre histoire empêchera les jeunes de s'embarquer sur une pirogue à destination des Canaries ?

10. De quoi êtes-vous le plus fier ? / Quel est votre plus grand succès ?

Si vous trouvez que la rédaction des questions est difficile pour vos élèves, nous proposons ici deux variantes de cet exercice.

À *noter*

Comme ces variantes ne se trouvent pas dans le livre de l'élève, vous devrez photocopier l'exercice de votre choix. Les réponses sont indiquées à la suite des exercices.

Variante 1 (Accent mis sur la formulation des questions)

Reconstituez les questions de l'interview.

1. à publier ce livre / a motivé / qu'est-ce qui / vous ?

2. à quitter leur pays / cherchent / peut expliquer que / qu'est-ce qui / tant de jeunes Sénégalais ?

3. choisi de partir / avez-vous / et vous, / pourquoi ?

4. au courant / les clandestins / les gens / des risques énormes / sont-ils / encourus par ?

5. avez-vous / en Europe / ce que vous cherchiez / trouvé ?

6. ce mythe / d'où / selon vous, / vient / de l'Eldorado européen ?

7. au Sénégal / l'accueil négatif / expliquez-vous / comment / que votre livre a reçu ?

8. des jeunes Sénégalais, / quand / leur dites-vous / que / vous rencontrez ?

9. quelque chose / puisse changer / pensez-vous que / votre témoignage ?

10. plus grand / est / votre / succès / quel ?

Réponses : voir le corrigé de l'exercice ci-dessus.

Variante 2 (Accent mis sur la compréhension)

Associez les questions ci-dessous aux réponses d'Omar Ba.

a) Avez-vous trouvé ce que vous cherchiez en Europe ?

b) Comment expliquez-vous l'accueil négatif que votre livre a reçu au Sénégal ?

c) Et vous, pourquoi avez-vous choisi de partir ?

d) Les gens sont-ils au courant des risques énormes encourus par les clandestins ?

e) Pensez-vous que votre témoignage puisse changer quelque chose ?

f) Qu'est-ce qui vous a motivé à publier ce livre ?

g) Qu'est-ce qui peut expliquer que tant de jeunes Africains cherchent à quitter leur pays ?

h)   Quand vous rencontrez des jeunes Sénégalais, que leur dites-vous ?

i)   Quel est votre plus grand succès ?

j)   Selon vous, d'où vient ce mythe de l'Eldorado européen ?

Réponses :

1.   f)

2.   g)

3.   c)

4.   d)

5.   a)

6.   j)

7.   b)

8.   h)

9.   e)

10. i)

PAGE 356

Europe, terre promise ?

Mise en route   NS

Menez une discussion avec les élèves pour susciter une première réflexion sur ce thème et les préparer à la lecture du texte.

PAGE 357

> ### Europe, terre promise ?

PAGE 358

Compréhension   NS

1.   Paradis

2.   **E.** On ne se fatigue pas

3.   **D.** On vit sans se faire de souci

4.   **A.** On a assez d'argent

5.   **F.** On peut prendre le temps de faire ce qu'on veut

6.   Elle a épousé un Français.

7.   **D.** Les problèmes conjugaux de Salie.

8.   **A.** N'est qu'un souvenir de plus rapporté d'Afrique par son mari.

9.   Ma peau ombragea l'idylle / les siens ne voulant que Blanche-Neige.

10. Les noces furent éphémères.

11. Rentrer la tête basse

12. a) Étudiante

     b) Femme de ménage

13. **B.** Que son frère n'a vraiment aucune idée de la vie qu'elle mène en France.

14. **A.** Aux yeux de Madické, puisque Salie habite maintenant en France, elle n'a aucune raison de se plaindre.

PAGE 359

15. **K.** les maux

16. **I.** empêchent de voir

17. **H.** empêche de bien entendre

18. **G.** diminue

19. **F.** le destinataire

20. **L.** ses paroles violentes

21.   a) Il profite de sa famille.

        b) Il profite du soleil.

22.   a) (La) solitude de l'exil

        b) (Son/mon/le) combat pour la survie

        c) (L')état d'alerte permanent où me gardaient mes études / où la gardaient ses études.

23. **C.** A choisi la solution la plus facile.

24.   Elles cultivent leur lopin de terre et nourrissent leur progéniture.

25. **B.** Le rôle de Salie est d'entretenir les rêves de sa famille.

26. **C.** Les liens familiaux.

27.   Servir de sécurité sociale (aux siens) / obligation d'assistance

28.   Fardeau

29.   Parce que leur plus grande quête demeure l'amour et la reconnaissance de ceux qu'ils ont quittés.

PAGE 360

Activité orale   NS

À noter

Si vous avez choisi de travailler ce chapitre dans le cadre du sujet « Questions mondiales » du tronc commun, cette activité peut servir d'oral interactif et vous pouvez noter les élèves à l'aide des critères d'évaluation propres à cet exercice (dans le Guide de langue B).

Selon le temps disponible et le nombre d'élèves, vous pouvez fixer à l'avance la longueur approximative du jeu de rôles.

Les élèves ne devraient pas lire leurs notes.

Pour encourager une meilleure écoute et impliquer le reste de la classe, vous pouvez demander aux élèves d'évaluer leurs camarades à l'aide des critères d'évaluation de l'oral interactif.

PAGE 361

Comment rédiger le travail écrit   NS

Cette activité peut servir d'entraînement à la rédaction du travail écrit. Les élèves pourront ainsi se familiariser avec les exigences de cet exercice avant de rédiger le travail qui sera évalué par les examinateurs du Baccalauréat International.

Avant de faire cette activité, il pourrait être bénéfique de réviser les caractéristiques de l'interview en faisant observer le texte modèle (page 447) et remplir la « fiche d'analyse » fournie à la page 182 du livre du professeur.

La liste de vérification pourra être utilisée pour l'auto-évaluation ou pour l'évaluation par les pairs.

Vous pouvez noter le travail selon les critères de cet exercice (dans le Guide de langue B) ou encore demander à chaque élève d'évaluer le travail de l'un de ses pairs.

PAGE 363

Candide, ou l'optimisme

Cette activité devrait être accessible à tous, même si les activités précédentes de cette unité (autour du texte de Fatou Diome) ont plutôt été conçues pour les élèves du Niveau supérieur.

Avant de faire travailler les élèves, il serait profitable de définir les modalités pratiques de cette activité : combien d'aspects différents chaque équipe devrait-elle aborder ? Combien de temps la présentation devrait-elle durer ?, etc.

Il pourrait aussi être utile de réviser le conditionnel.

PAGE 364

Les dessous d'Eldorado

Mise en route

Cette activité a pour but de préparer les élèves à la lecture du fait divers. Il serait profitable de faire un lien avec les événements de l'actualité récente si cela peut aider les élèves à imaginer la situation évoquée et à mieux la comprendre.

PAGE 365

Un sans-papiers bordelais se défenestre pour échapper à un contrôle

Compréhension

1. **L.** Il est arrivé en France pour la première fois.

2. **J.** Il a passé cinq ans à Paris.

3. **B.** Il a été expulsé.

4. **G.** Il a payé 10 000 euros pour obtenir un visa de tourisme.

5. **I.** Il est revenu en France après deux mois.

6. **D.** Il s'est installé à Bordeaux.

7. **E.** Il a été arrêté en début d'année.

8. **N.** Il a incarcéré un mois. / **H.** Il a été condamné à deux années d'interdiction du territoire.

9. **H.** Il été condamné à deux années d'interdiction du territoire. / **N.** Il a été incarcéré un mois.

10. **A.** Il s'est jeté par la fenêtre pour échapper à un contrôle de police chez lui.

11. **K.** Il s'est cassé une jambe.

12. **F.** Il a été conduit à l'hôpital Pellegrin pour y être soigné.

13. **C.** Il est ressorti libre de l'hôpital en fin de journée.

14. **M.** Une association de soutien aux travailleurs immigrés va bientôt demander une régularisation de son statut.

PAGE 366

Grammaire en contexte : les connecteurs temporels

Si nécessaire, révisez ce point de grammaire avant de faire les exercices proposés. Vous pouvez aussi utiliser ces exercices comme test diagnostique avant de réviser la leçon et de faire faire des exercices supplémentaires.

1. Depuis quatre ans / ce matin / à 6 heures / au petit jour

2. Aujourd'hui / après cinq années / en 2004 / au bout de deux mois / en début d'année / un mois / désormais

À noter

Les élèves auront peut-être répondu *deux années, six mois, cinq ans,* mais dans ce contexte, ces expressions ne servent ni à situer un fait ponctuel dans le temps, ni à faire progresser le récit.

3. Exemples de réponses :

a) Bakary Coulibaly vit maintenant à Bordeaux, mais <u>auparavant</u> il habitait à Paris.

b) Il a passé cinq ans à Paris <u>avant d</u>'être expulsé une première fois.

c) <u>Après avoir obtenu</u> un visa de tourisme, il est revenu en France.

d) <u>Après</u> son arrestation en début d'année, il a été incarcéré.

e) Bakary Coulibaly dormait tranquillement chez lui <u>quand tout à coup</u>, il a entendu les policiers qui frappaient à sa porte.

f) <u>Dès qu</u>'il a entendu les policiers frapper à sa porte, il s'est jeté par la fenêtre.

g) <u>Au moment où</u> les policiers ont ouvert la porte de l'appartement, ils ont constaté que Bakary n'était plus là.

h) <u>Lorsque</u> les sans-papiers sont désespérés, ils sont prêts à courir de grands risques.

i) <u>Tant que</u> son état de santé ne sera pas satisfaisant, Bakary ne pourra pas être incarcéré.

j) Frédéric Alfos espère que Bakary pourra rester en France <u>une fois que</u> son dossier sera régularisé.

Activité écrite

Cette production n'est pas liée à un type de texte particulier. Il s'agit simplement d'exprimer une réaction personnelle. Ce genre de tâche fait partie de l'épreuve 2 du Niveau supérieur, mais il est tout à fait abordable pour les élèves du Niveau moyen, car il constitue un exercice d'écriture relativement court.

Vous pouvez noter la réaction personnelle selon les critères d'évaluation de cet exercice (dans le Guide de langue B) ou demander à chaque élève d'évaluer la réponse de l'un de ses pairs.

15. Science et société

OPTION – Sciences et technologie

		Livre du professeur	Livre de l'élève
Unités	La science dans la vie de tous les jours	p155	p368
	La science en Afrique	p157	p374
	Une carrière scientifique... et pourquoi pas ?	p159	p379
	Science et avenir	p162	p386
Thèmes	La place de la science et de la technologie dans la société La science dans les pays en voie de développement Le rôle du chercheur scientifique Les carrières scientifiques La science : espoir ou menace pour la planète ?		
Objectifs	**Types de textes** L'article La lettre de candidature Le rapport		
	Langue L'expression de la cause et de la conséquence		
	Le coin du BI La réaction personnelle (niveau supérieur) Théorie de la connaissance Préparation à l'oral interactif		

PAGE 368

La science dans la vie de tous les jours

Mise en route

Cette activité est conçue comme une introduction au thème. Elle peut être réalisée individuellement (et corrigée avec l'ensemble de la classe) ou en petits groupes.

Réponses à éliminer

• Les disciplines scientifiques : l'astrologie

• La méthode scientifique : modifier les résultats

• Le travail d'un chercheur : fabriquer des données

• Le but de la science : inventer des formules difficiles à mémoriser

Lors de la correction de l'exercice, vous pouvez en profiter pour aborder quelques-unes des questions soulevées par ces groupes de mots. Par exemple :

• Qu'est-ce qui fait que l'astrologie n'est pas une science ? Qu'est-ce qui est nécessaire pour qu'une discipline soit « scientifique » ?

• Avez-vous mis en pratique la méthode scientifique dans vos cours de science ? Peut-on ajouter d'autres étapes que celles mentionnées ici ?

• Quelles autres activités font partie du travail du chercheur ?

• Pourquoi un chercheur commettrait-il une fraude scientifique ?

• Pouvez-vous trouver d'autres buts à l'activité scientifique ?

PAGE 369

> ## Aimez-vous la science ?

PAGE 370

Compréhension

1. **Faux**   l'école m'en a dégoûté / j'en ai détesté chaque instant.

2. **Vrai**   quantité d'informations et de formules que nous devions apprendre par cœur (et régurgiter le jour de l'examen).

3. **Faux**   j'aurais aimé… comprendre comment la science existe dans la vraie vie / ce n'est pas à l'école que j'ai pu le faire.

4. **Faux**   je cherche à rattraper le temps perdu en regardant des émissions scientifiques (à la télé).

5. **Vrai**   j'ai du mal à m'y retrouver / informations souvent contradictoires (qu'on nous sert dans les médias).

6. **Vrai**   chacun arrive avec ses études / ses chiffres.

7. **Faux**   le public n'a plus qu'à choisir ses sources pour accommoder ses convictions.

8. **Vrai**   le plaisir de résoudre des problèmes (demeure incomparable).

9. **Vrai**   (je vois de plus en plus de recherches) simplement motivées par leur bénéfice commercial potentiel.

10. **Faux**   (je vois notre gouvernement poursuivre son programme politique) en niant les conclusions des études scientifiques.

PAGE 371

Activité orale

Cette discussion peut être suivie d'une mise en commun et d'une récapitulation du vocabulaire (soit du vocabulaire thématique, soit de certains mots ou expressions pour lesquels les élèves ont demandé votre aide pendant la discussion).

Activité écrite

Cette production n'est pas liée à un type de texte particulier. Il s'agit simplement d'exprimer une réaction personnelle. Cette tâche fait partie de l'épreuve 2 du Niveau supérieur, mais elle est tout à fait abordable pour les élèves du Niveau moyen, car elle constitue un exercice d'écriture relativement court.

À noter qu'à l'examen, cette tâche porte exclusivement sur les sujets du Tronc commun.

Les élèves seront appelés à réviser leur production après les exercices de grammaire sur l'expression de la cause et de la conséquence, donc il serait profitable d'attendre cette étape si vous voulez les corriger.

Grammaire en contexte : l'expression de la cause et de la conséquence

Si nécessaire, révisez ce point de grammaire avant de faire les exercices proposés. Vous pouvez aussi utiliser ces exercices comme test diagnostique avant de réviser la leçon et de faire faire des exercices supplémentaires.

1. a) conséquence

    b) conséquence

    c) conséquence

    d) conséquence

    e) conséquence

    f) cause

    g) cause

h) conséquence

i) cause

j) cause

2 et 3   Réponses personnelles

4.   a) grâce à

b) à cause d'

c) grâce à

d) grâce aux

e) à cause d'

5.   L'évaluation peut être faite par l'élève ou par l'un de ses pairs.

PAGE 373

Science, technologie et société

Activité orale

Assurez-vous que les élèves comprennent les énoncés avant de les laisser discuter en équipes.

Il serait aussi utile d'imposer à l'avance une limite de temps pour que toutes les équipes puissent gérer le temps disponible et discuter de tous les énoncés.

Après cette activité, vous pourriez relever l'opinion des élèves pour chaque question : « Combien sont d'accord avec l'énoncé 1 ? Combien sont plus ou moins d'accord ? Combien sont en désaccord ? » Il pourrait être intéressant de voir si les élèves souscrivent à peu près tous aux mêmes points de vue ou si, au contraire, les avis sont très partagés.

PAGE 374

La science en Afrique

Mise en route

Pour cette activité de mise en route, il vous est proposé deux options afin de mieux répondre aux différents contextes d'enseignement et de rendre l'exercice plus pertinent pour chacun.

Si vous avez des élèves de plusieurs origines différentes, il est possible que les deux profils décrits soient représentés au sein d'un même groupe. La discussion n'en sera que plus riche au moment de partager les idées de chaque groupe après la lecture du texte.

Il se peut aussi que tous les élèves de la classe aient le même profil. Dans ce cas, ignorez simplement les directives de l'option qui n'est pas représentée au sein de la classe.

PAGE 375

> « Retrouver le goût de l'avenir »

PAGE 376

Compréhension

1. **B.** sans la science, on ne pourra pas trouver de solutions aux problèmes de l'Afrique.

2. **D.** Cela montre qu'en Afrique, l'accès à l'éducation et au savoir n'est pas toujours facile.

3. **A.** qui précède la démocratie et le développement.

PAGE 377

4. **C.** changer

5. **L.** ont réalisé

6. **M.** plutôt pauvre

7. **D.** conséquences

8. **G.** être fier

9. **H.** ignoré

10. **E.** coûtait

11. **N.** précision

12. (à la) fuite des cerveaux

13. (au) salaire

14. (dans les) pays africains / (en) Afrique

15. (aux) chercheurs

16. (à l') Afrique

17. que l'Afrique se démocratise et connaisse une explosion du savoir scientifique

PAGE 378

Grammaire en contexte : l'expression de la cause et de la conséquence

Exemples de réponses

1. Vu que la concurrence commençait à se développer, **l'industrie pharmaceutique a mis au point de nouveaux traitements.**

2. Le Mali voulait améliorer la vie quotidienne des Africains, c'est pourquoi **il a investi dans la recherche contre le paludisme.**

3. Une équipe de l'Université de Ouagadougou a développé un nouveau test du sida parce que **le test existant était très coûteux.**

4. Le test du sida élaboré par l'Université de Ouagadougou est fiable et peu cher. Résultat : **il a été adopté dans le monde entier.**

5. Grâce au soutien de l'État malien et de ses partenaires, les chercheurs de ce pays **ne s'exilent pas.**

6. Au Mali, les chercheurs gagnent bien leur vie. Par conséquent, **ils restent dans leur pays.**

7. À cause des mauvaises conditions de travail en Afrique, beaucoup de chercheurs **travaillent à l'étranger.**

8. En Afrique subsaharienne, les gens veulent conserver leur identité et leurs traditions, alors **ils refusent parfois le développement.**

9. Faute d'éducation, on ne peut pas développer une culture scientifique.

10. Étant donné que l'Afrique se démocratise, **elle pourra mieux répondre aux besoins réels des Africains.**

Activité orale

Cette activité donne aux élèves l'occasion de revenir sur les questions qui leur ont été proposées avant la lecture du texte. Après avoir lu le texte, ils devraient avoir approfondi leur réflexion sur ce thème et disposer d'un vocabulaire plus étendu. Ceci devrait leur permettre d'élaborer des réponses plus personnelles.

PAGE 379

Une carrière scientifique... et pourquoi pas ?

Mise en route

Pour cette activité, il serait utile de distribuer aux élèves la page du document produit par le Baccalauréat International où chaque attribut du « Profil de l'apprenant » est décrit en détail (et en français).

PAGE 380

« Le plus beau métier du monde »

PAGE 381

Compréhension   NS

1.   **C.** Axel Kahn veut promouvoir la science.

2.   **A.** les nombreuses récompenses reçues par Axel Kahn au cours de sa carrière

3.   **D.** Les Français se méfient des progrès scientifiques et pourtant, ils trouvent que la recherche scientifique est le plus beau métier.

4.   L'allongement de l'espérance de vie / l'espérance de vie qui a gagné plus de quarante ans en un siècle.

5.   Deux des réponses suivantes :
 • les guerres mondiales
 • la bombe atomique
 • l'accident de Bhopal
 • l'accident de Tchernobyl
 • le scandale de l'amiante
 • le scandale du sang contaminé

6.   a) Prudence

 b) Réticence

7.   **A.** de développer librement toutes ses possibilités.

8.   (à la) science et (à la) technique.

9.   **B.** on a raison de faire la fête.

10.   a) joie

 b) jubilation

11   L'Hexagone.

12.   (à la) Fête de la Science

13.   Le désengagement croissant pour les filières scientifiques (qui sont toutes aujourd'hui en attente d'élèves).

14.   On veut prouver que le but de la science n'est pas uniquement d'être au service d'une entreprise commerciale.

PAGE 382

15.   a) répondre à une énigme de la nature

 b) participer comme citoyen aux débats sur l'usage de ses résultats

16.   (à la) vérité scientifique et (à la) vérité morale.

17.   La désaffection des élèves pour les études scientifiques.

18. **A.** Si les scientifiques gagnaient plus d'argent, la carrière de chercheur attirerait sans doute plus d'élèves.

    D. Il est nécessaire d'être passionné par la science pour faire carrière dans ce domaine.

Activité orale NS TdC

1. Comme il est probable que les élèves ne connaissent pas bien tous les événements mentionnés par Axel Kahn, il serait profitable qu'ils se documentent avant d'entreprendre cette discussion. Il est recommandé d'utiliser des sources rédigées en français afin de faciliter l'acquisition du vocabulaire requis.

La classe pourrait par exemple être divisée en groupes de six élèves, dont chaque membre serait chargé d'expliquer l'un des événements. Une autre possibilité serait de distribuer à chacun des membres de l'équipe le bref résumé d'un événement, qu'il devrait ensuite expliquer en ses propres mots aux autres membres du groupe. Des exemples de résumés sont fournis ci-dessous.

- Les guerres mondiales – Si les guerres ont engendré de nombreux progrès technologiques et scientifiques (radars, aviation, nouveaux matériaux et nouveaux produits de synthèse, avancées médicales comme les transfusions sanguines, nouveaux médicaments, etc.), elles ont aussi servi à développer des inventions comme les armes chimiques ou la bombe atomique. De plus, pendant la Seconde guerre mondiale, les chambres à gaz nazies et les expériences médicales sur les prisonniers ont révélé les aspects les plus sinistres de la science.

- La bombe atomique – La bombe atomique a été utilisée à deux reprises sur des populations humaines. En août 1945, l'armée américaine a bombardé les villes d'Hiroshima et de Nagasaki. Le nombre exact de victimes est difficile à déterminer, mais celles-ci se comptent par centaines de milliers, en majorité des civils. L'utilisation de la bombe atomique demeure controversée, certains jugeant qu'elle a entraîné la reddition du Japon et donc évité des victimes supplémentaires. D'autres, par contre, considèrent qu'il s'agit d'actes barbares et de crimes de guerre. Beaucoup s'entendent pour dire que c'est à partir de ce moment-là que l'image du scientifique a changé dans l'opinion publique.

- L'accident de Bhopal – Survenu en Inde en 1984, il s'agit de la pire catastrophe industrielle à ce jour. Le nombre de victimes varie considérablement selon les sources consultées, mais la fuite de gaz toxiques à l'usine de pesticides de la société Union Carbide aurait fait entre 7 000 et 20 000 morts et des milliers de blessés et d'invalides. On estime à environ 500 000 le nombre de personnes qui ont souffert ou souffrent toujours des conséquences de cette tragédie (contamination de l'environnement, malformations, cancers, etc.). L'accident aurait été provoqué par la négligence de l'entreprise, qui aurait sacrifié les mesures de sécurité pour augmenter la rentabilité.

- L'accident de Tchernobyl – Survenu en Ukraine en 1987, c'est, de même qu'avec le Japon en 2011, le plus grave accident nucléaire répertorié à ce jour. Les conséquences écologiques et sanitaires de cette catastrophe ont été considérables. On attribue l'ampleur de la catastrophe à une mauvaise conception du réacteur, à des processus de sécurité inadéquats et à une mauvaise gestion de l'accident.

- Le scandale de l'amiante – En 1997, le gouvernement français a décidé d'interdire totalement l'utilisation de l'amiante, ce minéral étant considéré comme cancérogène. On a ainsi procédé au désamiantage des bâtiments publics. Le scandale vient du fait que le gouvernement aurait tardé à prendre cette décision. De nombreuses procédures judiciaires ont été engagées en France contre des employeurs qui auraient négligé de protéger la santé et la sécurité de leurs employés en les exposant à l'amiante. Toutefois, pour certains, ce scandale a été grandement exagéré par les médias et les groupes de pression qui auraient confondu deux minéraux portant le même nom, l'un nocif (amiante bleu / amphiboles) et l'autre non (amiante blanc).

- Le scandale du sang contaminé – Dans les années 1980, en France et au Canada notamment, des produits sanguins contaminés par le virus du sida ont été distribués avant que des mesures de contrôle des dons de sang ne soient mises en place et ce, même si le risque de contamination était connu par les autorités. Jusqu'à 95 % des hémophiles français auraient été contaminés. Au Canada, 1 200 personnes ont ainsi contracté le virus du sida et 12 000 le virus de l'hépatite C.

Activité écrite

Si les activités de compréhension et d'approfondissement autour de l'interview d'Axel Kahn ont été conçues pour les élèves de Niveau supérieur, les activités de production écrite sont en revanche accessibles à tous. Il n'est pas nécessaire d'avoir lu le texte pour pouvoir rédiger ces textes.

Avant de demander aux élèves de rédiger leur production, il pourrait s'avérer utile de faire un travail préparatoire sur l'article, la lettre officielle et le rapport en analysant les modèles pour chacun de ces types de textes aux pages 439, 449 et 452 et en se servant de la fiche de l'élève qui se trouve à la page 182 du livre du professeur.

Vous pouvez également référer les élèves à la « liste de vérification pour la réalisation d'un article », page 121 du livre de l'élève.

Une liste plus complète d'expressions utiles pour rédiger une lettre de candidature se trouve à la page 383. Cette liste pourrait être distribuée aux élèves une fois qu'ils auront rédigé une première version de leur propre lettre.

La lettre de candidature

Introduction

Je vous adresse ma candidature car je souhaiterais effectuer un stage dans votre laboratoire.

Actuellement élève de terminale au lycée X, je suis à la recherche d'un stage dans le domaine Y.

Corps de la lettre

Travailler dans votre laboratoire m'intéresse particulièrement car…

J'obtiendrai mon diplôme du Baccalauréat International au mois de juillet et je compte entreprendre des études de chimie à l'université de X à l'automne prochain.

Dans le cadre de mon diplôme du Baccalauréat International, j'ai rédigé un mémoire de 4 000 mots sur…

Mes atouts sont…

J'ai un bon esprit d'équipe, une grande facilité d'adaptation et le sens de l'organisation.

Je possède de solides connaissances en informatique.

Conclusion

J'espère vous avoir convaincu(e) de ma motivation et aimerais pouvoir vous rencontrer prochainement.

Je serais heureux / heureuse de pouvoir vous rencontrer afin de discuter des possibilités de stage dans votre laboratoire.

✂ ....

La lettre de candidature

Introduction

Je vous adresse ma candidature car je souhaiterais effectuer un stage dans votre laboratoire.

Actuellement élève de terminale au lycée X, je suis à la recherche d'un stage dans le domaine Y.

Corps de la lettre

Travailler dans votre laboratoire m'intéresse particulièrement car…

J'obtiendrai mon diplôme du Baccalauréat International au mois de juillet et je compte entreprendre des études de chimie à l'université de X à l'automne prochain.

Dans le cadre de mon diplôme du Baccalauréat International, j'ai rédigé un mémoire de 4 000 mots sur…

Mes atouts sont…

J'ai un bon esprit d'équipe, une grande facilité d'adaptation et le sens de l'organisation.

Je possède de solides connaissances en informatique.

Conclusion

J'espère vous avoir convaincu(e) de ma motivation et aimerais pouvoir vous rencontrer prochainement.

Je serais heureux / heureuse de pouvoir vous rencontrer afin de discuter des possibilités de stage dans votre laboratoire.

PAGE 385

Activité orale

Selon le niveau des élèves et le temps disponible, ces jeux de rôles peuvent être préparés ou improvisés.

PAGE 386

Science et avenir

Mise en route

1. Lors du remue-méninges, notez les réponses des élèves au tableau. Il sera alors plus facile de diviser les réponses en deux catégories pour la question 2.

2. Exemple de menace extérieure : une collision avec un astéroïde

   Exemple de menace causée par les humains : la guerre nucléaire

PAGE 387

> ## Qui parle encore de l'hiver nucléaire ?

Avant de faire lire le texte aux élèves, il serait important d'attirer leur attention sur le 8ᵉ paragraphe. Celui-ci contient en effet beaucoup de vocabulaire spécialisé employé à dessein pour produire un effet de style. Il n'est absolument pas nécessaire que les élèves cherchent ces mots dans le dictionnaire. Il est cependant important qu'ils réfléchissent à l'effet produit par cette longue énumération de termes compliqués (voir la question 14).

PAGE 388

Compréhension   NS

1. La forme d'un holocauste atomique.

2. **B.** ces sujets de discussion sont devenus banals pour eux.

3. La référence à l'arsenal nucléaire soviétique ou aux ogives soviétiques.

4. **A.** plus nous avions d'informations, plus nous avions peur.

5. **D.** sont au courant des moindres détails au sujet de la menace nucléaire.

6. À la guerre nucléaire / à une Troisième guerre mondiale

7. Trois réponses parmi les suivantes :
   • s'entasser trois semaines sous terre
   • manger des sardines à l'huile
   • jouer au poker avec des allumettes
   • déféquer dans une boîte de conserve

8. **C.** ne savaient plus de quoi ils devaient avoir peur maintenant que la menace d'une guerre nucléaire avait disparu.

9. **A**. cherchaient désespérément des raisons pour continuer d'être obsédés par l'apocalypse.

10. Au passage à l'an 2000.

11. Les pannes d'ascenseur.

12. Cette juxtaposition insolite vient désamorcer l'exagération des autres termes de l'énumération et tourner en ridicule ces sombres prédictions.

13. Seule une grand-mère avait perdu sa liste d'épicerie hebdomadaire, en banlieue de Pittsburgh.

PAGE 389

14. **D.** ne se fait pas d'illusions au sujet de l'humanité.

15. Cette énumération accable le lecteur de la même façon que les gens sont accablés par toutes les menaces réelles ou imaginaires qui pèsent sur eux.

16. la liste de nos périls / une liste invraisemblable

17. aux ingrédients imprimés sur un paquet de ramen

18. **B.** ne peuvent plus vivre sans la menace d'une quelconque fin du monde.

Activité orale   NS

1. Réponses personnelles

Exemples de réponses

2. Les substances cancérigènes, la fluoration de l'eau courante, le bogue de l'an 2000, les pannes d'ascenseur, les accélérateurs de particules, les nanotechnologies, la Glace-9, la transformation industrielle des humains en panneaux de ripe agglomérée, les gras hydrogénés, les pesticides et / ou herbicides, les antibiotiques

3–4 Réponses personnelles

5. Exemples d'ironie

La juxtaposition d'éléments apparemment disparates comme :

• les marelles et les discussions sur l'arsenal nucléaire soviétique

• le retour au Moyen Âge et les pannes d'ascenseur

• la grand-mère qui a perdu sa liste d'épicerie et les humains qui continuent à vaquer à leurs occupations sordides

Des remarques comme :

• Le calendrier grégorien comme agent de destruction, il fallait y penser.

• Comment la fin du monde pouvait-elle inquiéter qui que ce soit ?

L'insistance sur des détails comme :

• la description de la vie dans un bunker nucléaire

La longue énumération de la fin du texte, qui exagère les peurs au-delà de toute vraisemblance.

Le contraste obtenu lorsque des événements majeurs comme la chute de l'URSS et la fin du monde sont rendus triviaux par des expressions comme « peu importe » et « n'importe quoi ».

16. La science en débat

OPTION – Sciences et technologie

		Livre du professeur	Livre de l'élève
Unités	Controverses	p164	p391
	L'expérimentation animale	p165	p394
	Les enjeux de la génétique	p167	p399
	Le clonage : réalité ou science-fiction ?	p169	p405
	Où vont les déchets électroniques ?	p170	p409
	Un peu de poésie	p172	p416
Thèmes	Les OGM La vidéosurveillance L'énergie nucléaire L'énergie éolienne Les animaux de laboratoire Génétique et bioéthique Le clonage Les déchets électroniques		
Objectifs · **Types de textes**	Le tract La dissertation		
Langue	Le subjonctif		
Le coin du BI	Préparation à l'oral individuel Préparation à l'oral interactif		

PAGE 391

Controverses

1. Cette série d'activités a pour but de préparer les élèves à l'oral individuel, durant lequel ils devront faire une présentation de 3 à 4 minutes à partir d'une photo liée à l'une des options.

Les organismes génétiquement modifiés

L'énergie nucléaire

La vidéosurveillance

L'énergie éolienne

2. Les élèves pourraient avoir besoin d'explications pour clarifier certaines des expressions de cet exercice comme le « principe de précaution » ou le « phénomène *pas dans mon jardin* ».

Le « principe de précaution » exprime l'idée que si les conséquences d'une action sont inconnues mais peuvent potentiellement être négatives, alors il vaut mieux s'abstenir de cette action.

Le phénomène « pas dans mon jardin » (on rencontre aussi le terme « pas dans ma cour ») est une traduction du terme anglais « nimby » (« not in my backyard »), apparu aux États-Unis dans les années 1970. Il est utilisé pour tenter de traduire l'attitude « naturellement » égoïste d'opposition d'une population locale face à un projet pouvant détériorer son cadre de vie.

Les organismes génétiquement modifiés	L'énergie nucléaire
la réduction de l'utilisation des pesticides et herbicides (**P**) les effets nocifs sur la santé humaine (**C**) la réduction de la biodiversité (**C**) la dépendance des agriculteurs envers les sociétés qui produisent ces semences (**C**) le principe de précaution (**C**)	le stockage problématique des déchets radioactifs (**C**) le risque d'accident grave (**C**) le détournement du nucléaire civil au profit d'un armement nucléaire (**C**) une solution au problème du réchauffement climatique (**P**) le risque de terrorisme nucléaire (**C**) l'abondance des ressources nucléaires potentielles (**P**)
La vidéosurveillance	**L'énergie éolienne**
la protection de la vie privée (**C**) la prévention de la criminalité (**P**) un sentiment de sécurité au sein de la population (**P**) le droit à l'image et à l'anonymat (**C**) la lutte contre le terrorisme (**P**) la crainte de l'État policier (**C**)	une énergie propre et renouvelable (**P**) la dégradation du paysage (**C**) les nuisances sonores (**C**) la lutte contre les changements climatiques (**P**) l'utilisation d'une ressource gratuite : le vent (**P**) le phénomène « pas dans mon jardin » (**C**)

PAGE 392

3. Voici des exemples de commentaires pouvant être émis par les élèves :

- Sur cette photo, on voit une boîte de maïs en conserve. La boîte est ouverte et un petit panneau de signalisation est planté parmi les grains de maïs. Ce panneau avertit le consommateur d'un danger potentiel.
- Cette photo illustre la controverse entourant les organismes génétiquement modifiés. En effet, beaucoup de gens craignent que les OGM soient néfastes pour la santé. Ils aimeraient que le principe de précaution soit appliqué tant qu'on n'est pas certain que les OGM n'ont pas d'effet négatif sur la santé.
- De nombreuses organisations écologiques demandent que les produits contenant des OGM soient clairement étiquetés comme tels pour que les consommateurs soient bien informés de ce qu'ils achètent.
- On reproche aux OGM de limiter la biodiversité, de favoriser l'agriculture industrielle et de rendre les agriculteurs dépendants des multinationales qui vendent ces semences. Les militants les plus extrémistes vont jusqu'à faucher des champs d'OGM pour sensibiliser la population.
- D'un autre côté, ceux qui sont favorables aux OGM affirment qu'aucune étude n'a montré qu'ils représentaient un danger. Ils pensent au contraire que les OGM permettront de lutter contre la faim dans le monde en permettant aux agriculteurs d'obtenir de meilleures récoltes.
- Selon moi, on doit faire preuve de prudence car on ne sait pas encore si cette technologie est sans danger.

À noter

Pour cet exercice, on ne s'attend pas à ce que les élèves fassent une présentation, mais plutôt qu'ils discutent entre eux.

Activité écrite : rédiger un tract

Avant de demander aux élèves de rédiger leur production, il pourrait s'avérer utile de faire un travail préparatoire sur le tract en analysant la brochure des pages 440–441 et en se servant de la « fiche d'analyse » fournie à la page 182 du livre du professeur.

Les élèves pourront se documenter davantage sur le sujet choisi afin de trouver d'autres informations et arguments pour étayer leur tract.

La liste de vérification pourra être utilisée pour l'auto-évaluation ou pour l'évaluation par les pairs.

PAGE 394

L'expérimentation animale

Mise en route

Lorsque les élèves partageront les mots et expressions qu'ils auront trouvés, il pourrait être intéressant de les diviser en trois catégories au moment de les inscrire au tableau : mots neutres, mots à connotation positive, mots à connotation négative. Vous pourrez ensuite comparer le nombre de mots dans chaque catégorie. Reflète-t-il les opinions des élèves ?

PAGE 395

> ## Pour ou contre l'expérimentation animale ?

PAGE 396

Compréhension

1. **pour l'expérimentation animale :** Nicolas, Olivia, Manu, Camille

    contre l'expérimentation animale : Aude, Fabrice, Loïc

2. Nicolas : **G.** L'expérimentation animale a permis des avancées scientifiques importantes.

3. Olivia : **B.** Pour un fabricant, tester un produit sur les animaux est une précaution essentielle afin d'éviter d'éventuelles poursuites judiciaires.

4. Manu : **A.** La vie des humains est plus importante que celle des animaux.

5. Fabrice : **F.** Tuer un animal équivaut à commettre un meurtre.

6. Camille : **C.** N'allez pas croire que les scientifiques traitent les animaux de laboratoire n'importe comment !

7. Loïc : **E.** Qu'attend-on pour interdire toute cette souffrance infligée aux animaux de laboratoire ?

PAGE 397

Grammaire en contexte : le subjonctif

Si nécessaire, révisez ce point de grammaire avant de faire les exercices proposés. Vous pouvez aussi utiliser ces exercices comme test diagnostique avant de réviser la leçon et de faire faire des exercices supplémentaires.

1. a) Il faut bien sûr que vous <u>lisiez</u> attentivement le manuel de procédures.

    b) Il est obligatoire que les animaux <u>aient</u> un régime alimentaire équilibré et appétissant.

    c) Il est nécessaire que nous leur <u>fournissions</u> des aliments pasteurisés ou stérilisés.

    d) Il est indispensable que les animaux <u>soient</u> hébergés dans des cages appropriées à leur espèce.

    e) Il faudra que vous <u>observiez</u> les animaux au moins une fois par jour.

    f) Il est indispensable que les animaux <u>aient</u> accès à de l'eau potable en tout temps.

    g) Il faut que les singes <u>puissent</u> jouer à des jeux stimulants.

    h) Il faut aussi que leur gardien officiel <u>vienne</u> les voir régulièrement.

    i) Il est obligatoire que les cages des souris <u>comportent</u> un endroit où se cacher.

    j) Il est nécessaire que nous <u>gardions</u> des registres complets et précis sur chaque animal.

2. Réponses personnelles

3. a) Nous <u>désirons</u> que le gouvernement **intervienne** pour mettre fin à ces pratiques barbares.

    b) J'<u>imagine</u> que les résultats obtenus sur l'animal **sont** extrapolables à l'humain.

    c) J'<u>aimerais</u> que vous vous **mettiez** à la place de ces pauvres animaux.

    d) Nous <u>exigeons</u> que la société *Biotechpharma* **réduise** le nombre d'expériences pratiquées sur des animaux.

    e) Je <u>constate</u> que la médecine **a** progressé grâce à l'expérimentation animale.

    f) J'<u>espère</u> qu'on **prend** bien soin des animaux dans ce laboratoire.

    g) Je <u>remarque</u> que beaucoup de défenseurs des animaux **sont** aussi végétariens.

    h) Je <u>crains</u> que ce produit n'**ait** été testé sur des animaux, alors je préfère ne pas l'acheter.

    i) Nous <u>pensons</u> que l'expérimentation animale **est** inutile et cruelle.

    j) Je <u>regrette</u> que le public ne **comprenne** pas les véritables enjeux scientifiques autour de l'expérimentation animale.

PAGE 398

Activité orale : préparation à l'oral individuel

Selon les intérêts des élèves, les sujets traités en classe ou les événements de l'actualité récente, vous pouvez bien sûr faire faire le même exercice à partir d'autres photos que celles qui sont proposées ici.

PAGE 399

Les enjeux de la génétique

Mise en route

Lors de cette activité, les élèves se rendront peut-être compte qu'ils n'ont pas les connaissances nécessaires pour comprendre certains enjeux bioéthiques (par exemple les cellules souches) ou encore qu'ils ne sont pas au courant des lois régissant ces questions (par exemple : l'insémination post-mortem est-elle légale ou non dans leur pays ?). Il serait alors profitable de les encourager à se documenter et de faire un retour sur ces questions lors d'une prochaine leçon.

PAGE 400

Quatre cas problématiques

Il est impératif que les textes soient lus et que les exercices de compréhension soient faits (et si possible corrigés) avant de passer à la discussion de chaque cas.

Il est conseillé de diviser la classe en équipes pour impliquer tous les élèves dans la discussion et pour que le temps de parole de chacun soit accru. Selon le temps disponible, vous pouvez faire discuter les élèves des quatre cas ou bien attribuer un ou deux cas à chaque équipe. Selon le niveau des élèves, il pourrait être utile de réviser le conditionnel, dont l'emploi sera fréquent et nécessaire pour la discussion de chaque cas.

Cas n° 1

Compréhension

1.   **B.** profite de la vie.

2.   Il ne sait pas s'il a hérité de la maladie de son père.

3.   endommage des parties du cerveau / lente dégradation intellectuelle et physique

4.   a) l'impuissance des médecins

     b) maladie incurable

5.   une sur deux

6.   se ronge

7.   en faisant un test génétique

8.   Il aimerait savoir ce qui l'attend et pouvoir imaginer à quoi pourrait ressembler son avenir.

9.   À quoi bon savoir puisqu'il n'existe aucun traitement ?

Activité orale

Réponses personnelles

PAGE 401

Cas n° 2

Compréhension

1.   le risque d'accoucher d'un enfant trisomique

2.   a) prise de sang

      b) amniocentèse

3.   un risque sur 200 de provoquer une fausse couche

4.   avortement ou garder le bébé

5. **A.** cela ne garantit pas cependant

6.   bien portant

7.   Ils ne peuvent détecter toutes les maladies, malformations ou complications possibles.

Activité orale

Réponses personnelles

PAGE 402

Cas n° 3

Compréhension

1.   Il est né pour sauver sa sœur.

2.   d'une grave maladie du sang

3.   une transfusion de moelle osseuse d'un donneur compatible

4.   Ils ont choisi de concevoir un enfant spécialement pour sauver Molly. Cela a été rendu possible grâce à la génétique.

5. **C.** Adam a les mêmes parents que sa sœur

    D. Grâce à des tests génétiques, les médecins ont pu déterminer quel pré-embryon implanter dans l'utérus de la maman.

6.   Dès la naissance, on a recueilli le sang de son cordon ombilical.

7.   Ils se portent bien tous les deux.

PAGE 403

Activité orale

Réponses personnelles

Cas n° 4

Compréhension

1.   le viol et l'assassinat de la jeune Caroline

2.   a) Ils sont convaincus que l'assassin connaissait bien les lieux.

      b) Ils n'ont toujours aucun suspect convaincant.

3. **D.** parce qu'il doute de la légitimité de cette méthode policière.

4.   Le fichier génétique sera détruit.

5.   Il redoute que les policiers conservent le fichier et l'utilisent à chaque fois qu'ils auront des indices génétiques / Il redoute de se sentir éternellement suspect.

PAGE 404

Activité orale

Réponses personnelles

PAGE 405

Le clonage : réalité ou science-fiction ?

Mise en route

1 et 2   Faites travailler les élèves en équipes.

3.   À ce stade-ci, la discussion peut porter sur le clonage en général et pas nécessairement sur le seul clonage humain.

Vous voudrez peut-être prendre en note les informations recueillies lors du remue-méninges afin d'y revenir après la lecture du texte *Faut-il avoir peur du clonage ?* Si des questions sont restées sans réponse, les élèves pourraient faire une recherche et en présenter les résultats à la classe. Cela pourrait aussi faire l'objet d'une production écrite (par exemple un article sur le clonage pour le journal de l'école). Après la lecture du texte, vous pouvez aussi demander aux élèves si leur opinion a changé maintenant qu'ils ont pris connaissance de l'avis des deux spécialistes interviewés.

4.   Réponses personnelles

PAGE 406

> **Faut-il avoir peur du clonage ?**

PAGE 407

Compréhension

1.   **B.** montrer que le journaliste exagère.

2.   **A.** On sait maintenant que cela ne marche pas très bien.

3.   elles sont beaucoup trop grandes / les grossesses deviennent impossibles / les animaux meurent trop vite.

4.   (est) loin d'être au point

5.   le clonage est inutile.

6.   ceux qui se trouvent tellement formidables qu'ils veulent une copie d'eux-mêmes.

7.   a) adopter un enfant

b) avoir recours à des donneurs de sperme ou d'ovules

8.   **C.** n'est pas pour demain.

9.   supercherie

10.   **D.** parce que cela leur permettait de vendre plus de journaux ou d'attirer plus de téléspectateurs.

11.   périlleux

12.   le conditionnel (surtout le conditionnel présent bien qu'on retrouve également quelques verbes au conditionnel passé). Y. Englert emploie ce temps parce qu'il imagine une situation qui n'est pas encore possible.

13.   (à la / sa) femme

14.   (à la) femme et (au) mari

15.   (à la) technique (de clonage)

PAGE 408

16. **E.** qu'un enfant soit génétiquement identique à l'un de ses parents.

17. **H.** tout en ressemblant beaucoup à l'un de ses parents.

18. **I.** mettrait en danger l'équilibre psychologique de son enfant.

19. **A.** cela deviendra un phénomène banal.

20. C'est la première fois que nous pouvons changer l'être humain (et que nous en sommes conscients). / Jamais encore on n'a pu prendre la décision de changer l'être humain lui-même.

Activité orale

Selon le temps disponible et le nombre d'élèves, vous pouvez fixer d'avance la longueur approximative du jeu de rôles.

Les élèves ne devraient pas lire leurs notes.

Pour encourager une meilleure écoute et impliquer le reste de la classe, vous pouvez demander aux élèves d'évaluer leurs camarades à l'aide des critères d'évaluation de l'oral interactif (dans le Guide de langue B).

PAGE 409

Où vont les déchets électroniques ?

Cette séquence d'activités a été conçue pour le Niveau supérieur à cause du niveau de difficulté du texte retenu. Cependant, il serait possible d'adapter la séquence pour les élèves du Niveau moyen en utilisant un texte plus facile sur le même thème ou un court reportage vidéo. Les élèves du Niveau moyen pourraient alors participer à la discussion préalable ainsi qu'au projet de recherche proposé par la suite.

Mise en route

Les questions proposées devraient permettre aux élèves de se rendre compte que le problème des déchets électroniques les concerne directement.

PAGE 410

Le déversement des déchets électroniques en Afrique

Compréhension NS

1. **F.** Forte croissance du volume des déchets électroniques

2. **D.** Expédition de vieux ordinateurs en Afrique pour réduire la fracture numérique

3. **E.** Les deux débouchés pour les déchets électroniques en Afrique

4. **H.** Pollution causée par le traitement inadéquat des déchets électroniques

5. **C.** Expédier les vieux ordinateurs en Afrique : une fausse bonne idée

6. **A.** Appel à l'action

7. (est) toujours plus gourmande

8. (le problème de) la destruction et du recyclage des appareils électroniques

9. **B.** part des déchets électroniques dans l'ensemble des déchets

10. **D.** poids annuel des déchets informatiques en France

11. **H.** nombre d'ordinateurs jetés aux États-Unis annuellement

12. e-déchets

13.   la frénésie ambiante pour les produits high-tech

14.   pour réduire le fossé numérique

PAGE 412

15. **D.** inégalité d'accès aux technologies numériques, particulièrement entre les pays développés et les pays du Sud

16.   Ils permettent de réparer et réutiliser les vieux ordinateurs et donc de rendre le matériel informatique plus accessible.

17.   80 % des machines sont inutilisables.

18.   a) Il est vendu dans les marchés parallèles de produits informatiques de seconde main

        b) Il aboutit dans des décharges numériques. / Il est jeté et incinéré.

19. **B.** conséquences

20. **G.** moyen de transmission

21. **J.** pris

22. **L.** recommandés

23. **M.** réduire

24. **D.** immense poubelle

25.   a) allonge la durée de vie des machines

        b) permet à d'autres personnes moins favorisées d'en tirer profit

26. **A.** les bénéfices que les Africains peuvent en tirer sont négligeables par rapport aux dangers que cela représente.

27.   scandale

PAGE 413

Activité orale

Quatre projets de recherche sont proposés, mais selon les circonstances locales, les intérêts des élèves et les questions que ceux-ci se posent, vous pouvez bien entendu accepter d'autres projets du même type.

Les directives (nombre d'élèves par équipe, durée de la présentation, utilisation de la technologie, etc.) devraient être clairement définies avant la réalisation du projet.

PAGE 414

Activité écrite : rédiger une dissertation

Les sujets devraient permettre aux élèves de réutiliser certaines des connaissances acquises en faisant les activités proposées dans les deux chapitres sur la Science et la technologie.

Avant de faire cette activité, il pourrait être bénéfique de réviser les caractéristiques de la dissertation en faisant observer le texte modèle (page 444) et remplir la « fiche d'analyse » fournie à la page 182 du livre du professeur.

La liste de vérification à la page 415 pourra être utilisée pour l'auto-évaluation ou pour l'évaluation par les pairs.

PAGE 416

Un peu de poésie

Mise en route

Le déroulement de mise en route est expliqué dans le livre de l'élève. Celle-ci a pour but de familiariser les élèves avec le vocabulaire du poème et de laisser libre cours à leur créativité.

1.   **A :** ces mots se rapportent au champ lexical de la communication

     B : ces mots évoquent la nature

     C : ces mots évoquent des sentiments négatifs comme le malheur ou la tristesse

PAGE 417

Solitude

Alain Bosquet (1919-1998), de son vrai nom Anatole Bisk, était un écrivain français d'origine russe. Il a publié de nombreux recueils de poésie, essais, romans, récits, nouvelles et pièces de théâtre. Il a été élu membre de l'Académie royale de langue et de littérature française de Belgique en 1986.

Compréhension

1.   Il pourrait s'agir d'un scientifique (géographe, chercheur en sciences de l'environnement...)

2.   **A.** plus il acquérait de connaissances scientifiques, plus il se sentait seul.

3.   les lecteurs / les autres humains

4.   Réponses personnelles

5.   **Exemple de réponse :** Le poème met en scène un scientifique. Il nous permet de nous interroger sur le lien qui unit les scientifiques, la science et le grand public et le rôle que chacun a à jouer.

6.   Réponses personnelles

17. Le travail écrit (niveau moyen)

PAGE 418

Lors de leur deuxième année du Baccalauréat International, les élèves devront rédiger un travail écrit. Le travail écrit se compose d'une **tâche écrite** et d'un **préambule**.

Quelques rappels :

• Le travail écrit se fait sous surveillance en classe. L'utilisation de dictionnaires et de matériel de référence est autorisée.

• Il est recommandé de consacrer 3-4 heures à la rédaction de la tâche écrite et du préambule.

• Vous devez fournir à vos élèves **trois textes** sur un des sujets du tronc commun.

• Il est suggéré que chaque texte soit de 300–400 mots. Si les textes que vous avez choisis sont trop longs, vous devez les modifier de manière à ce qu'ils soient de la longueur requise.

• Le travail écrit est un travail individuel. Vous ne pourrez guider l'élève et le conseiller que pour le choix de la tâche. Vous ne devez pas corriger son travail écrit.

• En s'aidant des informations des trois textes, l'élève devra ensuite rédiger un texte de 300–400 mots en utilisant un type de texte de son choix.

• L'élève devra aussi rédiger un préambule dans lequel il / elle précisera les objectifs qu'il / elle a voulu atteindre et les moyens employés pour atteindre ces objectifs. Il / Elle devra également expliquer comment les détails des trois textes ont été utilisés.

Dans cette unité, nous allons guider les élèves étape par étape dans la rédaction du travail écrit.

L'unité est divisée en deux parties :

a)   Les sans domicile fixe

b)   Les enfants soldats

Pour chaque partie, nous allons aider les élèves à dégager le plus d'informations possibles dans les trois textes que nous aurons choisis pour eux. Nous choisirons également un type de texte pour eux et leur montrerons comment rédiger le préambule ainsi que la tâche écrite.

PAGE 419

Le droit au logement – Les sans domicile fixe

Nous avons choisi ici de traiter du thème de l'exclusion en nous penchant particulièrement sur le droit au logement avec les SDF, ainsi que sur le droit des enfants soldats.

Attention ! Ces textes et exercices ne sont donnés qu'à titre d'exemple et il est fortement déconseillé de les réutiliser pour le travail final destiné à être soumis à la correction des examinateurs du Baccalauréat International.

Toutes les activités de cette unité seront faites individuellement de manière à mieux préparer les élèves à travailler de manière plus indépendante. Toutefois, lors de la correction de chaque exercice, ils pourront discuter de leurs réponses entre eux et avec le reste de la classe. Cette remarque ne s'applique pas, bien sûr, aux questions sur les textes auxquelles les élèves doivent répondre par groupes de deux.

Avant de lire les trois textes, il est toujours bon de vérifier les connaissances des élèves au sujet de la situation des SDF. Pour cela ils peuvent remplir le tableau proposé à la page 419 dans le livre de l'élève individuellement ou par deux.

Les élèves doivent lire les trois textes au sujet des SDF : une interview avec un SDF à Paris (Texte A), puis le célèbre discours de l'Abbé Pierre en 1954 appelant les Français à aider les SDF (Texte B) et enfin une interview avec un sociologue qui s'est tout particulièrement intéressé à la situation des SDF (Texte C). Lors de la lecture de ces trois textes, vous pouvez suggérer aux élèves de noter les faits qui leur paraissent les plus importants dans chaque texte. Suivant le niveau de la classe, les élèves pourront lire les textes à la maison ou en classe. Ils pourront répondre aux questions à la page 424 soit après avoir lu tous les textes en même temps, soit après avoir lu les trois textes.

PAGE 424

Étape 1 – Avez-vous bien compris les textes ?

Activité orale

Afin de s'assurer qu'ils ont bien compris le sens de chaque texte, les élèves doivent répondre oralement aux questions par groupes de deux.

La question 9 est une question commune aux trois textes. Elle a pour but d'aider les élèves à réfléchir sur la signification de chaque texte et sur ce qu'ils en ont tiré.

Texte A – Hannibal, un SDF à Paris

1. Il est SDF depuis l'âge de 18 ans, depuis deux ans.

2. Il se place près de la chaufferie d'une piscine à Paris.

3. Il fait brûler du papier dans des grandes poubelles.

4. Ses mains portent les marques du froid. Il a les traits du visage qui s'alourdissent.

5. Ce sont les personnes qui sont les moins riches ou même d'autres SDF qui lui donnent de l'argent. Il préfère recevoir de la nourriture.

6. Il ne s'entend pas avec eux et pensent qu'ils sont fous.

7. Il rêve de partir dans un pays chaud où il dessinerait, mangerait et cuirait des bananes ou des noix de coco.

8. Il a donné son dernier euro à un autre SDF, par solidarité.

9. Réponse personnelle

Texte B – Appel de 1954 – Abbé Pierre

1. Il s'agissait sûrement d'une lettre d'expulsion où on lui demandait de quitter son logement.

2. Elles n'ont ni logement, ni nourriture, ni vêtements chauds.

3. Ils sont déjà tous complets.

4. Il demande l'ouverture d'autres centres d'hébergement dans toute la France.

5. Il veut que les sans-abri reçoivent un message accueillant, chaleureux et fraternel.

6. Il va faire terriblement froid.

7. Il a besoin de couvertures, de tentes et de poêles catalytiques.

8. « ...une seule opinion doit exister entre les hommes : la volonté de rendre impossible que cela dure. », « ...aimons-nous assez tout de suite pour faire cela. », « ...l'âme commune de la France. ».

9. Réponse personnelle

Texte C – Le point de vue d'un sociologue

1. Certaines personnes se retrouvent dans la rue suite à une séparation, une maladie ou parce qu'elles ont perdu leur emploi. Certains refusent les règles de la société moderne et la suprématie de l'argent. D'autres ne peuvent plus payer leur loyer.

2. Ils n'ont pas de grandes chances de s'en sortir. Beaucoup restent des marginaux, des « paumés ».

3. Ils passent quelques nuits dehors, mais vont aussi dans les foyers d'urgence ou chez des amis.

4. Ils deviennent sales, ils sentent mauvais et ils perdent toute estime d'eux-mêmes.

5. Ils souffrent de la solitude.

6. Les gens sont indifférents envers eux.

7. Ils font peur.

8. Il faut discuter, engager la conversation avec eux.

9. Réponse personnelle

PAGE 425

Activité écrite et orale

Après avoir lu l'énoncé proposé pour la tâche écrite, les élèves doivent maintenant trouver dans chaque texte des informations qui leur permettront de rédiger un article au sujet des SDF. À l'aide de surligneurs de différentes couleurs, Ils peuvent mettre en évidence les détails les plus importants de chaque texte. Ils peuvent aussi remplir la grille pour s'aider, mais ils doivent utiliser leurs propres mots et ne pas trop copier d'expressions des textes originaux.

	TEXTE A Hannibal	TEXTE B Abbé Pierre	TEXTE C Sociologue
Quelles sont leurs conditions de vie (nourriture, hébergement...) ?	Il est à la recherche des endroits les plus chauds dans la rue. Il n'a pas pris de véritable repas depuis longtemps. Il y a des vols entre SDF. Il y a aussi une certaine solidarité entre SDF. Hannibal a donné de l'argent à un autre SDF.	Ils n'ont pas de quoi se loger. Ils n'ont rien à manger. Ils sont trop légèrement vêtus.	
Pourquoi sont-ils dans la rue ?	Il a quitté ses parents.	Ils ont été expulsés de chez eux.	Ils ont été victimes d'une séparation. Ils ont perdu leur emploi. Ils ont été malades. Ils refusent certains concepts de la société. Ils ne peuvent plus payer leur loyer.
Comment survivent-ils ?	Il fait brûler du papier pour se réchauffer. On lui donne de l'argent. On lui donne des marrons chauds ou de la nourriture.		Ils vont dans des foyers d'urgence. Ils se font héberger par des amis. Ils se débrouillent.
Quels sont les effets de la rue sur leur santé physique et leur santé mentale ?	Ses mains portent les marques du froid. Les traits du visage sont plus prononcés. Il n'a plus de sentiments.	Ils souffrent du froid et, quelquefois, ils en meurent.	Ils ont faim. Ils ont froid. Ils se sentent seuls. Ils essaient de se faire des amis. Ils boivent de l'alcool.
Quelle est leur vision de la vie ?	Pessimiste		Ils ont une vision du monde qui leur est propre.
Comment peut-on les aider ?	Il préfère recevoir de la nourriture.	Ouvrir des centres d'hébergement. Avoir l'esprit solidaire. Faire don de couvertures, de tentes et de poêles.	Discuter avec eux.

PAGE 426

Vocabulaire et expressions grammaticales utiles

Les élèves doivent aussi s'assurer qu'ils utilisent le vocabulaire et les expressions grammaticales appropriés à la tâche écrite.

À partir des mots « SDF », « sans-abri » et « démunis », et à l'aide du diagramme, les élèves doivent classer les différents mots et expressions dans la bonne catégorie. Vous pouvez les inciter à ajouter d'autres mots ou expressions pour chaque catégorie. Vous pouvez aussi leur suggérer d'autres mots ou expressions.

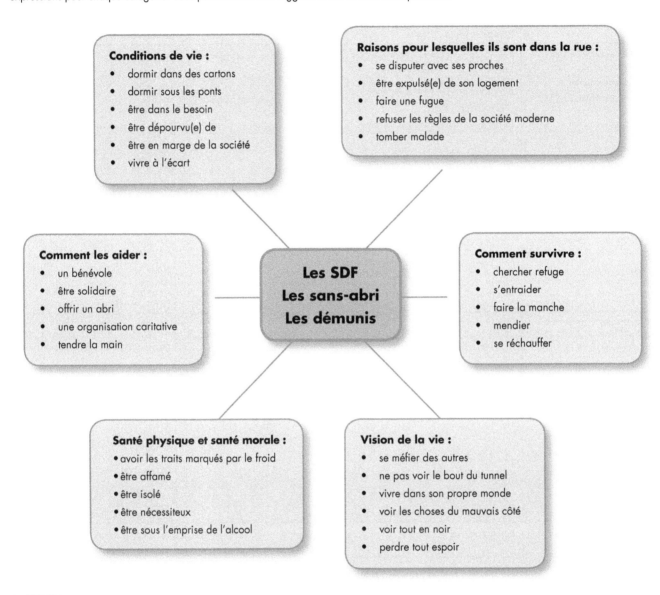

Conditions de vie :
- dormir dans des cartons
- dormir sous les ponts
- être dans le besoin
- être dépourvu(e) de
- être en marge de la société
- vivre à l'écart

Raisons pour lesquelles ils sont dans la rue :
- se disputer avec ses proches
- être expulsé(e) de son logement
- faire une fugue
- refuser les règles de la société moderne
- tomber malade

Comment les aider :
- un bénévole
- être solidaire
- offrir un abri
- une organisation caritative
- tendre la main

Les SDF Les sans-abri Les démunis

Comment survivre :
- chercher refuge
- s'entraider
- faire la manche
- mendier
- se réchauffer

Santé physique et santé morale :
- avoir les traits marqués par le froid
- être affamé
- être isolé
- être nécessiteux
- être sous l'emprise de l'alcool

Vision de la vie :
- se méfier des autres
- ne pas voir le bout du tunnel
- vivre dans son propre monde
- voir les choses du mauvais côté
- voir tout en noir
- perdre tout espoir

PAGE 427

Étape 2 – Comment déterminer le sujet de la tâche écrite que vous devez concevoir

Les élèves doivent maintenant concevoir eux-mêmes la tâche écrite qui leur permet d'utiliser les informations tirées de ces trois textes.

Avant de concevoir cette tâche, ils doivent se poser les questions suggérées dans le livre de l'élève.

Étape 3 – Comment sélectionner le type de texte approprié

Il est possible de rédiger cette tâche écrite en utilisant différents types de textes, comme par exemple le passage d'un journal intime ou le rapport.

Toutefois, à titre d'exemple, nous avons choisi de faire rédiger un article puisque cela semble être le type de texte le plus approprié pour décrire les faits marquants et mettre l'accent sur les statistiques mentionnées dans les trois textes sélectionnés.

Nous proposons un titre pour la tâche écrite en lien avec les trois textes au sujet des SDF : *Mourir seul devant tous*.

À partir des trois textes et du titre proposé, on peut imaginer de nombreuses tâches. Lorsqu'ils rédigeront leur propre travail écrit pour l'examen, les élèves devront trouver celle qui leur semblera la plus pertinente et la plus efficace.

Structurer et écrire un article de journal

1.

Contexte	Situation des SDF pendant l'hiver
Type de texte	Un article de journal
Destinataire	Les élèves de mon établissement scolaire
Buts (2)	a) Attirer l'attention sur la situation des SDF b) Demander de l'aide

2. Les élèves doivent présenter leurs idées clairement et selon un plan précis. L'ordre des questions peut leur donner une idée de plan pour l'article à rédiger. Ils peuvent aussi se référer à la fiche au texte modèle « L'article » (page 439 du livre de l'élève) et à la fiche d'analyse (page 182, livre du professeur).

   a) **A.** Les mains gelées mais le cœur chaud

   C. D'où viennent-ils ?

   E. Comment peut-on les aider ?

   F. La chaleur d'une couverture et d'une main tendue

PAGE 428

   b) Selon l'imagination de l'élève, toutes les photos pourraient servir d'illustration à cet article. Chaque photo doit être accompagnée d'une courte phrase, par exemple :
   • Un chien pour seul compagnon (photo nº 1)
   • Encore une nuit dehors et dans le froid (photo nº 2)
   • Un pays où ils rêvent de s'échapper (photo nº 3)
   • Pensez à eux en faisant vos courses au marché ! (photo nº 4)

3. **A.** Ce n'est pas avec le peu de vêtements qu'ils portent qu'ils vont pouvoir se réchauffer.

   C. La faim leur tiraille le ventre.

   D. La chaufferie de la piscine est un endroit où les SDF aiment rester.

   E. Comble de malheur, pendant qu'il dormait, il s'est fait voler le peu d'argent qu'il avait.

   F. Le froid leur glace le sang et leur transperce le corps.

4. **A.** Ils ont été chassés de chez eux pour ne pas avoir payé leur loyer.

   C. Depuis que sa femme l'a quitté et qu'il a perdu son emploi, il est pris dans un engrenage infernal.

   D. Rien n'allait plus entre lui et sa famille.

   E. La vie moderne et la société de consommation ne correspondaient pas à sa façon de voir la vie.

5. **B.** Dans la rue, il n'y a pas d'autre solution que le Système D.

   D. Ils font la manche à tous les coins de rue.

   E. Ils font brûler tout ce qu'ils trouvent, surtout du papier.

   F. Ils essaient de se faire héberger dans les foyers d'urgence ou chez le peu d'amis qu'il leur reste.

PAGE 429

6. **A.** Le froid est une des plus grandes causes de mortalité chez les SDF.

   B. Ils se mettent à boire beaucoup d'alcool.

   D. Le froid marque leurs mains et leur visage.

   E. Ils souffrent de la solitude.

   F. Ils vieillissent plus vite.

7. **C.** Rien ne va plus !

   D. Pour certains, le monde est sur le point d'exploser.

   E. Comment être optimiste avec une telle vie ?

   F. Ils ont toujours une manière plus poétique de voir les choses.

8. **A.** Ne soyez pas égoïstes ! Pensez à ceux qui n'ont pas de quoi se loger ou se nourrir !

   C. Un peu de nourriture, une couverture, une main tendue ou un sourire leur feraient plaisir.

   D. Discutez avec eux ! Ils auront toujours quelque chose d'intéressant à vous raconter et ils se sentiront moins seuls.

   E. Le gouvernement devrait prendre les choses en main et ouvrir plus de centres d'hébergement

   F. Cela ne peut plus continuer ! Tous ensemble, nous devons combattre cette misère qui est à notre porte !

9. **A.** Cela ne peut plus continuer ainsi ! Il est temps pour nous d'agir !

   D. Ne les oubliez pas, ils ont besoin de vous !

   E. Faisons un petit effort, aidons-les tous !

   F. Unissons-nous pour aider les plus démunis !

Étape 4 – Rédaction du travail écrit

Les élèves doivent ensuite rédiger le travail écrit en utilisant les idées relevées dans les trois textes selon l'exercice 2, en organisant ces idées selon un plan suggéré par les questions et en utilisant les phrases et expressions suggérées dans l'exercice de vocabulaire.

Étape 5 – Rédaction du préambule

Les élèves doivent aussi écrire un préambule de 150–200 mots qui accompagnera leur tâche écrite. Voici un exemple de ce qu'ils pourraient écrire :

*Mon travail écrit s'intitule : « **Mourir seul devant tous** ». Je vais donc rédiger un article de journal qui aura pour but d'éveiller la conscience des autres élèves de mon établissement au sujet de la situation des SDF et qui les incitera ensuite à aider ces personnes en difficulté.*

Il s'agit d'un sujet d'actualité qui me tient beaucoup à cœur et qui m'inquiète aussi, vu le nombre croissant de SDF dans ma ville et dans mon pays.

Lors de la rédaction de cet article de journal, j'utilise des faits marquants pour attirer l'attention du lecteur. J'utilise aussi des phrases exclamatives ou interrogatives pour l'interpeller et le toucher.

(109 mots)

PAGE 430

Le droit des enfants – Les enfants soldats

Maintenant que les élèves ont une meilleure idée de la manière dont le travail écrit doit être conçu et rédigé, nous suggérons dans cette deuxième partie de les laisser travailler plus indépendamment afin qu'ils consolident leurs compétences nouvellement acquises pour la rédaction du travail écrit. Pour ce faire, nous avons choisi trois textes sur le droit des enfants soldats.

Attention ! Ces textes et exercices ne sont donnés qu'à titre d'exemple et il est fortement déconseillé de les réutiliser pour le travail final destiné à être soumis à la correction des examinateurs du Baccalauréat International.

Mise en route

Avant de lire les trois textes proposés ici à titre d'exemple, il est toujours bon de vérifier les connaissances des élèves au sujet de la situation des enfants soldats. Pour cela, ils peuvent remplir le tableau proposé dans le livre de l'élève individuellement ou par deux.

Après avoir lu les trois textes, les élèves devront suivre les étapes suivantes avant de rédiger leur travail écrit.

PAGE 434

Étape 1 – Avez-vous bien compris les textes ?

Dans cette deuxième partie de l'unité, nous ne guidons plus les élèves pour cette première étape. C'est donc à eux de tirer les idées essentielles de chaque texte qui pourraient les aider à rédiger le travail écrit.

Étape 2 – Comment déterminer le sujet de la tâche écrite

Après avoir bien lu les trois textes proposés, les élèves doivent maintenant concevoir eux-mêmes la tâche écrite qui leur permette d'utiliser les informations tirées de ces trois textes.

Avant de concevoir cette tâche, ils doivent se poser les questions suggérées dans le livre de l'élève.

Il est possible de rédiger cette tâche écrite en utilisant différents types de textes, comme par exemple un passage d'un journal intime ou un discours.

Étape 3 – Comment sélectionner le type de texte approprié

Ici, à titre d'exemple, nous avons choisi de rédiger une interview puisque cela semble être le type de texte le plus approprié pour décrire les sentiments et les idées d'un enfant soldat.

Structurer et rédiger une interview

Nous proposons un titre pour le travail écrit en lien avec les trois textes au sujet des enfants soldats.

Idriss : Tchadien, 12 ans et ancien soldat.

À partir des trois textes et du titre proposé, on peut imaginer de nombreuses tâches. Lorsqu'ils rédigeront leur propre travail écrit pour l'examen, les élèves devront trouver celle qui leur semblera la plus pertinente et la plus efficace.

Nous leur donnons un exemple :

Avant la publication de son roman à succès « Allah n'est pas obligé », l'auteur Ahmadou Kourouma rencontre un ancien enfant soldat, Idriss, et lui demande de raconter sa vie en tant qu'enfant soldat et d'expliquer ce qu'on pourrait faire pour mettre fin à cette situation. Vous devez rédiger cette interview de 300–400 mots qui sera publiée dans le journal de votre ville.

Contexte	La vie d'un enfant soldat
Type de texte	Une interview
Destinataire	Les lecteurs d'un journal local
Buts (2)	1. Description de la vie d'un enfant soldat 2. Comment aider les enfants soldats

Étape 4 – Rédaction du travail écrit

La structure de l'interview a déjà été rédigée pour les élèves. Il ne leur reste plus maintenant qu'à fournir les réponses aux questions en s'aidant des détails tirés des trois textes proposés.

PAGE 435

Étape 5 – Rédaction du préambule

Pour l'examen, les élèves devront aussi écrire un préambule de 150–200 mots qui accompagnera leur travail écrit.

Voici un exemple de ce qu'ils pourraient écrire :

Mon travail écrit s'intitule : « Idriss : Tchadien, 12 ans et ancien soldat ». Je vais rédiger une interview publiée dans un journal local qui aura pour but de donner plus de renseignements au sujet des enfants soldats. On envisagera aussi la manière dont les enfants soldats pourraient être aidés.

Je me suis toujours intéressé(e) aux droits des enfants et il est toujours important d'éveiller la conscience de nos citoyens au sujet des enfants qui sont encore maltraités dans certains pays.

Dans cette interview, Idriss s'adresse à l'écrivain, Ahmadou Kourouma, de manière franche et directe. Il lui fait part de sa triste expérience d'enfant soldat, de ses craintes et de ses projets en s'adressant directement à lui et en lui donnant des exemples concrets.

(125 mots)

Note à propos d'Emmaüs :

Emmaüs International : quand le travail des plus démunis forge un monde solidaire !

Légataire universel de l'abbé Pierre, Emmaüs International est un mouvement laïc de solidarité actif contre les causes de l'exclusion depuis 1971. Son combat ? Permettre aux plus démunis de (re)devenir acteurs de leur propre vie en aidant les autres.

De l'Inde à la Pologne en passant par le Pérou ou le Bénin, le Mouvement compte plus de 300 organisations membres dans 36 pays qui développent des activités économiques et de solidarité avec les plus pauvres : lutte contre le gaspillage par la récupération d'objets usagés, artisanat, agriculture biologique, aide aux enfants des rues, microcrédit, etc. Aux quatre coins du monde, ces organisations rassemblent leurs énergies et tissent entre elles des liens de solidarité.

Refusant que l'accès aux droits fondamentaux soit un privilège, Emmaüs International fédère ses membres autour de réalisations concrètes et d'actions politiques. Au cœur de cet engagement, le Mouvement travaille collectivement sur cinq programmes d'action prioritaires : accès à l'eau, accès à la santé, finance éthique, éducation, droits des migrants.

Par leur travail quotidien au plus près des réalités sociales, par leurs engagements collectifs, les groupes Emmaüs démontrent à travers le monde la viabilité de sociétés et de modèles économiques fondés sur la solidarité et l'éthique.

18. Les types de textes

PAGE 436

1. Les traits caractéristiques d'un type de texte peuvent varier d'un pays francophone à l'autre (par exemple : la manière de présenter une lettre officielle).

2. Toutes les caractéristiques propres à un type de texte ne figurent pas nécessairement dans tous les textes de ce type.

3. Lorsque les élèves sont en situation d'examen, ils ne sont pas évalués en tant que journalistes, secrétaires, publicitaires, etc. Il leur faut démontrer une connaissance des caractéristiques **principales** du type de texte requis ce qui va leur permettre de mieux faire passer le message.

PAGE 437

La fiche d'analyse des types de textes

1. La fiche d'analyse des types de textes (qui se trouve dans le livre de l'élève aux pages 437 et 438) peut servir à analyser les textes proposés dans *Le monde en français* ou à analyser tout autre texte qui correspond au programme.

2. Les questions et les réponses qui figurent sur cette fiche ne correspondent pas à des catégories étanches : par exemple, la mise en page d'un texte (question 1) peut, bien entendu, accrocher le lecteur (question 6). Les types de phrases (question 5) ont également un rôle à jouer pour accrocher l'intérêt du lecteur.

3. La fiche d'analyse des types de textes à l'intention de l'élève (à remplir) qui se trouve à la page suivante est à photocopier et à distribuer aux élèves chaque fois qu'ils doivent analyser un texte.

4. Les réponses proposées dans les fiches d'analyse à l'intention du professeur sont données à titre d'exemple. Elles ne sont pas exhaustives.

FICHE D'ANALYSE DES TYPES DE TEXTES (à l'intention de l'élève)

Commencez par lire le texte proposé par votre professeur. Ensuite analysez-le en répondant aux questions suivantes. *Basez vos réponses sur la fiche d'analyse qui se trouve aux pages 437–438.*

TYPE DE TEXTE : ....

1. Quels sont les éléments qui composent le texte ?

2. À qui s'adresse l'auteur ?

3. Quel(s) est/sont le(s) but(s) communicatif(s) du texte ?

4. Comment le texte est-il structuré ?

- Introduction :

- Développement :

- Conclusion :

5. Quelles sont les caractéristiques de la langue ?

- Champ lexical / Champs lexicaux :

- Connecteurs logiques :

- Registre :

- Temps des verbes :

- Types de phrases :

6. Comment l'auteur accroche-t-il le lecteur ?

Quels procédés rhétoriques sont utilisés par l'auteur ?
Donnez au moins un exemple de chaque procédé rhétorique utilisé dans le texte.

PAGE 439

FICHE D'ANALYSE (à l'intention du professeur)
TYPE DE TEXTE : <u>Article</u>

1. Quels sont les éléments qui composent le texte ?

- Chapeau
- Initiales du journaliste
- Intertitre en gras (citation)
- Paragraphes
- Photo
- Texte en colonnes
- Titre
- Typographie variée

2. À qui s'adresse l'auteur ?

- Au grand public
- Aux lecteurs du journal
- Aux habitants de Tahiti

3. Quel(s) est/sont le(s) but(s) communicatif(s) du texte ?

- Informer

4. Comment le texte est-il structuré ?

- Introduction : où, quand, qui, quoi, comment, pourquoi
- Développement :
  a) détails, exemples de la journée
  b) (l'intertitre) l'accent est mis sur le progrès dans le respect de l'environnement
- Conclusion : bilan de la journée

5. Quelles sont les caractéristiques de la langue ?

- Champ lexical : environnement
- Connecteurs logiques : *donc ; même si, bien que ; mais ; vu ; bien que...*
- Registre : courant ; soutenu
- Temps des verbes : passé
- Types de phrases : simples ; complexes

6. Comment l'auteur accroche-t-il le lecteur ?

- Appel à une spécialiste
- Citations
- Citation tirée du texte en intertitre
- Faits ; statistiques

PAGE 440

FICHE D'ANALYSE (à l'intention du professeur)
TYPE DE TEXTE : <u>Brochure</u>

---

1. Quels sont les éléments qui composent le texte ?

- Coordonnées
- Disposition aérée
- Format questions – réponses
- Liste numérotée
- Photos /illustrations / encadrés informatifs
- Sections
- Intertitres (soulignés)
- Texte en colonnes
- Titre
- Typographie variée

---

2. À qui s'adresse l'auteur ?

- Au grand public
- Aux habitants de la commune

---

3. Quel(s) est/sont le(s) but(s) communicatif(s) du texte ?

- Conseiller / avertir
- Expliquer
- Informer
- Persuader

---

4. Comment le texte est-il structuré ?

Dans la mise en page d'une brochure, on retrouve les éléments suivants.

- A qui s'adresse la brochure
- Conseils et renseignements pratiques
- Coordonnées : numéro vert pour plus de renseignements

---

5. Quelles sont les caractéristiques de la langue ?

- Champ lexical : recyclage
- Connecteurs logiques : *désormais, avant de ; depuis (temps) ; donc ; de même…*
- Registre : courant
- Temps des verbes : présent de l'indicatif
- Types de phrases : simples ; exclamatifs

---

6. Comment l'auteur accroche-t-il le lecteur ?

- Appel direct au lecteur (pour « tester ses connaissances »)
- Renseignements pratiques ; statistiques
- Mise en page
- Phrases interrogatives
- Phrases impératives

PAGE 442

FICHE D'ANALYSE (à l'intention du professeur)
TYPE DE TEXTE : <u>Critique de film</u>

---

1. Quels sont les éléments qui composent le texte ?

- Chapeau
- Encadré informatif
- Nom du journaliste
- Paragraphes
- Texte en colonnes
- Titre de l'article
- Titre du journal

---

2. À qui s'adresse l'auteur ?

- Au grand public
- Aux cinéphiles

---

3. Quel(s) est/sont le(s) but(s) communicatif(s) du texte ?

- Conseiller
- Critiquer
- Informer
- Persuader
- Recommander

---

4. Comment le texte est-il structuré ?

- Introduction : (chapeau) où, quand, qui, quoi
- Développement :
  a) portrait des personnages principaux
  b) intrigue
- Conclusion : jugement

---

5. Quelles sont les caractéristiques de la langue ?

- Champs lexicaux : cinéma ; la personne ; la musique
- Connecteurs logiques : *au contraire, mais ; pour...*
- Registre : courant ; soutenu
- Temps des verbes : présent de l'indicatif
- Types de phrases : simples ; complexes

---

6. Comment l'auteur accroche-t-il le lecteur ?

- Note de classement attribué (encadré informatif)
- Titre qui accroche l'intérêt du lecteur
- Suspense : la journaliste ne révèle pas la fin du film

PAGE 442

FICHE D'ANALYSE (à l'intention du professeur)
TYPE DE TEXTE: <u>Discours</u>

---

1. Quels sont les éléments qui composent le texte ?

- Formule d'appel
- Formule finale
- Paragraphes
- Sous-titre
- Texte en colonnes
- Titre

---

2. À qui s'adresse l'auteur ?

- Aux citoyens
- Aux Français

---

3. Quel(s) est/sont le(s) but(s) communicatif(s) du texte ?

- Conseiller / avertir
- Expliquer / justifier
- Informer
- Persuader / exhorter

---

4. Comment le texte est-il structuré ?

- Introduction :
  - contexte (lieu et date)
  - bilan du mandat du Président
- Développement :
  a) objet du discours (le départ du Président)
  b) cinq « messages » adressés aux citoyens
- Conclusion : message personnel du Président aux Français

---

5. Quelles sont les caractéristiques de la langue ?

- Champs lexicaux : questions politiques ; questions mondiales
- Connecteurs logiques : *même si ; d'abord ; désormais ; lors de ; ainsi ; de même ; enfin...*
- Registre : soutenu
- Temps des verbes : passé ; futur simple ; présent de l'indicatif
- Types de phrases : simples ; complexes ; exclamatifs

---

6. Comment l'auteur accroche-t-il le lecteur ?

- Appel direct à l'auditeur / le « nous » de connivence
- Exclamations (une suite de...)
- Faits / exemples
- Impératifs ; exhortations
- Emphase
- Répétitions

PAGE 444

FICHE D'ANALYSE (à l'intention du professeur)
TYPE DE TEXTE: Dissertation

1. Quels sont les éléments qui composent le texte ?

- Titre

- Paragraphes

2. À qui s'adresse l'auteur ?

- Au grand public

- Aux citadins

- Au professeur / à l'examinateur

3. Quel(s) est/sont le(s) but(s) communicatif(s) du texte ?

- Conseiller / avertir

- Expliquer

- Informer

- Faire réfléchir

- Persuader

4. Comment le texte est-il structuré ?

- Introduction : le sujet et le problème qui en découle

- Développement :
  a) le côté positif de la vidéosurveillance
  b) le côté négatif de la vidéosurveillance

- Conclusion : bilan ; dernière question tournée vers l'avenir

5. Quelles sont les caractéristiques de la langue ?

- Champ lexical : technologie

- Connecteurs logiques : *désormais ; selon ; enfin ; ainsi ; grâce à ; par conséquent ; cependant ; donc…*

- Registre : soutenu

- Temps des verbes : le présent de l'indicatif

- Types de phrases : simples ; complexes ; interrogatifs ; tournures impersonnelles

6. Comment l'auteur accroche-t-il le lecteur ?

- Appel direct au lecteur

- Exagérations

- Faits ; statistiques

- Questions rhétoriques

PAGE 445

L'éditorial ne figure pas dans la liste des types de textes pour l'épreuve 2 mais l'étude de sa structure peut servir à comprendre les éditoriaux dans l'épreuve 1 et à rédiger d'autres textes argumentatifs comme la dissertation.

FICHE D'ANALYSE (à l'intention du professeur)
TYPE DE TEXTE: Éditorial

---

1. Quels sont les éléments qui composent le texte ?

- Nom du journal
- Nom du journaliste
- Paragraphes
- Rubrique
- Texte en colonnes
- Titre de l'éditorial

---

2. À qui s'adresse l'auteur ?

- Au grand public
- Aux lecteurs du journal

---

3. Quel(s) est/sont le(s) but(s) communicatif(s) du texte ?

- Expliquer
- Faire agir
- Informer
- Persuader

---

4. Comment le texte est-il structuré ?

- Introduction : le sujet de l'éditorial, les vacances des travailleurs ; pourquoi on en parle
- Développement : prise de position de la journaliste ; arguments contre un allongement des vacances présentés pour mieux les réfuter ensuite
- Conclusion : bilan de la situation ; appel au changement

---

5. Quelles sont les caractéristiques de la langue ?

- Champ lexical : le monde du travail
- Connecteurs logiques : *en effet ; or ; en fait...*
- Registre : familier ; standard
- Temps des verbes : présent de l'indicatif
- Types de phrases : simples ; complexes

---

6. Comment l'auteur accroche-t-il le lecteur ?

- Appel au lecteur (le « nous » de connivence »)
- Exagérations
- Comparaisons
- Statistiques
- Registres familier et courant

Il sera peut-être nécessaire d'expliquer à vos élèves la signification de l'intertitre « Budget 101 » dans le Guide de recommandations. « 101 » renvoie à une initiation (élémentaire) à une matière dispensée dans une université nord-américaine

PAGE 446

FICHE D'ANALYSE (à l'intention du professeur)
TYPE DE TEXTE: Guide de recommandations

---

1. Quels sont les éléments qui composent le texte ?

- Encadré informatif
- Format question-réponse
- Intertitres (en gras)
- Liste
- Nom de la journaliste
- Nom du journal
- Paragraphes (courts)
- Photos
- Texte en colonnes
- Titre de l'article

---

2. À qui s'adresse l'auteur ?

- Aux jeunes
- Aux étudiants en appartement

---

3. Quel(s) est/sont le(s) but(s) communicatif(s) du texte ?

- Conseiller
- Informer

---

4. Comment le texte est-il structuré ?

- Introduction : à qui on s'adresse ; objet du guide
- Développement : 2 conseils suivis d'exemples
- Conclusion : encadré informatif au milieu de la page : un régime alimentaire sain

---

5. Quelles sont les caractéristiques de la langue ?

- Champs lexicaux : nourriture ; régime alimentaire ; budget
- Connecteurs logiques : *lorsque ; même si ; parfois...*
- Registre : familier, standard
- Temps des verbes : présent de l'indicatif
- Types de phrases : simples ; complexes ; impératifs

---

6. Comment l'auteur accroche-t-il le lecteur ?

- Appel direct au lecteur (à l'étudiant)
- Comparaisons
- Exemples tirés de la vie quotidienne
- Faits / statistiques
- Humour
- Phrases exclamatives et impératives
- Questions rhétoriques

PAGE 447

FICHE D'ANALYSE (à l'intention du professeur)
TYPE DE TEXTE: <u>Interview</u>

1. Quels sont les éléments qui composent le texte ?

- Chapeau
- Nom du journaliste
- Questions – réponses
- Texte en colonnes
- Titre de l'interview

2. À qui s'adresse l'auteur ?

- Au grand public

3. Quel(s) est/sont le(s) but(s) communicatif(s) du texte ?

- Informer
- expliquer

4. Comment le texte est-il structuré ?

- Introduction : (le chapeau) présentation de la personne interviewée
- Développement : suite de questions et réponses
- Conclusion : ouverture sur l'avenir

5. Quelles sont les caractéristiques de la langue ?

- Champs lexicaux : théâtre ; lecture
- Connecteurs logiques : *dès que ; par exemple ; actuellement ; car ; ainsi...*
- Registre : courant, soutenu
- Temps des verbes : présent de l'indicatif
- Types de phrases : simples

6. Comment l'auteur accroche-t-il le lecteur ?

- Anecdotes
- Exemples personnels
- Faits
- Questions claires

PAGE 448

FICHE D'ANALYSE (à l'intention du professeur)
TYPE DE TEXTE: Journal intime

1. Quels sont les éléments qui composent le texte ?

- Dates

- Calligraphie : phrase interrogative en lettres majuscules

- Plusieurs passages organisés chronologiquement

2. À qui s'adresse l'auteur ?

- À elle-même

3. Quel(s) est/sont le(s) but(s) communicatif(s) du texte ?

- Exprimer des sentiments

- Raconter

- Rêver

4. Comment le texte est-il structuré ?

- Introduction : Aurore attend un coup de fil

- Développement : les coups de fil reçus ; l'amour ; le rêve

- Conclusion : point culminant ; Marceau n'a pas téléphoné

5. Quelles sont les caractéristiques de la langue ?

- Champs lexicaux : vacances : la personne

- Connecteurs logiques : *donc…*

- Registre : familier

- Temps des verbes : présent de l'indicatif ; passé ; conditionnel

- Types de phrases : simples ; exclamatifs

6. Comment l'auteur accroche-t-il le lecteur ?

- Anecdotes

- Citations

- Comparaisons

- Exagérations

- Humour

- Ironie

- Phrases impératives

- Répétitions

PAGE 449

FICHE D'ANALYSE (à l'intention du professeur)
TYPE DE TEXTE: Lettre officielle

---

1. Quels sont les éléments qui composent le texte ?

- Adresse du destinataire
- Adresse de l'expéditeur
- Date
- Formule d'appel
- Formule finale
- Objet
- Paragraphes
- Signature (nom et prénom)

---

2. À qui s'adresse l'auteur ?

- Aux habitants de la commune

---

3. Quel(s) est/sont le(s) but(s) communicatif(s) du texte ?

- Informer
- Expliquer
- Demander des renseignements

---

4. Comment le texte est-il structuré ?

- Introduction : le sujet (compostage domestique) : pourquoi on en parle
- Développement : enquête à mener et mise en place d'un composteur
- Conclusion : suite aux résultats de l'enquête

---

5. Quelles sont les caractéristiques de la langue ?

- Champs lexicaux : environnement ; recyclage
- Connecteurs logiques : *afin de ; à cet effet ; or...*
- Registre : soutenu
- Temps des verbes : présent de l'indicatif ; futur simple
- Types de phrases : simples ; complexes

---

6. Comment l'auteur accroche-t-il le lecteur ?

- Coupon-réponse joint
- Exemples / faits / statistiques
- Sollicitation / appel

PAGE 450

FICHE D'ANALYSE (à l'intention du professeur)
TYPE DE TEXTE: Courriel

---

1. Quels sont les éléments qui composent le texte ?

- Date
- En-tête (de ; à)
- Formule d'appel
- Formule finale
- Objet
- Paragraphes
- Signature (prénom)

---

2. À qui s'adresse l'auteur ?

- À Emeline
- À une amie

---

3. Quel(s) est/sont le(s) but(s) communicatif(s) du texte ?

- Conseiller

---

4. Comment le texte est-il structuré ?

- Introduction : raison pour écrire
- Développement : conseils et explications
- Conclusion : importance de leur amitié

---

5. Quelles sont les caractéristiques de la langue ?

- Champs lexicaux : amitié ; amour
- Connecteurs logiques : *mais ; et ; alors...*
- Registre : familier (choix de vocabulaire ; structures grammaticales incomplètes)
- Temps des verbes : présent ; passé
- Types de phrases : simples ; exclamatifs ; interrogatifs

---

6. Comment l'auteur accroche-t-il le lecteur ?

- Exagération
- Phrases exclamatives
- Phrases impératives
- Questions

PAGE 451

FICHE D'ANALYSE (à l'intention du professeur)
TYPE DE TEXTE: <u>Courrier des lecteurs</u>

---

1. Quels sont les éléments qui composent le texte ?

- Nom et lieu de résidence de l'auteur de la lettre

- Paragraphes

- Rubrique

- Texte en colonnes

---

2. À qui s'adresse l'auteur ?

- Aux lecteurs du journal

- Au rédacteur ou à l'équipe rédactionnelle du journal

---

3. Quel(s) est/sont le(s) but(s) communicatif(s) du texte ?

- Informer

- Expliquer

- Protester

---

4. Comment le texte est-il structuré ?

- Introduction : pourquoi l'auteur de cette lettre écrit au journal : lecture d'un article dans le journal au sujet de la gratuité de soins homéopathiques

- Développement :
  a) réfutation de la prise de position du journaliste
  b) exemples personnels pour étayer son argumentation

- Conclusion : tournée vers l'avenir : l'espoir d'avoir suscité un débat

---

5. Quelles sont les caractéristiques de la langue ?

- Champ lexical : domaine médical

- Connecteurs logiques : *cependant ; selon ; de plus ; telles que ; pourtant ; dire que…*

- Registre : soutenu

- Temps des verbes : présent de l'indicatif ; passé

- Types de phrases : simples ; complexes ; interrogatifs

---

6. Comment l'auteur accroche-t-il le lecteur ?

- Anecdotes, cas vécu

- Appel aux autres lecteurs du journal / magazine

- Citations

- Questions rhétoriques

PAGE 452

Le rapport proposé tout en ayant certaines des caractéristiques d'un rapport ressemble également à un article informatif.

FICHE D'ANALYSE (à l'intention du professeur)

TYPE DE TEXTE: <u>Rapport</u>

---

1. Quels sont les éléments qui composent le texte ?

- Titre
- Intertitres
- Liste numérotée
- Paragraphes

---

2. À qui s'adresse l'auteur ?

- Au responsable / aux responsables du Solar Camp
- Aux représentants de Greenpeace
- A ceux qui s'intéressent au travail de Greenpeace, à l'environnement
- Aux autres participants au camp

---

3. Quel(s) est/sont le(s) but(s) communicatif(s) du texte ?

- Informer
- Remercier

---

4. Comment le texte est-il structuré ?

- Introduction : quand ; où ; qui ; pourquoi
- Développement : la vie au camp : le travail entrepris ; les chantiers ; les tâches ménagères ; les soirées
- Conclusion : remerciements

---

5. Quelles sont les caractéristiques de la langue ?

- Champs lexicaux : environnement ; vie quotidienne ; loisirs
- Connecteurs logiques : *également ; donc ; dorénavant ; pour + infinitif ; ainsi ; en bref...*
- Registre : informel ; courant
- Temps des verbes : passé
- Types de phrases : simples, complexes

---

6. Comment l'auteur accroche-t-il le lecteur ?

- Anecdotes / cas vécus
- Phrase exclamative
- Renseignements / faits / exemples

Remerciements

Pour leur autorisation de reproduction tous nos remerciements à :

Couverture : © NLPhotos – Fotolia, © austinevan – Creative Commons, © Thierry Hoarau – Fotolia, © Jerome Dancette – Fotolia, © Alexander Raths – Fotolia, © Monkey Business – Fotolia, © Frédéric Combes – Fotolia, © Pierre-Yves Babelon – Fotolia, © Monkey Business – Fotolia, © Richard Villalon – Fotolia, © Louise Elliott – Fotolia, © photlook – Fotolia, © Andrew Breeden – Fotolia, © Jan Kranendonk – Fotolia, © Andreas Lamm – Fotolia, © Monkey Business – Fotolia

p143 © Ilenia Pagliarini – Fotolia

p164 © richard villalon – Fotolia

p164 © Alexander Kataytsev – Fotolia

p164 © abdallahh – Creative Commons

p164 © jmt-29 – Creative Commons

p130 © Jiby – http://millefaces.free.fr

Nous avons fait notre possible pour obtenir les autorisations de reproduction des textes et photographies publiés dans cet ouvrage. Dans le cas où des omissions ou des erreurs se seraient glissées dans nos références, nous y remédierons dans les éditions à venir.